国家社科基金研究项目"多媒体融合下传媒政策的选择研究"（项目编号：13CXW007）、广东省教育厅创新强校重大科研项目"多媒体融合的管制变革与政策体系研究"（项目编号：2014WTSCX119）阶段性研究成果

欧美传媒政策的范式转型：

以媒介融合为语境

陈　映◎著

中国社会科学出版社

图书在版编目(CIP)数据

欧美传媒政策的范式转型：以媒介融合为语境/陈映著. —北京：中国社会科学出版社，2016.8

ISBN 978 - 7 - 5161 - 8547 - 6

Ⅰ.①欧…　Ⅱ.①陈…　Ⅲ.①传播媒介—政策—研究—世界　Ⅳ.①G219.1

中国版本图书馆 CIP 数据核字(2016)第 157852 号

出 版 人	赵剑英
责任编辑	郭晓鸿
特约编辑	席建海
责任校对	闫　萃
责任印制	戴　宽

出　　版	中国社会科学出版社
社　　址	北京鼓楼西大街甲 158 号
邮　　编	100720
网　　址	http://www.csspw.cn
发 行 部	010 - 84083685
门 市 部	010 - 84029450
经　　销	新华书店及其他书店

印刷装订	北京君升印刷有限公司
版　　次	2016 年 8 月第 1 版
印　　次	2016 年 8 月第 1 次印刷

开　　本	710×1000　1/16
印　　张	17.75
插　　页	2
字　　数	263 千字
定　　价	66.00 元

凡购买中国社会科学出版社图书，如有质量问题请与本社营销中心联系调换

电话：010 - 84083683

目　录

欧美传媒政策的范式转型:以媒介融合为语境

2

序　言

一般地说，政策是国家政权机关、政党组织和其他社会集团为实现自己所代表的阶级、阶层的利益与意志，明确规定在一定时期内应该达到的奋斗目标、遵循的行动原则、完成的明确任务、实行的工作方式、采取的一般步骤和具体措施。借用经济学的术语，可以说政策是一种制度安排。在此意义上，传媒政策就是规范传媒业运行和发展的制度安排，对于传媒业的现实意义不言而喻。

如果把传媒作为理论聚焦的中心，不难发现传媒总是处在三种基本社会力量即政治组织、经济组织、社会公众的"拉力赛"之中。不同时代需要，不同社会制度，决定着"拉力赛"的主导力量，从而决定传媒与社会力量之间的关系，最终决定传媒的生存方式。从社会制度看，不同国家的社会制度决定了不同社会力量对传媒的主导作用，从而形成不同的传媒体制。目前，世界各国的传媒体制各不相同，大体上不外乎商业经济型、政治宣传型、公共传播型几种类型。从历史进程看，在社会变革时代，政治力量主导一切，传媒往往成为政治组织的宣传工具，成为政党、国家的意识形态工具；在和平建设时代，经济建设是中心任务，传媒则成为经济组织的有机组成部分，成为一种相对独立的信息产业。当然，不管是作宣传工具，还是作为信息产业，传媒都必须是社会公众的信息提供者和舆论代言人，成为"社会公器"，否则其生存就将失去社会基础，难以发挥应有的作用和效力。因此，传媒同时具有政治属性、经济属性和社会属性，但时代需要的不同、社会制度的差别往往使传媒的某种属性充分彰显，并使其他属性处于相对抑制状态。而传媒体制的差别、传媒属性的彰显，正与不同国家或同一国家在不同历史时期实施了不同的传媒政策具有高度的相关性。

事实上，传媒政策总是因应社会制度与时代需求而处于不断的变化过程之中。2003年，库伦伯格（Jan van Cuilenburg）与麦奎尔（Denis McQuail）在《媒介政策的范式转变：一种新的传播政策范式》一文中提出，在美国和西欧国家，传媒政策的变化可划分为三个连续的阶段：第一阶段从19世纪中期至二战前，传媒政策涉及的对象主要是新兴的电报、电话和无线电技术，政策取向主要是追求政府和财政集团的利益，其共同原则是保护政府和国家利益，通过国家和个人投资行为促进传播系统发展，这是新兴传播业政策阶段。第二阶段从二战结束到1980年代前后，传媒政策主要基于社会和政治因素的考虑，对民主政治的需要促进了对政策规范化的关注，比较忽视技术的考虑和追求国家的凝聚与稳定，公共广播电视事业正处于其高峰期，在西欧尤为明显，这是公共服务传媒政策阶段。第三阶段从1980年至今，技术、经济和社会的变化使得传媒政策环境发生了根本性变化，许多国家选择了打破国家对传媒的垄断继而尽可能地鼓励私有化，强调形成一个具有开放边界和无比活力的传媒市场，从而寻找一种新传媒政策范式，尽可能在政治、社会和经济这三种价值之间寻求新的平衡，进入了寻求新传媒政策范式阶段。

正是在20世纪80年代开始寻求新传媒政策范式的过程中，传媒政策才受到学界的关注。中国学界对传媒政策的探讨略晚于欧美。20世纪八九十年代，学界对新闻政策、宣传政策、新闻宣传政策有零星的论述。随着中国传媒运作企业化、市场化、产业化的逐渐深入，特别是随着互联网的迅猛发展，传媒政策在新世纪以来逐渐受到重视，有关论文纷纷发表，著作也陆续出版，形成一个生气勃勃的学术领域。

正是在这样的背景下，陈映博士踏上了研究传媒政策的探索之旅。2005年，陈映硕士毕业，到了广州市某一行政机关工作。两年后转到高校，成为一名大学教师。2008年考上暨南大学在职博士生，跟随我攻读新闻学博士学位。2009年，陈映申报成功教育部社科规划青年项目《媒介融合与传播规制变革》。当时正值博士论文开题，她的想法与我不谋而合，把课题研究与学位论文结合起来，毕其功于一役。不过，由于养育双胞胎儿子花费了大量的时间和精力，她的博士论文写作进展缓慢。面对困难，她不改初心，坚持探索，时有期刊论文发表，并在 2013 年申报成功国家社科基金青年项目《多媒体融合下传媒政策的选择研究》。历经数年努力，陈映在 2015 年终于完成她的博士论文，顺利通过答辩，获得博士学位。

现在，陈映的博士论文《价值重构、规制重组与认知嬗变：媒介融合背景下欧美传媒政策范式的转型研究》又经过一年的修订，即将由中国社会科学出版社出版，深感欣慰。为撰写序言，我再次阅读全部书稿，深感这是一部苦心孤诣的著作，难能可贵。

近十年来，国内研究传媒政策的著作，主要有两种路径：一种是编写教材，满足教学需要，如郭娅莉等《媒体政策与法规》，郎劲松、邓文卿、王军《传媒政策与法规》，赵阳、杨研《传媒政策与法规》；一种是研究学理问题，出版学术专著，如李继东《英国公共广播政策变迁与问题研究》，张咏华等《西欧主要国家的传媒政策及转型》，王润珏《媒介融合的制度安排与政策选择》，赵瑜《从数字电视到互联网电视：媒介政策范式及其转型》。

陈映所探索的是学理问题，而且是具有相当难度的学理问题。说实话，对作者来说，要研究媒介融合背景下欧美传媒政策范式的转型，十分困难。首先，传媒政策是一个高度语境化的论题，一个没有在欧美国家学习生活过的研究者要去探讨其传媒政策，难度可想而知。其次，研究传媒政策的范式转型，不仅要把握传媒政策演变的态势，更要分析传媒政策演变的机理，是一个深入传媒政策演变骨髓的问题，可以说是相当难啃的硬骨头。再者，媒介融合背景下欧美传媒政策的范式转型，正处于发展与演变过程之中，本身具有某种程度上的不确定性，这也大大增加了把握和概括其范式转型的难度。

面对这样的困难，作者迎难而上，历时数载，交出了一份令人比较满意的答卷。陈映认为，作为一种全新的"技术－经济范式"，媒介融合是一种"创造性破坏"的力量。它使欧美国家传媒规制的正当性、不对称的规制框架以及规制的路径和手段均受到挑战。面对这种挑战，欧美国家的传媒政策出现了一种有别于过往修补与完善路径的明显的"范式转型"趋势。

如何展开"范式转型"研究？陈映从库恩的范式理论出发，将欧美传媒政策的"范式转型"框定为三个方面，即价值范式重构、规制范式转型、认知范式嬗变。在阐释清楚有关媒介融合概念、传媒政策概念、传媒政策工具等基本概念的基础上，陈映深入剖析了欧美传媒政策的价值范式重构、规制范式转型、认知范式嬗变。研究发现，在传媒政策的价值范式上，即在"为何规制"问题上，强调传媒功能而非科技特性的公共利益概念，正日益成为欧美国家传媒政策的构建出发点、正当性基础以及施行的标准。在传媒政策的规制范式上，即在采取何种路径以及如何建构主体框架这些问题上，欧美国家的传媒政策走的是一条放松规制与再规制齐头并进以及多手段、多主体、多层次机制协同治理的路径，并且突破了过去"中心－边缘"结构的主体框架，朝向建立一个以多元互动、对话合作、弹性治理为特征的"政府－媒体－市场－社会"的四维主体框架。在传媒政策的认知范式上，即在欧美国家传媒政策的制订者依据何种思维方式和知识经验来建构传媒政策这一问题上，随着媒介融合的日益推进，过往的"传媒政策"概念正在日益转向"传播政策"概念。

应当说，陈映的这些见解是深入研究欧美国家传媒政策范式转型之后具有创新意义的论断，对我们认识欧美国家传媒政策的范式转型具有重要的启发意义。对于本书的研究宗旨，陈映说得很明确："他山之石，可以攻玉。"即把目光投向欧美发达国家，是希望从中汲取思想精华与实践经验。回到中国语境，陈映从欧美传媒政策"范式转型"中得出四点本土启示和意义：其一，解决好传媒规制的"为什么"命题，明确技术目标、经济目标和社会价值目标应成为我国现今传媒政策的重要目标；其二，面对变化莫测的媒介融合，建立一套与前述价值命题一脉相承的基本原则非常重要；其三，建立一个以"统一、法治、层级、分类"为特点的政策框架；其四，朝向一套简化且有节制的规制体系。

美中不足的是，陈映对自己研究的问题能够深入，但研究成果的表述却未能做到浅出。整部书稿读起来比较艰涩，这固然与论述对象需要措辞准确、表述严谨、逻辑缜密有关，也与其对论述对象尚未达到出神入化的境界有关。当然，要求一个青年学者的学术著作深入浅出，有些苛求了。这里想着重指出的是，深入浅出、自然流畅应当是学术专著所努力追求的目标。好在陈映还很年轻，是标准的 80 后，相信她随着年岁的增长与学识的积累，一定能够奉献更多更好的学术著作。

董天策

于重庆大学新闻学院

2016 年 7 月 25 日

第一章 研究背景与设计

第一节 研究背景

一 选题缘由与依据

为什么要研究"媒介融合背景下欧美传媒政策的范式转型"这一问题？对于这一问题的思考和回答，要从该问题所涉及的"媒介融合""传媒政策"以及"欧美""范式"等几个关键词开始。或者简而言之，就是要回答好以下几个问题。

（一）为什么要关注"传媒政策"问题

对于这一问题的回答其实可以从两个方面进行：一是为什么要关注"传媒"；二是为什么是从"政策"这一角度来关注"传媒"。

对于第一个方面的问题，答案是如此显而易见以至在很多时候都成为一种我们想当然的"常识"——媒体作为一种产业，作为一种文化，作为一种组织，抑或是作为一种制度或者其他什么，其重要性都不容忽视。而且，随着技术的发展和社会的进步，传媒作为信息社会基础设施以及民主社会"看门狗"和"公共通道"的重要性在今天更是获得前所未有的认可。以欧美国家为例，从"德罗尔白皮书"（Delors White Paper，1993）① 和"本格曼报

---

① 20 世纪 90 年代初，欧盟委员会提出了发展欧洲信息社会（European Information Society）的战略目标，并通过了一项新的欧盟条约［对原罗马条约进行修改的斯特里赫特条约（Maastricht Treaty，即"马约"］，以欧盟最高法律的形式提出要建立"泛欧电信网络"（Trans-European Network-Telecom，简称 TEN-Telecom），以促进欧盟在信息时代的区域一体化。为了把"马约"提出的"泛欧电信网络"目标的实施具体化，欧盟委员会于 1993 年发表了"德罗尔白皮书"。该白皮书对"泛欧电信网络"在信息社会乃至欧洲一体化中的核心地位及其所需的投资作了具体阐述。

告"（Bangemann Report，1994），① 到 1995 年 G7 高峰会议提出的"全球信息社会（Global Information Society）"命题，再到英国前首相托尼·布莱尔（Tony Blair）提出的"媒体政党"的全新政治思维，欧美国家近年来的诸多战略政策均高度评价了传媒对于国家、社会以及经济、政治和文化发展的影响作用，并将传媒的发展纳入国家发展民主社会以及信息社会的核心战略和决策议程。因此，在传媒之于社会结构和社会发展的重要性日益凸显的时代，一个视野更加广阔的"传媒—社会"或者"传媒—国家"的"媒体研究"领域理应得到更多的重视。

问题接下来到了为什么是"政策"这一研究视角。正如科尔巴奇在《政策》一书中开宗明义所指出的：政策作为"一种人们用以清楚地阐明世界的观念"，"贯穿于我们筹划生活的所有方法之中"（2005：2），并且"在我们理解那些主宰着我们的方法中"居于核心的地位（2005：9）。因此，我们对于媒体的理解以及我们正在进行的媒体研究——不论是对媒体角色和功能进行界定，还是对传媒市场和产业发展现状与未来进行探讨，抑或对媒体的生产方式和绩效表现进行分析和评价——其实都不能完全脱离有关传媒政策的形塑或者建构，因为政策作为传媒发展的一种"建构性选择（constitutive choice）"（Starr，2004：Introduction，1），规定了传媒运作的种种规则和框架。我们无法完全脱离政策的视角来理解有关媒体的问题和发展，但纵观既有的媒体研究，类似"媒介体制""媒介制度""媒介管理""媒介经济"等这些关键词早已成为研究热点，吸引着众多学者的关注，但对于制度的可见部分——传媒政策本身的关注却比较少。同时，我们喜欢讨论对媒体的各种控制问题，却很少深入地去追问作为最主要控制工具的"传媒政策"是如何构建的这一问题。因此本研究认为，在对"媒体如何保证优质内容的生产""媒体市场未来将如何发展"以及"传媒如何才能服务公众以及促进社会发展"等问题或现象继续给予极大研究兴趣和学术关注的同时，有必要回过头来较为系

---

① 在"德罗尔白皮书"的基础上，欧盟委员会于 1994 年发表了"本格曼报告"。该报告为未来的欧洲信息基础设施锁定了十个主要的应用领域，影响深远。

统而深入地看看隐藏在既有结构和秩序背后的传媒政策是如何构建以及如何实施的。

（二）为什么要以"媒介融合"为框定

本书对于传媒政策的研究有着一个明确的语境框定——媒介融合。为什么要聚焦于"媒介融合"？这其实主要是基于一种现实的焦虑或者吸引。

自20世纪后期以来，随着各种传播技术尤其是数字技术和网络技术的迅猛发展，各种新的媒介形态层出不穷。报纸、广播、电视等传统媒体与各种新媒体，在组织结构、传播手段上日益相互渗透和融合，媒介间的技术和形态界限日渐模糊；同时，传统广播电视业与电信业、互联网业的产业边界也日益模糊。时至今日，以媒介形态模糊、产业边界渗透等为特征的媒介融合已是一股势不可挡的时代潮流，是全世界共同面对的一场重大变革。这场遍及全球的"媒介融合（media convergence）"革命，不仅给传播业务和传播产业带来结构性的变化，广泛而深刻地影响着传媒产业的发展，而且被认为对未来消费者权益保障、国家整体竞争力以及坚守国家思想舆论阵地也都具有战略性的影响作用。因此，在许多国家，推进媒介融合的发展都已经上升为一项紧迫的国家战略项目。我国于2014年8月通过的《关于推动传统媒体和新兴媒体融合发展的指导意见》也已经明确指出，"整合新闻媒体资源，推动传统媒体和新兴媒体融合发展，是落实中央全面深化改革部署、推进宣传文化领域改革创新的一项重要任务，是适应媒体格局深刻变化、提升主流媒体传播力、公信力、影响力和舆论引导能力的重要举措"。因此在我国，媒介融合的发展同样已经被提到国家战略的层面来考虑。

媒介融合的发展如此重要和紧迫，但自2005年IPTV业务起步以来，我国媒介融合的发展可谓跌宕起伏。政策的限制，尤其是我国长期以来形成的分业监管且纵横交错的传媒政策体系以及"画地为牢"的规制机制，被认为是影响并制约我国媒介融合发展的最主要因素。例如，2006年11月28日成都传媒集团成立——由原成都日报报业集团和原成都广播电视台合并组建而成，在跨媒体的融合方面进行了卓有成效的探索和尝试，但仅仅因为申报程序方面的某些瑕疵，便遭遇了国家广电主管部门的严厉打压（喻国明、苏林森，2010）。同时，运营牌照等规制问题也一直以来被认为是 IPTV、OTT 等融合性业务无法跨越的门槛以及最大的发展制约因素。"没有良性的有效的制度安排，媒介业务层面上的改革就难以长久"（刘军茹，2008）。因此，谈到媒介融合的发展，传媒规制和政策体系的创新和变革肯定是一个绕不过去的话题。同时，在中央全面深化改革领导小组第四次会议的讲话中，习近平总书记强调"要一手抓融合，一手抓管理，确保融合发展沿着正确方向推进"，这同样强调了政策和规制在媒介融合发展中的重要性。因此，对媒介融合语境下的传媒政策变革的必要性以及路径、模式等问题进行理论探讨，是一项迫切且具有深远意义的课题。

（三）为什么是"欧美"

本着"他山之石，可以攻玉"的宗旨，我们经常把目光投向欧美发达国家，希望从欧美等发达国家汲取思想精华与实践经验。对于这一点，本书显然也不能脱离"窠臼"。但事实上，使用"欧美"一词乃至将"欧美"视为一种"想象的共同体"是一种非常危险的做法，因为可能从来就不曾存在一个统一的或者单一的"欧美"。对于"欧美"研究中普遍存在的这种幼稚普遍主义问题，本书显然无法避免。但无可否认，将"欧美"作为一个整体来追求一种"总体性"解释，一直以来在人文社科研究领域都具有难以抵挡的魅力。因为"欧美"作为一个文明整体，在一定程度上确实拥有某些共同的经验和特征。具体到传媒政策领域，虽然欧美各个国家在传媒体制设计以及传媒发展水平等多个领域都存在差异，但共同的政治、经济和文化传统，使得它们在传媒政策的原则、框架、路径以及工具运用等方面都拥有共同的特征。因此，将"欧美"作为一个整体进行考察，有其合理性和可行性。

"欧美"研究不仅是可行的，而且在融合政策变革这一研究领域，还有其必要性。一方面，媒介融合作为一个正在发生时的研究命题，不可避免地要受到其发展状态和成熟程度的制约。欧美国家作为媒介融合发展的前沿阵地，其媒介融合的发展在信息技术、商业资本等力量的推动下，早已"从主观预测转变为有自我实现能力的潮流，因而有了超越话语范畴的现实影响力"（洪宇，2009）。20 世纪 90 年代中期，欧美国家普遍开始了一场传媒政策的变革运动，因此对"欧美"的研究显然在很大程度上具有"先车之鉴"的典范意义。另一方面，研究"欧美"亦不失为一条认识"我们"以及建构"我们"的绝好路径，即"知彼"才能"知己"。正如英国学者德斯·弗里德曼（Des Freedman）在《传媒政策的政治》（*The Politics of Media Policy*）一书中所说的，"如果媒介研究和媒介体系'去西方化'的声音需要得到认真对待的话，那么（我们首先）需要对（西方国家）传媒政策中的主导思想进行精确评价"（2008：19）。因此，不管我们对于"欧美"是抱着一种批判的姿态，抑或是借鉴的态度，一种冷静、客观、深入的分析与研究——尤其是对欧美传媒政策这个盘根错节、高度"嵌入性"问题的研究——肯定是必不可少的。

（四）为什么是"范式"的研究

传媒政策作为一个特殊而复杂的研究对象，无疑是一个具有历史语境和国情色彩的研究命题。欧美各国的传媒政策理念与实践，无论是在历时演变的进程中，还是在多国比较的视野中，都充满矛盾和冲突。因此本书认为，我们对欧美传媒政策的审视有必要跳出具体政策评价和借鉴的思路囿限，对藏于其后的具有相对共通性的模型或模式进行揭示，以更准确、更深入地把握欧美传媒政策的内在机理、精神与哲学。同时，从科学哲学思维以及研究的方法论来看，"总体逻辑"或者"整体主义的方案"作为我们解释知识和构建世界图景的一种路径或方法，也具有避免孤立认识、简单还原的优点。尤其是，当以转型社会为研究对象时，"研究者在方法论层面，往往会感受到整体主义方法的特殊有效性"（陈映芳，2011）。因此，在作为一个整体的"欧美"概念下，本研究将遵循一种总体分析的路径，以"欧美"传媒政策在媒介融合背景下的"共变"路径和特征作为研究关注的主要问题，并力求超越单纯的方法和模式借鉴，转而寻求在政策机理和哲学上的一种提升。

在这样一种总体分析的学术路径观照下，科学史家库恩（Thomas Kuhn）于 1962 年在《科学革命的结构》（*The Structure of Scientific Revolution*）一书中提出的范式（paradigm）概念，无疑能够提供一种绝佳的理论视阈与方法路径。"范式"（paradigm）一词来自希腊文，原来包含"共同显示"的意思，并由此引出模式、模型、范例等义。库恩最初把这个概念拿来作为一种"普遍承认的科学成就"，即"在一段时期中为科学工作者团体提出典型的问题和解答"的"规范"（库恩，1980：序言）。但语言学家玛格丽特·玛斯特曼（Masterman，1970：61—65，转引自张曙光）研究库恩的范式概念后，认为库恩的范式至少有21种用法，并且可以分为三组：1. 一系列所信奉的观念；2. 一种被广为承认的科学成就，这些成就被用作决定性的例子来指导科学研究应该如何进行；3. 科学家用以学习和实施相关领域研究的教材、设备和其他物理设施（转引自邓建国，2012）。在《科学革命的结构》（第二版）的"后记"中，库恩为了澄清人们对于"范式"概念的误解，也概括出两种意义不同的使用：一方面，它代表一种特定社群的成员所共享的信仰、价值与技术等构成的整体；另一方面，它只涉及那一整体中的一种元素，就是具体的问题解答，把它们当作模型或范例，可以替代规则成为常态科学其他谜题的解答基础（陈映芳，2011）。其中，第一种解释实际上是把"范式"理解为"有关价值、信念和方法论的共识"（丁鼎，2007）。这种解释虽然被批评为把"范式"与"世界观""方法论"混同，却使得"范式"这一概念迅速超越科学哲学的领域，被社会学、心理学、美学、文学、语言学等领域广为使用。因此，"范式"概念被用于社科研究早已有诸多可资借鉴的先例。同时，本研究也将在这一种较为宽泛的定义下使用"范式"这一概念，即将"范式"理解为一种在价值观、方法论和认识论等哲学维度的共识，并由传媒政策制定和实施过程中的一整套"以世界观为基础的概念、假定、制度和方法"（郑春发、郑国泰，2009）所组成。

在学术研究中，"范式"这一概念强调整体把握、宏观审视以及深层阐释的学术旨趣和方法。本书将不仅依照"范式"概念所具有的内涵层次来展开研究，而且遵循"范式"研究所应有的学术旨趣和方法，来试图挖掘并勾勒出融合政策变革的欧美路径和经验。本书认为，从价值观、方法论和认识论三个哲学维度出发，并遵循整体把握、宏观审视以及深层阐释的学术路径，来探讨欧美传媒政策在媒介融合背景下的转型问题，将有助于我们窥见一些欧美传媒政策的内在机理和精神。

二　研究现状述评

如前所述，本研究主要围绕"媒介融合""传媒政策"以及"欧美""范式"等几个关键词来提出研究的问题。因此，对于研究现状的述评也主要围绕以下三个问题来展开：一是国内外对于"媒介融合"这一问题，得以展开和论述的语境问题的研究概况；二是对本研究核心问题，即"融合语境下传媒政策研究"的概述；三是结合研究对象的限定，对欧美传媒政策在国内的研究现状进行述评。

（一）国内外有关"媒介融合"研究的述评

有关"媒介融合"的思想可以追溯至 20 世纪 60 年代的麦克卢汉（McLuhan）。在麦克卢汉"媒介即信息"的视野里，没有一种媒介能够独立存在。"任何媒介的'内容'都是另一种媒介。文字的内容是言语，正如文字是印刷的内容，印刷又是电报的内容一样。"（麦克卢汉，2000：34）这种媒介观事实上已包含"媒介融合"思想的基因。

不过，"convergence"一词真正进入传播研究领域，已是 20 世纪 70 年代中叶计算机、互联网技术获得发展之后的事情（宋昭勋，2006）。当时，美国未来学家尼古拉斯·尼葛洛庞帝（Nicolas Negroponte）在麻省理工学院媒介实验室（Media Lab）的筹建演讲上，率先提出"'广播电视业'、'计算机业'和'印刷出版业'将在数字化浪潮下呈现交叠重合的发展趋势"的观点，并用"三个重叠的圆圈"来描述计算机、印刷和广播三者的技术边界，认为三个圆圈的交叉处将成为成长最快、创新最多的领域（Appelgren，2004）。

尼葛洛庞帝关于"传播与资讯通信科技终将汇聚合一"的思想可以说是"媒介融合"思想的真正萌芽。但这一观点在当时却被认为是一种过于浪漫的幻想，并没有形成基本的理论，相关的研究也没有得到接续。因此，"媒介融合"真正作为一个学理概念，是由美国麻省理工学院教授伊契尔·索勒·浦尔（Ithiel De Sola Pool）首先提出的。在 1983 年出版的《自由的科技》（*Technologies of Freedom*）一书中，浦尔首次提出了"形态融合（convergence of modes）"的概念（Pool，1983：23），认为数字技术的发展导致报纸、广播电视以及电信业的边界慢慢消失，各种媒体呈现出多功能一体化的趋势。自此以后，尤其是 2000 年年初美国在线与时代华纳宣布合并之后，"融合"一词就成为媒介研究的一个前沿和热点问题，而"媒介融合"一词也成为继"信息社会""第三次浪潮""后工业社会"之后的又一热点词汇。

我国学者在 20 世纪末 21 世纪初即开始关注传统媒体与新媒体共存、互动以及整合、融合的问题，而"三网融合"这一概念在国家规划中也已提了 10 多年。但一直到 2004 年，在中国人民大学蔡雯教授引入"媒介融合"概念之后，该领域具学理意义的研究才得以系统展开。2005 年开始，以蔡雯为首的一批学者以极大的学术热情迅速投入到该课题的研究中，相关研究成果也随即迅速增多。目前，国内各学者围绕该课题的研究已获得为数不少的成果。从研究的中心议题来看，既有文献主要涉及以下几个研究视角。

1. 基本理论问题探讨：在这一视角下，以宋昭勋（2006），刘婧一（2007），黄金（2011），刘颖悟、汪丽（2012），陈映（2014）等为代表的研究者对媒介融合概念的内涵、媒介融合的动力以及层次等基本理论问题进行了初步的梳理和探讨，初步搭建起了媒介融合研究的理论架构。但值得注意的是，相关的研究不仅数量较少，而且存在视野较窄、深度不够的问题。

2. 业务的创新和发展：这是既有研究最聚焦的一个研究视角，主要着眼于微观层面对新闻传播业务在媒介融合背景下的创新和发展进行研究。其中，自 2006 年以来以蔡雯（2006，2007a），彭兰（2006），王菲（2007），石长顺、肖叶飞（2011）等为代表的学者，从新闻传播方式和流程的变革、新闻资源开发、新闻报道策划等不同角度出发对"融合新闻"（Convergence journalism）生产进行的探讨，成为该领域最为显著的研究成果。

3. 组织变革：在这一视角下，以蔡雯（2007b），袁志坚（2008），陈卓

（2010），卢铮（2012），何慧媛（2012），陈薇、吕尚彬（2014）等为代表的学者，对媒介融合背景下新闻生产的流程再造、价值链重建、媒体组织结构重构、运作机制改革以及新闻工作者角色变化等问题进行了探讨。总体而言，相关研究的方法较为单一，尚缺乏具有深度的实证研究。

4. 产业和市场的变化和发展：相对而言，这是一个较为中观的研究视角，所探讨的议题涉及"媒介产业融合的主导力量和发展路径""融合对产业格局、经济特征、竞争方式的改变""传统传媒业如何应对""融媒产业的发展"等多个问题（谷虹，2010）。其中，传统媒体的转型和升级问题备受关注，是近年来相关研究的一个热点问题。

5. 新闻传播教育的变革：进入 2009 年以来，随着传播技术的不断进步以及媒介融合趋势的日渐明显，新闻专业教学和课程的改革、人才培养模式的创新等问题也迅速获得高度关注。其中，高钢（2007），蔡雯（2009），王婷婷、孙志伟（2011），付晓燕（2009），邓建国（2009）等人的研究较具代表性。

6. 社会文化的变革：媒介融合对于社会文化的影响这一较为宏观的议题也开始受到部分学者的关注。学者们开始注意到，"媒介融合不仅在技术上实现共融，并且更深层次地影响人类经济活动、社会结构和文化形态"（纪莉，2009），并尝试就"媒介融合浪潮下媒介化社会的形成"（孟建、赵元珂，2006、2007a、2007b；赵元珂，2008）等议题进行了探讨。其中，媒介融合对作为上层建筑的传媒规制与政策的影响，是这一视角下最受关注的一个议题。但总体而言，在这一视角下的相关研究还相当薄弱，不仅相关研究的数量比较少，研究方法较为单一，而且研究的广度和深度亦非常不够。

总体而言，目前全世界范围内的学者对这一课题的研究热情都非常高涨，相关论文和研究成果的数量逐年增多，一些大学甚至专门开设了媒介融合专业或方向；从已经问世的成果看，学者们对这一课题的研究视角比较多元化，目前已开辟了媒介技术融合、媒介所有权融合、媒介文化融合、媒介组织结构融合、新闻采编技能融合等多个研究领域，初步形成了一个较为完整的理论体系；从研究的趋势来看，在媒介技术融合、产业融合等既有领域的研究不断深化的基础上，一种基于社会、文化领域的宏观研究视角也开始受到越来越多的重视。但我国的相关研究显然还具有浓厚的实用主义的烙印，更多的是从业务、产业、市场等视角来切入进行研究，而忽视基本理论问题、社会文化变革等基础性、宏观性问题的研究。

（二）融合语境下传媒规制政策研究的概况

1. 国外研究现状述评

早在20世纪80年代初期提出"媒介融合"概念之时，浦尔便已指出：科技打破媒介之间的界线之后，相关的法规必须及早地作出回应（Pool，1983）。到了20世纪末，随着媒介融合发展趋势的日渐清晰，相关的政策议题开始被纳入到学术关注的视野。如，SCI和SSCI共同收录的期刊《电信政策》（*Telecommunications Policy*）在20世纪90年代后期便组织克莱门特（Clements，1998）和布莱克曼（Blackman，1998）等学者对电信产业与传媒产业的融合趋势以及相关产业政策的调整等议题进行了探讨。不过，当时相关研究的焦点主要集中于融合趋势对广电频率资源以及电信产业政策的挑战，关于传媒政策与规制本身的探讨还较为鲜见。

进入21世纪以来，随着数字化对传统媒体内容与流程的影响日渐扩大，关于融合趋势下传媒产业内部规制政策调整的研究开始逐渐增多。从已经问世的成果看，其研究视角包括"媒介融合对传媒规制的挑战""放松规制与公共利益的冲突""规制模式与路径的优化"等多个议题，但主要都是围绕媒介融合对传媒规制的挑战与冲击以及传媒规制的调整与变革这两个问题来展开研究。其中，在媒介融合对传媒规制的挑战与冲击这一问题上，学者们的认识比较一致：基本都认为在媒介融合的语境下，过往将不同媒体以不同模式分别监管的政策将面临挑战。但在应该如何建立适合媒介融合趋势的传播政策这一问题上，研究者的意见比较多元。例如，在规制法律政策体系的重建方面，普遍认为应该由事前个别产业规制转向事后一般竞争法规制，但在"产业政策与竞争政策如何协调""规制主体角色如何勘界与确定"等问题上，争论还在继续并不断深入；在规制框架和模式的重构方面，曾担任美国 FCC 新科技政策顾问的沃巴赫（Kevin Werbach）与 FCC 资深互联网顾问坎农（Cannon）等人士皆提出，层级模式（Lager model）能够推翻基于产业分立的规制体系，可更好地适应融合发展；但美国自由事业（Freedom Works）组织副主席布拉夫（Brough）以及美国宾州州立大学教授信（2006）等学者则认为层级模式会导致无法让管制者知道要如何在每个层级中进行管制，甚至会对产业形成强制切割（转引自刘幼俐，2011）；同时，在规制机构的变革方面，也存在"维持分业规制框架""新建统一的融合性机构"等不同声音和主张。

总体而言，国外对于这一问题的研究具有以下几个特点：其一，研究主体比较多元，既有来自政府和学界的声音，又有来自业界和普通公众的声音，经常能围绕某一政策议题展开大规模且激烈的讨论，学术互动和学术争鸣的气氛比较浓厚。因此，其研究的展开过程其实也是各种社会思潮以及利益相关方诉求相互较量与协商的过程。其二，研究议题基本覆盖了政策研究的各个领域和层面，从宏观的"政策原则的构建与嬗变"问题，到中观的"政策框架的重构"与"政策路径的优化"问题，再到微观具体的"政策工具的适用性"问题，各个层面的问题均得到了各方关注和讨论。其三，在立论视角方面，自 20 世纪 90 年代后期以来，已开始呈现一个从总结"影响和挑战"逐渐深入到探讨"如何构建甚至是重建融合政策体系"问题的演进路径。其四，在研究对象上，美国以及欧盟及其成员国所受到的关注程度最高，澳大利亚、加拿大、新加坡、马来西亚、南非以及中国台湾等国家和地区的相关研究也比较多。其五，在研究方法上，案例分析、历史分析、模型建构、民意调查等方法均有使用，但总体以质化研究为主。

2. 国内研究现状述评

国家信息化专家咨询委员会常务副主任周宏仁最早于 1997 年在《计算机世界》上提出了"三网融合"的概念。但彼时，所谓的"三网融合"其实并没有获得政策层面的认可。如国务院于 1999 年出台的国办 [1999] 82 号文件还明确规定"电信不得从事广电业务，广电不得从事电信业务"。同时，在那一阶段互联网等新媒体与报纸、广播电视等传统媒体之间的关系也还更多地停留在合作、竞争、互动的层面，彼此之间的汇流与融合还不够深广。因此，当时对于媒介融合的研究大多分散在"三网融合""报网互动""报网合作"等相关议题之上，且所关注的问题基本停留在业务发展和创新的层面，基本没有涉及对相关政策和规制问题的思考。

欧美传媒政策的范式转型：以媒介融合为语境

进入 21 世纪以来，媒介融合语境下的传播规制政策研究也开始引起我国学者的学术关注。相关的研究论文和学术观点开始散见于各级学术期刊。例如，方有明在 2001 年提出"三网融合"需要新规制的观点。不过，我国早期研究同样聚集于电信政策。2005 年以后，陆续有新闻传播界的学者开始关注融合政策变革这一问题。例如，肖燕雄（2006）在其论文《论应对媒介融合的法制管理原则》中，总结了欧美国家和一些发达地区应对媒介融合的法制原则：法律政策整合原则、管理分散原则、管理国际化原则。蔡雯及其博士研究生黄金（2007）在分析、比较美国、欧盟、新加坡和我国香港等国家和地区媒介管理现状的基础上，首次明确提出了"媒介规制的变革乃是媒介融合的必要前提"的观点。同时，一些大型的科研课题也开始将该议题纳入研究框架，如蔡雯主持的教育部人文社会科学重点研究基地资助项目"数字化时代媒介融合发展与新闻传播改革研究"，重点关注了传播规制政策的变革；肖燕雄主持的湖南省社科基金课题"现代传播技术变革与新闻传媒法律、政策"，则在媒介技术变革与传播政策变革的宏观框架下，对媒介融合语境下的政策变革进行了探讨；肖赞军主持的国家社科基金项目"欧美国家传媒业的融合、竞争及规制政策的演化"以及湖南省哲学社会科学成果评审委员会课题"产业融合背景下中国传媒业的规制政策研究"等项目也都从不同角度入手对融合政策变革问题进行了研究。

2010 年以后，融合性传媒政策成为学术热点，但既有研究多聚焦于"融媒规制"与"数字内容监管"两个议题。其中，董年初等（2007），胡凡（2008），孙薇（2010）等对视听新媒体监管的探讨，以及《国际新闻界》（2007），黄春平（2010），王美凤（2012）等对数字内容监管的探讨，较具代表性。同时，"国际经验梳理"与"中国政策思考"是两个主要研究方向：在前者，肖赞军（2009a；2009b；2011；2012；2013a；2014a）的研究较为集中和具代表性，戴元初（2007；2014），郭小平（2010），肖叶飞（2011；2012），赵靳秋（2011），赵靳秋、郝晓鸣（2012），尹良润（2012）等对美、欧、新加坡等国家和地区的研究也为本书奠定了研究基础；在后者，学者们已认识到，由于市场不充分等结构缺失（付玉辉，2010），中国总体未能顺应融合潮流（邹军，2010）。我国传媒政策的改革不能照搬欧美（吴婕，2011），应在"确保市场秩序"等价值取向下（李红祥，2010），走分业监管、分段监管和融合监管三段演进的道路（严奇春、和金生，2012），并明确划分政府与市场职责（戴元初，2006），理顺纵向的权力配置关系（黄玉波，2006）。

3. 小结

总体而言，对于媒介融合对传播政策的影响及冲击的研究，在全世界范围内都是一项备受关注的前沿课题。但国外研究多从"民族—国家"的视野出发，局限于基于国家或者地区的案例研究，而甚少以"欧美"为主体进行远距离的总体审视。国内对于这一问题的研究则刚刚起步，不仅相关研究的广度和深度明显不足，而且研究成果的数量也较少。在中国政策的构建上，思考也较片断、零散，不仅纵向历史的梳理不够，而且缺乏横向比较视野下的系统研究。同时，对于国际经验研究也存在以下不足：（1）在研究对象的选取上，基本集中于英、美以及欧盟等国家和地区，视野不够开阔且欠缺参照标准的考虑；（2）在研究问题的层次上，多为政策现象、行为的描述性总结，极少对欧美传媒政策的内在机理、基本原理以及根本准则等基础性问题进行探讨；（3）在研究路径和方法上，多为现象梳理与个案研究，缺乏具深度的总体审视和分析；（4）在研究取向上具有深厚的行政主义色彩，多为引介欧美国家"如何做"的实践和经验，急于为中国因应媒介融合而调整和变革传媒政策献计献策，甚少追问欧美融合政策变革背后的"为什么"和"到底是什么"等深层次问题。

（三）欧美传媒政策研究的概况

20 世纪后期以来，欧美国家传媒政策尤其是广电体制与政策问题开始引起我国学界关注。例如，钟大年（1988），姜红（1998a；1998b；1998c；1998d），郭镇之（1996），罗治平（2000）等概括介绍了德、英、加、法、意等国家广电体制的基本特征，金冠军、郑涵（2002），郑亚楠（2004）等探讨了欧美国家的公共广播电视体制，而林琳（2000）的《当代欧美国家广播电视体制与管理》一书则比较系统地介绍了欧美主要国家的广电体制与模式，算得上早期研究的集大成者。总体而言，早期研究不仅数量极少，而且基本为笼统性介绍；在研究对象上以欧洲国家为主，在研究视角上聚焦于更加政治化的"体制"研究。

2005 年以来，欧美国家广电体制和政策研究的相关成果逐年增多，研究视角也日趋多元。总的来看，有三个特点：一是在研究对象的选择上，在英、法、德、意、加等国研究获得拓展的同时，美国和欧盟迅速成为学术热点；二是研究视角渐趋多元，在体制研究获得加强的同时，政策研究成为重点；三是对美国的研究不仅数量最多，而且视角也最为多元，而对于法、德、意等国的研究仍囿限于体制研究以及笼统介绍。具体而言，既有研究基本围绕以下问题展开。

1. 广电政策的标准或原则问题：例如，夏倩芳（2004；2005a；2005b），宋华琳（2005）等探讨了公共利益标准的问题；魏海深等（2007），李丹林（2010；2012a）等探讨了美国广播电视规制中的公平原则。但相关研究基本以美国为对象来展开。

2. 广电节目内容监管问题：低俗内容治理、节目内容分级是这一问题研究的两大核心议题，其中具有代表性的主要包括杨状振（2008），黄春平（2009），戴姝英（2008；2009；2010），李世成（2011）等的相关研究。相关研究也基本以美国为对象来展开。

3. 欧美媒介体制研究的深化：主要包括吴信训等（2007）、郑从金（2011）等研究。其中，英、德等国的公共广播电视体制是关注的热点。而由陈娟、展江等人译介的《比较媒介体制：媒介与政治的三种模式》（哈林·曼奇尼，2012）一书，则是继《传媒的四种理论》之后，我国译介欧美国家媒介体制研究著作的一个里程碑式的成果。

4. 数字化时代的广播电视规制问题：主要包括赵瑜（2008），张咏华（2010），石力月（2010），肖叶飞（2011），李丹林（2012）等人的研究以及肖赞军的系列研究，其中大部分研究都在媒介融合语境下展开。

总体而言，欧美国家的传媒体制与政策问题一直都是我国学术关注的焦点问题。但长期以来，我国对于欧美传媒体制与政策的研究存在研究取向政治化、研究问题狭隘化、研究动机功利化以及研究层次肤浅化等问题，不仅相关研究的系统性、理论性有待进一步提升，而且缺乏对欧美传媒政策的运作机制、实施工具等具体问题的深入研究。

（四）小结

综观既有研究，我国对"媒介融合"的研究已开始进入理论化、系统化的阶段，学界的研究视角正在趋于多样化；而对于"融合规制变革"以及"欧美传媒政策"等问题的研究也已经启动，但相关研究的广度和深度则明显不足。具体来看，目前的研究主要存在以下几点不足。

首先，对"媒介融合"研究的广度得到拓展，但深度比较欠缺，其理论的研究仍然落后于实践的发展。同时，既有研究基本基于一种"技术决定论（technological determinism）"的理论取向，倾向于将媒介融合视为一种结果而不是一种过程来研究，对媒介融合过程中的技术推动力量持一种过于简单和乐观的态度，对于政策规制、社会文化等因素对媒介融合进程影响和制约作用的探讨明显不够；在研究方法上，也大多是一些理论设想的思辨分析与整理，或者是具体业务整合的微观探讨，缺少一种更加科学的定量研究和更加系统的宏观研究。

其次，国内对于融合政策变革这一问题已有若干初步的探讨，但既有研究基本停留在政策法规解读以及政策行为分析的层面，并且多偏重于管制组织调整、融合性条文法规的引介与分析等问题研究，对政策背后的理念、价值与取向等问题着墨甚少；对于欧美国家融合政策变革的研究大部分采取一种实用主义、拿来主义的路径，基本聚焦于"如何做"这一问题上，甚少探讨"为什么""到底是什么"这些更深层次的问题。同时，对于欧美"如何做"这一问题的梳理和思考也较片断、零散，不仅对于典型国家或地区的实践和经验的研究缺少纵向的历史梳理，而且缺乏一种比较视野下的研究。

最后，对欧美传媒政策的研究也多为现象梳理与个案研究，缺乏具深度的总体审视，并且研究对象的选取基本集中于英、美、欧盟等国家和地区，视野不够开阔且欠缺标准的考虑。同时，相关研究的数量不多且较为零散，不足以反映欧美国家传媒政策的转型与变化情况。

我国台湾学者罗世宏（2003）在评点台湾新闻传播学术研究现状时曾经指出，"传播经济学者热心关注媒体企业营运模式、消费市场集中度及媒体经营策略，传播文化学者则热衷于文本的拆解与探析"，长期以来传播学术界对于媒体产权、媒体制度、媒体政策这些问题相对冷漠。在我国新闻传播学界，对于媒体产权、媒体制度、媒体政策等问题研究的薄弱和不足显然更加突出。无论是理论的建构，还是案例的分析，在我国都尚缺乏系统的研究；同时，不仅在基础理论研究、资料库建设等方面都还没得到有效的开展，而且相关研究的成果也还为数甚少。媒介融合对传媒规制与政策的挑战，掀起了我国对传媒政策研究的新一轮高潮。但既有研究无论是在研究对象的选取、研究问题的递进，还是在理论的构建以及方法的运用等方面，显然都还处在起步阶段，不仅研究缺乏系统性和深度性，而且成果的数量少，学术讨论氛围也较为淡薄。

三　研究目标和价值

本书首先将政策分解为政策范式、政策框架、政策路径以及政策工具四个分析层次和维度，并选取最宏观且形而上的政策范式作为本研究的切入角度，以一个总体的"欧美"为研究对象，遵循总体分析的路径，从政策价值和目标、政策行为方式以及政策范畴和对象认知图式三个问题入手，力求对融合政策变革这一前沿课题进行较为系统化、理论化的研究，并力求能触及形形色色的政策变革以及欧美传媒政策背后的一些根本性问题。具体而言，本书的意义和价值主要体现在以下几个方面。

（一）应用价值

其一，媒体分立时代的政策架构，已成为媒介融合在推进过程中最主要的障碍。面对媒介融合发展的挑战和未来，政策选择的方向和转型的速度至为关键。因此，对媒介融合语境下欧美传媒政策范式的转型问题进行探讨，将有助于我们深入把握媒介融合以及政策变革的内在机理，进一步推动媒介融合的进程。

其二，欧美国家的传媒业无论是在技术发展方面，还是在市场发展方面，基本都处于世界前列。技术的先进与市场的相对成熟推动这些国家走在媒介融合的前沿阵地，成为全球媒介融合发展的"风向标"。因此，欧美国家传媒政策变革的精神、方向以及具体的方法、措施等都在相当程度上承载着当今媒介融合语境下传媒技术和市场发展的前沿思考和探索，对它们因应媒介融合而变革传媒政策的实践和经验进行研究，具有先进性和典型性的借鉴意义。尽管中国传媒政策的创新道路不会也不必尽然照搬欧美的道路，但欧美经验作为"可以攻玉"的"他山之石"，无疑能够给予正在经历巨大变革的中国传媒业些许启发与警示，并在一定程度上能够为我国传媒管理机制改革和产业改革提供有益的参考和借鉴，从而帮助我国传媒产业更好地应对即将到来的融合浪潮。

其三，"欧美"本身所具有的研究意义和价值不容忽视。全球的新闻90％以上由美国等欧美国家所垄断（崔国平，2008）。因此，对新形势下欧美国家的传媒政策进行研究，不仅有助于我们更好地理解欧美国家传媒市场发展的机理和方向，而且有助于我们把握全球媒介融合的发展动向以及全球信息传播新秩序与市场新格局的演变方向。

（二）理论意义

如前所述，我国对融合政策的研究基本停留在政策法规解读以及政策行为分析的层面；同时，对国际传媒政策的研究也多为现象梳理与个案研究，缺乏具深度的总体审视。本书将在以下几个方面实现理论的突破：

1. 在政策文件和政策行为研究基础上，进一步探讨政策背后的理念与价值问题，推动传媒政策研究从"how"向"why"深化。

2. 聚焦传媒政策范式这一具有明显理论指向的分析维度，并遵循政策分析和研究的基本逻辑，基于价值观、方法论和认识论三个维度来进入"范式"这一问题，依据政策价值和目标、政策行为方式、政策对象认知图式三个问题来搭建研究架构，将有助于推动媒介融合政策研究由个案走向系统、由行为走向机理。

3. 对媒介融合语境下欧美传媒政策变革的研究，为媒介融合这一前沿课题提供了一个"社会形成论（social shaping theory)"的全新理论视角，将有助于进一步拓宽"媒介融合"的相关研究领域。同时，该书对传媒规制理论体系以及产业融合的研究也将是一个有益补充。

（三）学科建设价值

传播规制与政策以及媒介融合政策变革的研究作为一个复杂课题，需要政治学、法学、公共管理以及电信、互联网等多个学科领域的协同攻坚。其中，在新闻传播学科领域，对于传媒法与政策的研究显然还是相当薄弱的，无论是理论建构，还是案例分析，在我国都尚缺乏系统的研究；同时，相关的基础理论研究以及资料库建设等工作都还没得到有效的开展。因此，本书以媒介融合作为语境和据点，展开传媒政策的相关研究，将不仅能够丰富有关媒介融合的研究以及我们对于传媒体制与制度的研究，而且在研究过程中对于传媒政策基本问题以及原理的梳理和探讨，还将有助于传媒法与政策这一新的学科方向的形成和发展。

第二节 研究内容及对象的界定

一 研究内容与框架

（一）两大关键概念的关系处理

本书旨在采用一种相对全景式的研究视角以及总体分析的研究路径，较为全面、深入地梳理和探讨欧美国家在媒介融合背景下传媒政策范式转型的问题。在这样的研究目标和思路下，"媒介融合"作为一种诱致性因素，主要体现于理论和现实背景的研究之中；而"传媒政策范式"的转型作为研究的最终指向，将是研究的主要内容以及重心所在。

（二）"政策范式"概念的内涵及面向

"政策范式"是本书最核心的一个概念。因此，在搭建内容框架之前，有必要先弄清这一概念的内涵及面向。

从政策理论的视角来看，政策作为一种"重要资源的结构化承诺"（Schaffer，转引自科尔巴奇，2005：22），蕴含着特定的思考方式、价值判断和行动逻辑。即是澳大利亚学者谢弗（Schaffer）和科比特（Corbett）（1965：xiii）所指出的，政策所包含的除了"在那些低矮丘陵之间一团乱麻式的行为"之外，也还有"存在于某种程度上静止无风的高原上"（转引自科尔巴奇，2005：20）的东西上——这些存在于高原上的东西即是本书称为"政策范式"的东西。通常意义上，"政策范式"指的是"政策行动主体对政策制定与执行过程的分析、研究和思维框架，也进一步体现在对问题状态的价值判断，理解问题的方式方法及工具选择的原则偏好等方面"（王程铧、曾国屏，2008）。因此，"政策范式"是政策在制定与执行过程中相对"静止"的东西，一般包括"思维框架""价值判断"以及"行动偏好"三个要素，即是前文所提到的认识观、价值论和方法论三个分析维度。

从"政策范式"的上述概念化定义出发，应该如何对之进行操作化的定义以便搭建本书的内容框架？对于这一操作化的问题，前人的相关研究思路可以提供一些借鉴。在研究从凯恩斯的福利型国家转换为管制型国家时的范式转型时，斯基德莫尔等学者（Skidmore et al.，2003；郑春发、郑国泰，2009）都从以下三个层次着手：第一，用来叙明管制目的的理念；第二，用来叙明管制如何运行的思考方式；第三，用来叙明处理管制时，所用的一组制度安排和工具。其中，管制目的指的是"管制的原理原则、目的和使命"（郑春发、郑国泰，2009），是范式在价值论层面上的体现；思考方式是管制所包含的"一组因果本质的假定"（郑春发、郑国泰，2009），是范式在认识论层面的体现；而第三个层次的制度和工具则指向范式在方法论层面的体现。这种三个层次的研究思路与本书对于范式内涵的理解基本是一致的。同时，国际知名的组织社会学家 W. 理查德·斯科特（W. Richard Scott）关于制度化过程的研究，在研究思路和框架的搭建方面亦有异曲同工之妙。在著名的制度组织理论中，斯科特提出了制度化过程研究的三个维度：一是共享的解释性图式，即认知的维度；二是作为认知基础的价值，即规范的维度；三是前二者得以起作用的组织形式，即规制的（regulative）维度（转引自科尔巴奇，2005：124）。这三个维度的划分方面也可以简单地归结为认识观、价值论和方法论。

因此，本书认为，对于欧美传媒政策范式转型的研究，完全可以借用前人区分为价值观、方法论和认识论三个分析维度的思路和框架。即要理解欧美传媒政策的内在机理和精神，即"范式"的问题，最基本的就是要回答"为何规制""如何规制"以及"所规制的是一个什么问题"三个问题。其中。"为何规制"这一问题所关涉的是政策的目的、目标、原则、使命以及标准等问题，是一个价值观层面的研究；"如何规制"这一问题所要探讨的是实现政策所规定目标的特定组织形式和机制，所涉及的是方法论层面的研究；"所规制的是一个什么问题"则旨在挖掘政策背后的"共享的解释性图式"，属于认识论层面的研究。遵循这一思路，本书将所要研究的"政策范式"这一核心概念区分为三个彼此相连的分析面向：一是价值层面的分析，即对政策目标和价值标准等在"why"层面问题的分析；二是规制层面的分析，即对政策的组织形式和方式等"how"层面问题的分析；三是认知层面的分析，即对"传媒政策是什么"这一问题以及"媒体""媒介融合"等政策对象的认知和理解，是一个有关"what"的解释性图式的分析。

（三）研究的内容框架

围绕前述思路和问题，本书接下来将主要从以下五个方面展开研究。

1. 研究内容一：概念分析和理论框架

这一部分研究将从概念的解析出发，围绕"媒介融合"和"传媒政策"两大关键词，对研究所涉及的一些基本理论和问题进行简单的归纳和分析，以为后面的研究提供相应的词汇基础和理论框架。

2. 研究内容二：融合图景与规制挑战

这一部分研究将聚焦于两个问题：一是在资料耙梳与数据整理的基

础上，从技术和经济两个维度入手，勾画出欧美国家媒介融合发展的基本轨迹与轮廓，以为后面的进一步研究提供有关的分析线索；二是归纳和总结出媒介融合对欧美国家的传媒政策体系提出的挑战，以为后面研究提供必要的知识地图和背景框架。

3. 研究内容三：媒介融合背景下欧美传媒政策价值范式的重构

这一部分研究将从"为何规制"这一问题出发，通过分析和探讨传媒规制的依据、目标以及信念等价值层面的问题，并重点考察公共利益标准在媒介融合背景下的新内涵和新边界，探讨欧美传媒政策在价值范式上的转型问题。具体而言，将着力解决以下问题：在媒介融合时代，当传媒资源极大丰富的时候，欧美国家传媒规制的必要性和正当性基础是否受到冲击？融合背景下，传媒规制的意义和价值何在？面对日新月异的传媒科技，"何谓公共利益"这个问题出现了哪些新的变化？

4. 研究内容四：媒介融合背景下欧美传媒政策规制范式的重组

所谓"规制范式的转型"，是对政策在经验层面的研究，旨在考察欧美传媒政策面对媒介融合的发展和挑战，其政策组织形式以及实施逻辑和机制的变化情况。具体而言，将着力解决以下两个问题：其一，从政策工具和规制方法的视角出发，通过逐一检视所有权控制、基础设施规制、内容规制以及公共媒体制度等欧美国家主要的一些传媒规制工具和手段在新环境下所面临的问题以及发生的变化，总结和探讨欧美传媒政策因应媒介融合而发展出来的"规制放松"和"再规制"两种矛盾而共进的政策路径。其二，在实施机制方面，将从政策主体结构性变革这一核心命题出发，探讨媒介融合背景下国家、市场、媒体以及社会等不同行动主体在传媒政策中的角色重构问题。

5. 研究内容五：媒介融合背景下欧美传媒政策认知范式的嬗变

对于"认知范式的嬗变"这一问题的研究，其实是一种基于认识论视角的探究与分析。具体而言，将从"传媒政策是什么""什么是媒体"两个问题出发，挖掘和探讨欧美国家在媒介融合背景下建构传媒政策新框架和体系时的"解释性的认知图式"，即政策背后的思维方式和知识经验。

以上研究内容的结构及逻辑关系详见图1：

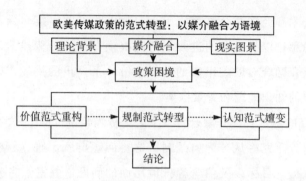

图 1　研究内容框架及逻辑关系

图片来源：笔者绘制。

二　研究对象的界定："欧美"的外延指向与内涵特征

在本书中，所谓的"欧美国家"主要包括美国、加拿大以及欧盟及其成员国等北美和西欧国家和地区，同时也涉及新西兰、澳大利亚等非西半球的发达国家。本书将"欧美国家"作为一个整体性的概念来进行研究，希冀揭示这些国家在媒介融合背景下变革传媒政策的普遍规律与经验。但需要指出并强调的是，这并不意味着本书认可"欧美"是一个笼统、均质的概念。从传媒生态来看，在经济技术以及不同的民主政治发展水平等多种因素的影响和作用下，这些国家或者地区之间传媒生态的发展状况以及传媒系统的建设也有相当多不同甚至是大相迥异的地方。例如，在德国、英国，日报间的竞争非常激烈，而在荷兰，几乎所有的日报都出自同一公司；瑞典有超过 80％的人口几乎每天都阅读报纸，而希腊和葡萄牙的报纸阅读率则非常低（Terzis，2008）。从传媒体系的建设来看，以美国为代表的北美等国家以商业模式为主，媒体的运作主要依赖于市场逻辑，并且以经济利益为主要目标；而以英国为代表的欧洲国家则以公共模式为主，强调媒体的文化责任、社会责任。同时，正如哈林（Daniel C. Hallin）和曼奇尼（Paolo Mancini）在著名《比较媒介体制：媒介与政治的三种模式》（2012：译者序，6—7）一书中所概括的，欧美国家在媒介体制方面也"有可辨别的差异"，英国和爱尔兰以及美国和加拿大主要实行自由主义模式，中欧和北欧盛行民主法团主义模式，意大利、西班牙等地中海国家则走的是极化多元主义的道路。因此，在审视本书关于欧美融合政策变革的普遍性规律与经验研究的同时，我们对于欧美各国传媒政策的国情规定与多元路径，需要始终保持一种清醒的警惕。

不过，即使是采取比较研究路径的哈林和曼奇尼也承认，随着传媒商业化、全球化以及传媒技术创新的发展，欧美各国的媒介体制正在出现"朝向自由主义体制的明显的趋同倾向"（2012：297），一个"单一的、全球性的媒介模式"（2012：251）变得越发常见：一方面是"欧洲的媒介体制已经越来越分殊于政治体制"（2012：253），并且"强力趋向以英美为代表的自由主义模式"；另一方面"自由主义国家在一些方面（也）变得更像欧洲"（2012：译者序，7）。因此，尽管这些国家和地区在传媒生态和传媒政策体系等方面都有种种的差异甚至是对立，但它们也具有诸多的相同或相似之处。这些共同或者相似的特征正是本书研究得以开展的前提。具体而言，本书所涉及的研究对象主要有以下几个共同特征：

一是采用民主的政治体制，追求自由、平等，讲求法治，而且普遍认同媒体的民主面向特质，即认为传媒是发展民主政治不可或缺的资讯传播媒介，在社会中扮演着"教育者的角色（the media as educator）"以及"监督者的角色（the medida as monitor）"（Ansolabehere & Behr & Lyengar，1993：209—232），是政府与民众之间沟通的桥梁。

二是普遍拥有发达或者较为发达的传媒产业，传播基础设施建设较为完善，拥有"强大的大规模发行商业性媒介"（哈林、曼奇尼，2012：196），传媒市场较有活力，同时媒体的商业化和集中化程度较高；尽管有先后和轻重之别，但基本上都已形成商业媒体和公共媒体并存的一种双元体系。

三是拥有一套相对完整的传媒规制体系。在媒介体制方面一般采用或者混用自由主义模式或者民主法团主义模式①，在不同程度上并存着强调新闻自由的自由主义传统和强调国家介入的国家干预主义传统。

---

① 鉴于前面的案例选择方法，所以本书研究所指涉的国家甚少涉及极化多元主义模式。

23

第三节 研究设计

一 研究思路和目标

本书将在充分梳理和分析媒介融合背景下欧美国家传媒政策文件以及实践的基础上，综合运用新闻传播学、政治学、政治哲学、规制经济学、新制度经济学、政策科学、法学以及通信技术与管理等多个学科的理论及知识，采用文献研究法收集资料，通过归纳总结法、对比分析法以及案例分析法等研究方法分析并寻找出欧美国家在媒介融合背景下变革传媒政策的轨迹、方向和基本精神。

二 研究路径的选择

（一）总体分析的研究路径

如前所述，范式研究追求一种整体把握和宏观审视的学术旨趣；同时，以"欧美"为一整体概念作为研究对象，也意味着一种凌空鸟瞰和系统分析的学术倾向。因此，本书将采取一种总体分析的研究路径，即将"欧美"视为一个在某方面或者某些方面具有共同特征的研究对象。虽然也会充分考虑"欧美"这一总体概念下不同国家或地区方方面面、丝丝缕缕的差异，但本书显然不会止步于对这些差异的分析；本书所关注的是这些差异背后或者超越这些差异之上的"共同"或"类似"的特征。

（二）基于政策文献和规制技术分析的研究途径

公共政策研究专家陈富良（2001：27）曾经指出，规制政策研究常用的途径有三种：一是通过分析法律制定、政府规则以及法院的解释来揭示公法的结构与原则；二是通过分析政策合法化的途径以及政府干预市场的技术，以阐明现代政府规制的实际价值及其应遵循的规范；三是通过探讨区别于产业与市场活动的政府行为，来发现政府规制手段的局限性与优点。按照陈富良的这种划分方法，本书将主要采取前面两种研究途径，即一种基于政策文献和规制技术分析的研究路径，重点在于通过分析"做了什么""如何去做"等事实，从而发现欧美传媒政策的认知基模、价值标准和行动逻辑，而不是去评判其优劣或者指明其方向。具体而言，本书的展开途径有二：一是立足于可以获取的法律文献资源，从中分析和解读欧美的传媒政策法律在结构表述和原则指向等方面的调整与方向；二是立足于欧美国家政府介入和干预传媒市场的措施和实践，从中探寻欧美国家传媒规制在方法、手段、路径等方面的变革轨迹，并以此管窥欧美国家传媒规制在原则以及方向上的变化。

三　研究方法的运用

考虑到观察法、访谈法等依靠一手资料展开研究的方法在目前阶段的不切实际性，本书将主要采用一种非介入性的研究路径，即将主要通过文献探讨和归纳分析等研究方法来展开研究。下面对几种主要的研究方法作简要解释与说明。

（一）文献资料法

正如一位学者指出，"任何研究不使用某种形式的文献方法就能够顺利完成那是非常罕见的"（Sarantakos，1998：274）。本书不仅需要使用文献资料法，而且在种种现实条件的制约下，将主要地依赖于文献资料法。具体而言，本书所使用的文献主要涵盖四大范围：

一是国内外的学术研究成果，包括学术论文、学术专著、研究报告、学位论文以及教材等，这一类文献所反映的主要是学界的相关认识和观点。

二是政府的公开文献，包括相关的法律法规文本、政策条文、政府组织的政策评估报告、政策征询或听证活动的相关文件以及政府主要官员的讲话材料等，这一类文献主要是从政策制定与实施的主要主体——政府来发现线索。

三是来自各类媒体报道和网络文件的政策建议、提案、报告或者相关的讲话、数据等，这一类文献主要是用来挖掘来自产业的意见和观点。

四是各类非政府组织、公民团体以及公民个人的相关文献，主要形式包括政策提案、政策评估报告、政策讨论、公开讲话等，这一类文献主要用于发现社会的意见和观点。

（二）归纳和演绎

对于浩繁的各种文献资料，本书主要是通过归纳与演绎的方法，分别根据具体研究的问题进行层层细分、归纳和剥离，以获取明确的、有实际价值的信息或论点。具体操作时主要有以下四个步骤：一是在阅读各种文献资料时，以国别或地区为依据，分类记录和总结各国或地区的相关政策实践和活动；二是在记录和总结各国或地区政策实践和活动资料的基础上，以"价值范式""认知范式"和"行为范式"三个核心问题为依据，尝试抽取出各国融合政策转型过程中的范式嬗变特征；三是不区分国别和地区，以"价值范式""认知范式"和"行为范式"三个核心问题为依据，汇总记录并总结相关的材料和论点；四是结合研究目的，对相关材料和论点进行回溯演绎，从而发现其深层次的共性特征、规律和问题。

（三）历史分析方法

政策研究必须坚持历史的观点，因为任何政策问题都不是孤立的、无因缘"生长"出来的。每一项政策都有其产生、发展和消亡的历史。因此，本书对政策范式的研究，虽然更着重于其当前范式的挖掘，但同样注重溯源政策的历史过程与脉络，在动态中把握政策范式的形成。

（四）个案分析方法

个案分析或个案研究是本书所采用的总体分析路径的基础。本书主要在两种情况下采用这一研究方法：一是作为整个前期基础的个案研究，即在总体分析之前，对所涉及主要研究对象各自的融合政策变革的基本情况有一个摸底式的研究；二是针对某一特定问题所展开的个案研究，旨在较为集中、深入地阐释或解决某一问题。

四 研究实施的技术路线

由于本书将"欧美国家"作为一个整体性的概念来进行研究，研究的指向不是某一个具体欧美国家，而是"欧美国家"作为一个整体在媒介融合背景下变革传媒政策的轨迹、方向和基本精神。因此，本书在具体的研究实施过程中，将采用从个别到一般的归纳总结式的研究路线，首先确定研究对象的外延范围，然后在这一名单范围内全面地收集相关的法律文件以及相关研究文献，在分别仔细阅读和认真分析的基础上，归纳总结出这些国家的一般性做法和精神。具体研究路线以及所运用到的技术手段如图2所示。

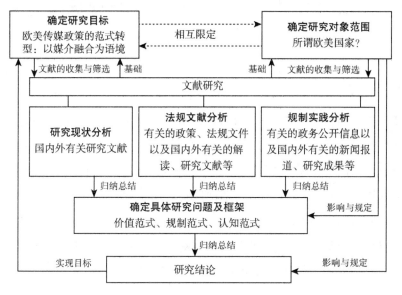

图2 技术路线（本研究绘制）

资料来源：笔者绘制。

第二章　概念解析与理论探讨

概念是逻辑展开的基础。"如果没有概念，我们就无法获得与概念有关的事实本身的精确的知识"（凯恩斯，2001）。而且，一个概念不应该没有限定地同时意指许多个方面，当我们使用某一特定概念时，"它的意思应该正好就是我们所要选择的"。[①] 因此，在研究过程中，有必要首先定义我们要使用的某些概念，并"对这些有时会归并在一起的概念作出一些区分"（戴维斯、诺斯，1991：270）。有鉴于此，本章将从概念的解析出发，对"媒介融合"以及"传媒政策"的一些基本理论和问题进行简单的归纳和分析，以为后面的研究提供相应的词汇基础和理论框架。

第一节　媒介融合概念的解析与层次

目前，"媒介融合"（media convergence）已成为传媒研究的热点议题，中外学者的研究热情均非常高涨。但时至今日，对于"什么是媒介融合""媒介融合的层次划分"等基本问题，依然没有形成统一的回答并且缺乏足够的讨论。有鉴于此，本书将首先定义和厘清"媒介融合"这一概念的源流、内涵以及层次等基本理论问题，以为后续研究提供支持。

一　概念的源流

"融合"（convergence）一词是"媒介融合"这一概念的核心。据有

---

① H. 邓普梯语。转引自戴维斯、诺斯《制度变迁的理论：概念与原因》，载于科斯·阿尔钦·诺斯等《财经权利与制度变迁——产权学派与新制度学派译文集》，生活·读书·新知三联书店 1991 年版，第 270 页。

关学者考究（Kopecka-Piech，2011），"convergence"一词来源于拉丁语"convergere"，原意是"走到一起"（coming together）（Kopecka-Piech，2011）。该词最早于1713年出现在英国著名自然哲学家威廉·德汉（William Derham）的《物理神学》（Physico-Theology）一书中，意指"光线的聚合和发散（convergence and divergence of the rays）"。进入19世纪后期以来，"convergence"一词开始大量出现于科普小说以及生物学、气象学、地质学、数学、人类学、心理学、政治学、经济学等学科和领域。而且，在不同领域中，"convergence"渐渐形成了一个大致相同的定义：用于描述事物日益汇集且不断趋于相似的过程。

如前所述，有关"媒介融合"的思想可以追溯至20世纪60年代的麦克卢汉。但据观察，媒介融合的实际运作其实早在此之前便已有之。早在20世纪20年代，美国论坛报业公司就在其旗下的《芝加哥论坛报》（Chicago Tribune）和WGN广播电台之间进行了一些融合实验（Lawson-Borders，2006：69）。在20世纪40年代中期，《芝加哥论坛报》《纽约时报》《迈阿密先驱报》等美国报纸也曾以无线电广播的方式向数以万计的家庭传真机发送报纸。电视普及以后，报纸的图文内容经由一种信息传视系统也得以在经过改装的电视机的屏幕上观看。同时，在20世纪50年代，一些报社就拥有自己的电视台，并且共享一些信息资源（Colon，2000：24—27），美国的合众国际社（United Press International）要求文字记者提供新闻数据的影音文件、录音档，以供广电媒体使用。

不过，"convergence"一词真正进入传播研究领域，已是20世纪70年代中叶计算机、互联网技术获得发展之后的事情（宋昭勋，2006）。在报纸和广播电视的合作与融合日益推进的同时，欧美国家的电信和网络商们也联合起来开发出了数字开关（digital switch）、增值网络服务（value added network services，VAN）等新的产品和服务，而电信和广播电视商的融合也随着铜芯同轴电缆（copper coaxial cable）技术的成熟而日渐明显。在这种背景下，美国未来学家尼古拉斯·尼葛洛庞帝（Nicolas Negroponte）在麻省理工学院媒介实验室（Media Lab）的筹建演讲上，率先提出了"'广播电视业'、'计算机业'和'印刷出版业'将在数字化浪潮下呈现交叠重合的发展趋势"的观点，并用"三个重叠的圆圈"来描述计算机、印刷和广播三者的技术边界，认为三个圆圈的交叉处将成为成长最快、创新最多的领域（Appelgren，2004）。

尼葛洛庞帝"传播与资讯通讯科技终将汇聚合一"的思想可以说是"媒介融合"思想的真正萌芽；但"媒介融合"真正作为一个学理概念，则由美国麻省理工学院教授伊契尔·索勒·浦尔（Ithiel De Sola Pool）率先提出。在1983年出版的《自由的科技》（*Technologies of Freedom*）一书中，浦尔首次提出了"形态融合（convergence of modes）"的概念（Pool，1983：24），认为数字技术的发展导致报纸、广播电视以及电信业的边界慢慢消失，各种媒体呈现出多功能一体化的趋势。当时，随着互联网、数字压缩等技术的发展以及欧美国家媒体商业化、市场化和规制放松的推进，媒介间的融聚、汇流已日渐得以显现和证实。一方面，传统媒体的"触网"进程不断加快，其中报纸在经过用电话线或者电缆传送电子版报纸以及利用 BBS 系统推出在线版等探索和实验之后，终于在 1987 年成功将报纸内容送上了互联网①；另一方面，传媒产业为了争取最大多数的受众，也从 20 世纪 80 年代中期开始纷纷组建跨媒体集团，从而使得内容更容易在不同的媒介平台之间传播。在这种背景下，"媒介融合"被认为是电信、媒体和信息技术发展的推动力，并日渐成为一个在学界和业界都备受关注的焦点议题。如，根据美国西北大学教授李奇·高登（Rich Gordon）的说法（Gordon，2003：57—74），1994 年《纽约时报》就在一篇有关《圣何塞信使报》网络版的报道中，使用了"一次媒介融合（A Media Convergence）"的小标题。该文认为：所有的报纸负责人都相信，技术变革正带来所有媒体的融合。到了 2000 年年初，当美国在线与时代华纳宣布合并时，"融合"一词就已经非常普遍地与"电子内容的传送"联系在一起。

二 概念的界定

虽然"convergence"一词是"媒介融合"概念的核心，但"媒介融合"概念的界定在很大程度上取决于"媒介（media）"一词。作为

---

① 首开先河的为位于美国加利福尼亚的《圣何塞信使报》（*San Jose Mercury News*）。

欧美传媒政策的范式转型：以媒介融合为语境

"medium"的复数形式，"media"一词源于拉丁文"medius"，其本意是中介、中间。根据有关学者考究，直到19世纪中后期，电报、留声机等电子传媒技术出现特别是印刷术发明之后，"media"一词才与传播技术关联在一起，并逐渐形成"media"一词在当代的基本指向——作为传播的载体、渠道或手段（Guillory，2010）。到了19世纪后期，随着报业印花税的取消以及各国教育的普及，欧美国家的传媒市场获得迅猛发展。在这样的背景之下，"media"一词开始与"经济"紧密关联，并发展出三个相互关联的次概念：作为产业的媒介、作为商品的媒介（产品）以及作为生产和消费统一体的媒介（市场）。在物质形态和经济概念之间，"媒介"还有另一重含义——作为新闻生产和传播的机构或系统。同时，由于"媒介产出各种形式的象征性符号牵动了社会的构成，包括：日常生活的规律与惯例、社会关系的再现、政治的运作模式，也确立（或挑战）了更广泛的社会价值、传统与认同"（Cottle，2009：4），"媒介"还是一个高度制度化的词汇，意味着一种更广泛的社会、文化与政治生产机制。因此，对"媒介"一词的理解至少可以从技术、经济、组织以及制度四个维度进行，在不同维度的言说下，不仅"媒介"一词的含义和指向是不同的，而且对于媒介融合的定义和理解也完全不同。

从媒介作为一种传播技术或一种载体、渠道、手段出发，媒介融合被定义为"不同网络平台提供本质类似服务的能力，或者是像电话、电视以及个人电脑这些消费终端的合而为一"（European Commission，1997），具体表现为"传播媒体的所有形式汇聚到一个电子化、数字化的平台之上"（Pavlik，1996：132），"媒介间界限日渐模糊"以及"过去为不同媒体所提供的服务，如今可由一个媒体提供"和"过去为一种媒体所提供的服务，如今可由不同的媒体提供"（Pool，1983：24），其实质是媒介内容的数字化以及网络的IP化，并最终表现为包括电视、报刊、电影、广播、网络的传播媒介与包括新闻、影视音乐制作、游戏在内的信息源汇流成一个"整合宽带系统"或"全方位服务网络"（鲍得温，2000：2）。

在技术作为标准的考量下，所谓的媒介融合不过是媒介的一个发展阶段，而媒介间的融聚、汇合不过是一个技术驱动的进程。作为对这种技术决定论的修正，基于经济维度的定义则认为媒介融合其实是一种商业策略。"传媒公司通过合并、借用以及品牌和知识产权的融合和整合，旨在透过所有的（传播）渠道来扩张其（业务）范围（Jenkins & Deuze，2008：6）。"因此，所谓的媒介融合不过是"信息和内容产业——包括电信、邮政、广播、印刷媒体、多媒体、电子商务以及数据处理（等领域）——累进整合成一系列相互连接的经济市场以及一个建立在数字传播技术基础上的价值链的过程"（Cutler Co.，1997），并明显地表现为"适应产业增长而发生的产业边界的收缩或消失"（曹卫、郝亚林，2003）。

当媒介作为一种组织，所谓的"融合"主要是一个新闻生产视角下的概念，并且可以从公司架构、媒体运作方式以及成员工作方式三个层次来理解[①]。其中，在公司架构层面，媒介融合被解读为"印刷的、音频的、视频的、互动性数字媒体组织之间的战略的、操作的、文化的联盟"（Nachison，转引自蔡雯，2005），所有权融合（ownership convergence）是其最主要的融合方式；在媒体运作方式层面，媒介融合主要是一种策略性融合（tactical convergence）或者结构性融合（structural convergence），是"许多媒体通过建立合作与伙伴关系进行新闻内容的分享和交叉促销的实践"（Missouri Group，2010：15）；媒介融合还意味着新闻工作人员工作方式和能力要求的一种转变，它实际上是一种"在包括报纸、电视、广播、互联网、PDA以及任何（媒介）组合上发布信息、广告等（内容）的能力"（Gentry，转引自Yuyan，2008），并且要求"形形色色的新闻工作者……一起策划、报道和生产（新闻）故事，同时决定这个故事的哪些部分可以通过纸媒体、广播或数字媒体得到最好的呈现"（Dailey etc.，2005）。

媒介作为社会、文化与政治生产机制是理解媒介融合的另一个重要而独特的维度。在这一维度下，媒介融合以"分享、参与、草根"为核心关键词，既体现为消费者行为或能力的延展，又体现为传媒生态和运行秩序

---

① 李奇·高登（Rich Gordon）认为对于媒介融合的理解可以从公司架构、媒体运作方式以及成员工作方式三个层次来进行，并且可以区分为所有权融合、策略性融合、结构性融合、信息获取技能融合以及叙事形式融合五种形态。笔者认为，高登的这种理解和区分主要是在"媒介作为一种组织"的范畴内来进行的。

的变化。其中，在消费者视角下，媒介融合是一个"自下而上的消费者驱动过程"，既意味着"消费者在单一平台或设备，或者同时在多个平台或设备上来获取多种服务的能力"（Jenkins & Deuze，2008：6），也表现为"那些愿意到处寻找自己想要的娱乐体验的受众的迁移行为"（Jenkins，2006：282）。在一个更宽广的生态视角下，媒介融合则"旨在提供更多的服务以及新的方式来参与社会互动"（European Commission，1997）。因此，媒介融合不仅意味着媒介使用的"多平台化"以及受众的迁移行为，而且意味着"个人和草根团体媒介表达和近用机会、发起争议和倾听各种意见机会、分享信息以及从多维视角去增进对世界认知机会的增加"（丁亚韬，2010：3），即媒介使用的民主化。

三 概念的层次

如前所述，媒介融合是一个笼统且富有张力的概念，在不同维度、不同语境下，其内涵和外延都不尽相同。因此，对于这一概念的理解其实可以在不同的层面或层次下来进行（见表1）。

表 1   "媒介融合"概念的层面或层次

界定者	概念的层次
Flynn	包括终端（devices）融合、网络（networks）融合和内容（content）融合三个层次
Henry Jenkins	至少包括五个层面：技术融合；经济融合；社会或机构融合；文化融合；全球融合
Robert G. Picard	包括技术融合（Technical convergence）、服务融合（Service convergence）和市场融合（Market convergence）三个层面
Graham Meikle & Sherman Young	媒介融合可以从技术（technological）、产业（industrial）、社会（social）以及文本（textual）四个层面来理解
Rich Gordon	在技术融合之外，提出了媒介融合的另外五个层次，即所有权（ownership）融合、传媒策略（tactical）性联合、传媒组织的结构（structural）性融合、信息获取（information-gathering）技能的融合和叙事形式融合（storytelling convergence）
瑞典创新局	服务融合、电子设备融合、网络融合和市场融合[8]
经济合作与发展组织（OECD）	电信与传播产业间的汇流概念发生于三个层次，即网络层（network level）、服务层（service level）及组织层（corporate level）

资料来源：本研究自行整理绘制。详见：Flynn，2000；Jenkins，2006；Picard，2012；Meikle etc.，2012；Gordon，2003；Appelgren，2004；OECD，2007。

综观国内外的相关论述，并充分考量媒介融合发展的内在机理和逻辑，笔者认为，媒介融合概念的内涵和层次可以并且至少包括技术层面、经济层面、组织层面以及社会文化层面四个理论分析维度。具体如下：

（一）技术层面的融合

传媒作为一种信息产业或者内容产业，是一个技术驱动的产业。因此，媒介融合首先是一种技术层面的融合。具体而言，这种技术层面的融合主要体现在生产融合（production convergence）、网络融合（networks convergence）以及终端融合（devices convergence）三个层面（Picard，2012）。其中，生产融合指的是"媒体的内容生产不再局限于不同媒体之间的分工与合作"（丁亚韬，2010），文字、声音、影像、动画、网页等不同的传播手段在转换为一连串可"毫不费力地相互混合"并且可"同时或分别地被重复使用"（尼葛洛庞帝，1997：29）的"0"和"1"的二元比特（bit）组合后，被整合到一个统一的传播平台；网络融合主要是指信息传播基础网络设施的整合①。即 IP 成为传输协议的主流之后，信息的传播不再受限于不同传输网络之间基于标准与规格的区分，传输网络亦因此产生"中立性（neutrality）"以及"互联（interconnectivity）""互通（interoperability）"的特质。例如，电信业者可提供可视图文、数据检索、数据处理以及电视会议、视像点播（VOD）等整合报刊、电视、互联网等多种传媒功能的增值服务，电视业者在数字化之后，亦可提供互联网或电话等通信服务。终端融合则是指将通信、数据、影音等多元功能整合于单一终端设备之上，使得"过去各种不同的信息媒介，现在都以'多功能'、'多样化'的方式呈现"（孙德至，2006）。例如，新一代的智能型手机，不仅可以进行语音的通信，而且可以收看电视、收听广播以及连通互联网进行信息的搜索、评论等活动。

（二）经济层面的融合

经济层面的融合可以简单地分为市场融合和产业融合两个层次。其

---

① 按照瑞典创新局的定义，网络融合除了基础网络设施的整合之外，还包括服务分销网络的融合。由于本类目主要是技术层面的探讨，故将服务网络的融合纳入服务融合的范畴进行讨论。

中，市场融合是技术以及生产、组织等方面融合的结果。并且，只有"当企业进入那些之前不是它们主要市场的邻近领域时"（Jenkins & Deuze，2008），市场的融合才会发生。由于"媒介融合是两个融合过程的结果：一个是自上而下的企业驱动过程，一个是自下而上的消费者驱动过程"（Jenkins & Deuze，2008）。因此，可以从企业和消费者两端出发来理解这种市场的融合。其中，在企业一端，市场的融合主要表现为产品、业务等方面的服务融合，如 IPTV、Smart TV、VoIP 等融合多种媒体的应用服务的出现以及市场规模的逐渐形成；在消费者一端，主要是指消费者消费需求和行为的改变。值得注意的是，消费者的融合至关重要。如果没有消费者的融合，设备融合、产品融合等类型的媒介融合将不可持续或存在。

当这种市场的融合横跨不同领域时，即发生产业的融合。产业融合作为一个过程，是产业边界的模糊或消失；产业融合作为一种结果，则是不同领域间企业合并或联合后的一种市场结构，如有线电视兼营互联网业务、报纸媒体发展互联网以及视频事业，等等。因此，产业融合并不局限于产品、服务等层面的融合，而指的是广播电视、报刊、互联网、电信等，通过合并、联合等多种形式互相进入对方领域，进行产权、营运以及产品等多方面的整合。

总体而言，延续前述从企业和消费者两端出发来理解媒介融合的思路，又可以把经济层面的融合区分为用户驱动的融合（user-oriented economic convergence）以及机构层面的经济融合（institutional economic convergence）两大类（Dupagne etc.，2006）。其中，用户驱动的融合主要指向产品和服务，因此其强调搭建一个整合性的传播平台，但并不必然带来重大的垂直整合的产业融合。如，一些有线经营商便可在其有线传播平台上同时提供有线电视节目、VOD、网络电话（VoIP）以及互联网接入等一揽子服务。相反，机构层面的经济融合强调的是多平台的概念，即"一种业务在不同平台上运行，实行共同管理，通过多种媒体推出广告，并且共享新闻的生产"（转引自 Dupagne & Garrison，2006）。因此，这一层面的经济融合一般要求进行跨媒体的融合。

在组织层面，媒介融合可以从个体和机构两个维度，以及公司架构、媒体运作方式、成员工作方式三个层次来理解。其中，以个体作为观察维度，媒介融合主要表现为编辑和记者职业身份的转变以及生产和工作方式的改变，包括：一方面，掌握了多种媒介技能，能够同时承担文字、图片、音频、视频等报道任务，为多种不同媒体提供新闻作品的"背包记者（backpack）"或者是"超级记者（super reporter）"登上舞台，而新闻编辑部的职能也从"传统的新闻传播管理转向'知识管理'"（Quinn，2005：22）；另一方面，基于多媒体表达的融合叙事成为新闻生产的基本逻辑，记者和编辑要考虑的已经不仅仅是"报道什么与如何报道"的问题，"他们必须决定如何最好地同时在报纸、广播电视和在线平台上完成新闻报道"（Quinn，2005：22）。

从机构的维度出发，媒介融合主要表现为传媒内部管理模式以及传媒之间结构和关系的创新，并可区分出公司架构以及单一媒体的运行方式两个分析层次。其中，公司架构的融合主要表现为报纸、广播、电视、网络等不同类型的媒体由一家传媒集团所拥有，即所有权的融合（ownership convergence）；在媒体运行方式层面，以是否改变传媒的内部结构以及工作方式为标准，又可进一步区分出两种不同类型的媒介融合：一是媒介间的策略性融合（tactical convergence），即媒介间形成内容共享、交叉推销以及共谋增加产值等合作关系，但不要求拥有共同所有权，如报纸媒体预告明日电视节目，或者电视媒体播报来自报纸媒体的内容和观点，等等；二是要求改变传媒的内部结构以及工作方式的结构性融合（structural convergence），如《奥兰多前哨报》（*Orlando Sentinel*）与时代华纳有线电视（Time Warner Cable）合作开设一个24小时本地新闻频道时，它们便组建了一支多媒体编辑队伍，负责在两个新闻编辑部之间进行协调并与文字记者沟通，以将报纸内容变换成电视新闻。同时，对于媒体运行方式的融合，Dailey等三位美国学者还进一步归纳出一种"5C模式（the 5Cs of convergence）"（Dailey ect.，2005），即在新闻的生产和组织过程中，不同的媒体可以发展出交互推广（cross-promotion）、克隆（cloning）、竞合（coopetition）、内容分享（content sharing）、融合（convergence）五种程度依次由弱到强、由简单到复杂的递进的合作和互动关系。

（四）社会文化层面的融合

社会文化层面的融合主要是一种宏观的、上层建筑的融合，主要包括社会文化的融合以及法律和规制的融合两个方面。其中，社会文化的融合实际上包括两股相互缠绕以致很难截然分开的潮流：一方面，不断融合的传播技术和媒介赋予受众解释、传播、分享甚至是创造和生产内容的能力，积极的受众以参与和互动的方式生产着媒介的文本和文化，并使得人们越来越有能力随时随地获得自己想要的东西；另一方面，大量原子化、个性化的内容穿行于不同的网络平台，在重塑传媒生态的同时，也重新定义了人与人以及人与社会的关系，使得人的欲望日益没有止境与节制，而对媒介的依赖程度也日益加强。

法律和规制的融合作为上层建筑实体层的融合，则是一项涉及机构变革、政策调整等方方面面内容的系统工程，旨在"建立一个能够适应所有融合领域的共通的规制框架"（Losifidis，2002）。按照所形成规制框架的融合程度，可以把这种融合分为全面融合（full regulatory convergence）和部分融合（partial regulatory convergence）两种。其中，全面融合指的是"把当前独立的基于产业分立的法律和规章制度汇流成为一个单一的法律和规框架"（Garcia-Murillo etc.，2003），部分融合的"幅度更加有限，只是在传媒组织进行经济融合或技术融合方面放松了规制"（Dupagne & Garrison，2006）。虽然媒介规制与政策全面融合的问题备受关注，诸如"印刷、广播和共同载体这三种传统媒介规制模式，谁会成为融合后的主导模式"这样的问题也激起了不少的讨论和想象，但事实上全面的规制融合至今仍未能实现。纵观各国融合规制的变革实践与构想，还没有哪一种规制模式完全取代了其他的模式，规制融合的实践主要还停留在部分融合的层面。

四 本书中的"媒介融合"概念：维度和特征

正如杜培根（Michel Dupagne）和加里森（Bruce Garrison）所指出

的,"对于(媒介)融合,并没有一个统一的定义"一样(Dupagne & Garrison,2006),不同的使用者,以及在不同的语境下,媒介融合这一概念所指涉的内涵和外延都不尽相同。因此,有必要首先界定清楚本书所使用的"媒介融合"概念的内涵和外延进而弄清楚与本书紧密相关的"媒介融合"的几个显著特征。

(一)一个多维的概念:"媒介融合"在本书中的运用

如前所述,政策视角下的"媒介融合"概念主要是一种上层建筑实体层的融合。但事实上,本书所使用的"媒介融合"概念并不局限于这种非常狭义的运用。首先,无论是哪一种定义,其实都包含或者隐含着一个简单的观点:"传统媒体延伸至互联网媒体以及多种内容传送技术的混合"(Lawson-Borders,2003)(见图3)。因此,一个共同的技术平台以及传媒内容在多媒体平台的流动是媒介融合的基本要义。在欧美各国正式的政策文件中,对于"媒介融合"的界定也基本都是以这种技术上的融合为第一或者主要特征的。因此,不论是对政策价值原则重构的分析,还是对政策认知基本模式或者政策行动逻辑的分析,都不可能脱离技术融合语境的限定,都必须放置到媒介界线模糊甚至消失、信息在不同传播平台自由流动、信息传输网络的中立性等特征下去讨论和理解。其次,对融合政策的分析还必须紧密联系"媒介作为一种经济性概念"的所有特征,即融合政策的构建既无法脱离作为全新经济行为或资本新结构的媒介融合的结构化限定,也难以自免于作为商业策略的媒介融合的种种渗透行为和策略。再次,媒介生产和组织的融合作为一个相对微观的概念,看似没有进入传媒政策的场域,但实际上新闻生产方式以及媒体运行方式的改变带来了新闻商业模式的改革,公司架构的融合尤其是所有权的融合则不可避免地直接对所有权的管制政策提出了要求。最后,政策作为一种上层建筑,必须对社会文化的改变作出及时、有效的回应。因此,对于融合政策的思考和认识,还必须时刻联系媒介融合所带来的积极受众、参与文化、个性化传播以及人对媒介的日益依赖等社会文化变革。

因此,本书所指的"媒介融合"既是一种共同的技术平台或者一种

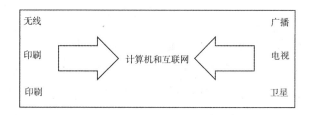

图 3 媒介融合定义模型

资料来源：Lawson-Borders，2003。

多媒体的传播行为，又意味着一种全新的经济行为、资本结构或者商业策略；同时，既表现为新闻生产流程和媒介组织结构的再造以及一种多媒体叙事方法，又体现为一种"参与性的民间文化（participatory folk culture）"（Jenkins，2001），是受众的极大解放以及传统秩序的分崩离析。按照这种系统论的方法以及"范式"研究的旨趣导向，本书将媒介融合概括为人类社会发展进程中一个全新"技术—经济范式"的内核。而在这个新的"技术—经济范式"逐步构建与确立的过程中，媒介融合无疑是一种"创造性破坏（creative destruction）"的力量，它不仅挑战了传统的生产方式，使得原有的产业结构和商业模式趋于瓦解，而且改变了人与人之间的交流方式以及人们的工作和生活方式，从而扩展了人类文化的内涵。

（二）媒介融合的几个显著特征：以本书为视阈

如前所述，媒介融合是一个涵盖面很广的概念，从不同的维度进行分析则具有不同的指向和内涵。但正如澳大利亚政府在一份媒介融合征询报告中所指出的（ALRC，2011），媒介融合起码包括以下八种特征：（1）更普遍的高速宽带网络的接入；（2）传媒产品和服务的数字化；（3）传媒平台和服务的融合；（4）传媒平台、内容和服务的全球化；（5）创新的加速，即更多地采用基于去中心化生产、组织改革以及新型增值服务的发展模式，而不依赖于传统的规模优势以及高昂的启动资本，从而有利于新的竞争者进入市场；（6）用户创造内容的兴起；（7）传媒使用者获得更多赋权；（8）公私领域以及年龄区分界限的模糊。结合研究目的和内容，本书在使用"媒介融合"这一概念时，尤其强调其所包含的以下几个方面的特征。

1. 数字化及其带来的生产、服务和平台的融合

所谓的数字化其实就是将文字、声音、图像等信息转化为一连串可以"毫不费力地相互混合"并且可以"同时或分别地被重复使用"（尼葛洛庞帝，1997：29）的"0"和"1"的比特（bit）组合。这种数字化技术是媒介融合在技术层面的核心以及原动力。在这种数字化技术下，传媒领域出现了三个明显变化：一是生产的融合，即所有的文字、图片、声音以及视频都被转换为二元的比特单位；二是服务的融合，即：过往，报刊媒体的传播以文字为主，电信网络只能提供语音服务，广播电视主要提供影像服务，而计算机则以信息处理见长；但现在，报刊、广播、电视、网络、手机等原本各自为政的媒体之间的技术界限日渐模糊；三是平台的融合，即所有的传媒内容都可以在互联网上分销和消费。传媒内容的这种数字化以及其带来的生产、服务和平台的融合是我们分析和理解后面很多问题的基础。

2. IP化以及网络基础设施的整合和互联

媒介融合在技术层面还包括一个"网络融合"的概念，即信息传播基础网络设施的整合。具体是指：IP成为传输协议的主流之后，信息的传播不再受限于不同传输网络之间基于标准与规格的区分，传输网络亦因此产生"中立性（neutrality）"以及"互联（interconnectivity）""互通（interoperability）"的特质。例如，电信业者可提供可视图文、数据检索、数据处理以及电视会议、视像点播（VOD）等整合报刊、电视、互联网等多种传媒功能的增值服务，电视业者在数字化之后，亦可提供互联网或电话等通信服务。本研究在"价值范式"部分对于"自由意见市场""竞争""普遍服务"等政策原则的分析不可避免地要以这一特征为基础。

3. 规模经济与范围经济特性及其影响

依照媒介经济学的理论，传媒行业本身即是一个对规模经济（economy of scale）和范围经济（economy of scope）非常敏感的产业。因为传媒生产的内容——信息具有生产成本高、复制成本低的特征。在这种低

边际成本的结构下，传媒产品种类的增加以及受众数量的增加将降低生产的平均成本。媒介融合的发展显然进一步强化了传媒产业的这种规模经济和范围经济特性。因为过去不同网络的用户现在可以聚集到同一个网络，同时过去要在多个网络才能实现的业务如今也可以在同一网络上进行开发。在这种背景下，融合媒介的主要生产成本便主要沉淀于网络建设，如果用单个业务或者小规模的市场去分摊这种网络建设的成本，其成本肯定相对提高。因此，媒介融合的发展是与相关企业对规模经济与范围经济的追求紧密联系在一起的。在这种追求下，传媒产业便不可避免地出现以下两个趋势：

其一，传媒所有权尤其是跨媒体所有权（Cross-media ownership）的集中日趋严重。不仅传统媒体之间的兼并、联合等行为日渐增多，而且传媒企业与互联网企业或者电信企业等其它产业的兼并、联合现象也大为增加。

其二，市场和产业的融合日益明显。即在激烈竞争的环境下，广播电视、报刊、互联网、电信等各种机构，为追求规模经济、提高市场占有率等目标，纷纷通过合并、联合等多种形式进入"那些之前不是它们主要市场的邻近领域"（Appelgren，2004），进行产权、营运以及产品等多方面的整合。

4. 来自受众与传媒消费方式的变革

媒介融合"固然建立在数字科技创新的基础上，但来自消费者对'整合性多媒体服务'（bundled multimedia services）的需求"（张玉山、李淳，2004）成为市场朝向融合发展的重要动力。因此，媒介融合的特征还表现为受众特征的变化以及消费者传媒接触与消费方式的变化。

其一，消费者由被动的"受众（audience）"转而成为具有主动权的"用户（user）"，他们的个性化需求在多元渠道的鼓励下喷发出来。正如传媒业大亨默多克（Rupert Murdoch）于 2005 年 4 月在美国报业编辑协会（American Society of Newspaper Editors）发表的演讲中所指出的：受众尤其是年轻的受众，"他们不再需要依赖早上的报纸来获得最新的消息，也不再需要依赖这些报纸上的神一样的数据来告诉他们什么是重要的；同时，他们也确实不需要那些像福音赞美诗一样的新闻（news presented as gospel)"。他们"想要的是那些按需服务的新闻，他们想要控制自己的媒介，而不是被媒介所控制"（转引自 Samue，2005）。

其二，日益分化的消费者不再忠于某一种媒体，他们"从电视上获得即时消息，从网络上获取多元消息，同时也从报纸上获得深度分析"（章于炎等，2006）。而且很多时候，这种多媒体的消费是一种同时进行的活动。如詹金斯（Jenkins，2001）所描绘的一个生活片段：一名高中生一边在大屏幕的电视机前观看一场棒球赛，一边通过立体音响听高科技舞曲，同时也在 word 文档中处理一篇论文，并正在给朋友写 e-mail。

其三，不断融合的传播技术和媒介赋予受众解释、传播、分享甚至是创造和生产内容的能力。积极的受众以参与和互动的方式生产着媒介的文本和文化，以用户生产内容（User Generated Content，UGC）为代表的大量"原子化的、个性化的'微内容'穿行于网络平台，并在传统媒体和网络媒体间相对自由地流通"（吴世文，2009）。

（三）"媒介融合"概念在本研究中的运用方法

综上所述，"媒介融合"是一个非常复杂、多义的概念，包含生产融合、产业融合、市场融合、所有权融合、消费者融合以及融合文化等多个次概念。考虑到研究的便利性，本书在行文过程中一般均采用"媒介融合"这一概念来进行统指，仅在有需要的时候才会结合所要阐述的问题对其概念的内涵和特征进行简单的强调和厘清。

第二节 "传媒政策"概念的辨析与理解

传媒作为一种"深深嵌入社会"的特殊产业，其规制与政策问题一直是各界争议和探讨的重点。而且，相较于一般产业和领域，传媒政策有着相当的特殊性和复杂性。下面在对"政策"概念和理论进行梳理的基础上，对传媒政策的一些基本理论和问题进行简单的归纳和总结。

一 政策与政治、规制、治理、制度：概念的辨析与关联

在规范性文件和文书中，政策（policy）与政治（politics）、规制

（regulation）、治理（governance）以及制度（institution）等概念紧密关联，甚至经常被混同使用。因此，有必要对这几个关系紧密的概念进行辨析。

（一）政策与政治

政策（policy）和政治（politics）是两个非常接近的概念，在词源上都来自 polis，意味着古希腊的城邦国家。总体而言，发展演变至今，两个术语的主要区别包括（科尔巴奇，2005：90）：政策关注结果，而政治与过程有关；政策被看成是公允的，而政治是党派性的，如推掉一个有异议的议题可能是"好的"政治，却是"坏的"政策。但两个概念在实践中往往很难区分。因此，在政策过程中总是存在政治因素。政策和政治的这种区别与联系有助于我们理解本书中的部分论述。

（二）政策与规制

政策与规制是紧密相关的一对概念，在本书中有时会混同或者放在一起使用，因此也有必要阐明它们之间的区别与联系。具体而言，其区别与联系如下：

"规制"一词本身是一个颇具争议的概念。例如，在美国的政策文件中，规制主要是一个经济意义上的概念，是"国家权力作用于经济程序的一种特定形式"（Hans-Bredow-Institut，2006），即前述"政府依据一定的规则介入和干预经济的职能和行为"；在英国的文献中，规制又经常被解读为"实现公共政策目标的手段"（Hans-Bredow-Institut，2006）。但总体而言，规制具有明显的过程性和工具性特征，其本质是"对源于行政程序的规则的运用"（Freedman，2008：13）。而政策作为相关利益主体"角逐现存秩序和声音参与权利的工具"（科尔巴奇，2005：3），在价值层面反映了对不同理想结构和行为的集体追寻目标，在经验层面则表现为"规则制定（rule-making）的可见部分"（科尔巴奇，2005：30）。因此，从两个概念的内涵出发，我们可以得出一个判断：规制来源于政策。即政策可以被理解为负载特定价值的目标，是对理想结构和行为的建构；规制则是实现政策所规定目标的特定组织机制和方式，基于理想结构和行为的过程展开。

（三）政策与治理

与政策这一概念相比，治理这一概念在本质上反映了民主化这个当前时代的政治特征，具有明显的政治色彩。从词源来看，治理（governance）这一术语源于统治（government）一词，其原意是控制、引导和操纵。但在当代语境下，特别是自20世纪90年代以来，治理概念"不仅涵盖的范围远远超出了传统的经典意义，而且其含义也与government相去甚远"（俞可平，1999）。现代意义上的治理概念是伴随公民社会或民间社会（civil society）的发展而形成的，其背后的根本动力是公共权力转向"第三部门"（the third sector）① 和超国家组织②，而其基本主张则是认为"在回应公共问题时应该使更广泛的参与者参与进来"（科尔巴奇，2005：4）。而且，治理作为一种组织机制的内涵也要比规制更广，不仅实施的主体不限于政府，而且实施的机制既包括正式的约束性规则，也包括大量的无须依靠国家强制力量的非正式机制。

（四）政策与制度

另一个与政策相关联的概念是制度。与前述几个概念相比，制度的含义最为丰富。在欧美学术传统中，"制度"一词往往包含习俗（custom）、惯例（convention）、传统（tradition）以及社会规范（norm）等多个层面的内容。即使是在新制度经济学家的眼中，"制度"一词的内涵也不尽相同。例如，哈耶克（Friedrich A. Hayek）将制度视为一种"秩序（order）"，科斯把它看作一种"建制结构（structural arrangement or configuration）"，而诺斯（Douglass C. North）则把它视为一种"社会游戏规则（rules of game）"，是对人们相互关系和个人行为的规范和制约。另外，康芒斯（John Rogers Commons）甚至将组织（从家庭、公司、工

---

① "第三部门"是指在"第一部门"（public sector，指以政府为代表的公部门）和"第二部门"（private sector，指以企业为代表的私部门）之外其他所有组织的集合。一般包括社团法人、财团法人、基金会、非政府组织（NGO）或非营利组织（NPO）等，并且这些组织通常具有以社会公益为目的、不用缴税的特质，因此又被称为志愿部门（voluntary sector）。

② 所谓超国家组织其实是在"二战"之后才逐渐产生的，它们成立的基础是各主权国家主动让渡出一部分主权，将一些事务的处理权交给国际社会。超国家组织即是承担其中某一种或几种主权的国际组织，例如世界卫生组织、国际货币基金组织等。

会、同业协会，直到国家本身）也称为制度（罗必良，2005：83—85）。

总体而言，比之"政策"一词，制度的内涵更加丰富，外延也更加广泛。例如，在内涵方面，"制度"一词包含制度安排和制度结构两个方面的内容。其中，制度安排作为"支配经济单位之间可以合作与竞争的方式的一种安排"（戴维斯、诺斯，1991：271），可以是正式的，也可以是非正式的，具有"强制性、外部性、公共性、有界性、利益性以及明晰性或模糊性"（张旭昆，2007：106—113）等特征。而制度结构作为"一个社会中正式的和不正式的制度安排的总和"（林毅夫，1991：378），也包括正式制度、非正式制度和实施机制三个组成部分。所谓的正式制度是指"人们有意识创造的一系列政策法规"（袁庆明，2011：295），往往由权威机构来付诸实施；非正式制度则是指宗教信仰、惯例、习俗、道德伦理等"人们在长期社会交往过程中逐步形成，并得到社会认可的约定俗成、共同恪守的行为准则"，一般没有权威性的执行和惩罚机构。因此，政策可以被认为是一种制度安排或者制度结构中的一个正式制度组成。

二 理解本书中的"传媒政策"概念

如前所述，政策与政治、规制和治理等概念的内涵和外延不尽相同，但彼此间的关系非常紧密。考虑到本书的研究内容和目标，本书在论述过程中主要使用"政策"这一个词语；同时，由于目标与工具往往难以截然分开，因此在论述中还常常会将"政策"与"规制"两个概念混同或者放一起使用。因此，在本书中会经常出现两个紧密关系的概念："传媒政策"和"传媒规制"。"围绕着什么是令人满意的（传媒）结构和行为（这一问题），传媒政策意味着一个各种意见和假设（在此）较量的广袤领地；而传媒规制则意味着实现这些目标（所需要的）具体的制度机制"（Freedman，2008：13）。即"传媒政策"勾勒出国家或社会或其他主体预期中的传媒图景，传媒规制则依据政策所规定的法则，通过组合运用特定的工具对传媒的生产、传播和销售等行为进行组织和约束，以实现政策目标。除此之外，对"传媒政策"的论述和理解也离不开"政治""制度"的影响和形塑；同时，在探讨未来变革的方向时，也很大程度上会在"治理"的意义范畴下展开讨论。

第三节　欧美国家的传媒政策工具

政策"一般由两部分组成：确切的目标以及实现目标的手段"（陈富良，2007）。其中，前者即传统意义上的政策目标，后者又称为规制工具（regulation instruments）、政策工具（policy instruments）、治理工具（governing instruments）或者政府工具（tools of government）。政策工具的设计、选择与应用是传媒政策在执行与实施过程中必然要经历的关键一环，本书在论述中也将时常涉及欧美传媒政策工具的相关概念和知识。因此，下面有必要简单归纳、介绍一下欧美传媒政策的基本工具。

一般而言，依据传媒规制的实践以及政策指向的不同，传媒政策的工具可以划分为基础设施规制、内容规制和结构规制三大类。接下来，简单地介绍一下这三种类型规制的基本内容，以为后文论述提供基础。

一　传媒基础设施规制

"没有作为基础的基础设施，新闻和信息就无法自由地交换"（Kalathil，2011：7）。因此，传媒基础设施理应成为传媒政策的重要对象。在世界银行的定义中，传媒基础设施是一个相当广泛的概念，既包括手机、电视机等硬件设备，也包括数字化、上网速度等软件配置；同时，既包括发射塔、线缆、报刊的输送系统等可见的基础结构，也包括媒介素养、资本结构、政治文化等不可见的基础结构（转引自 Kalathil，2011：7—8）。但在本书中，基础设施规制主要指的是对硬件设备、软件配置以及可见基础结构部分的规制。其常见的政策议题包括但不限于：频谱资源的分配、互联网带宽建设、技术标准的设置、广播电视发射塔的设立，等等。

二　传媒结构规制

传媒结构的规制大致可分为高低两个层次来讨论（转引自戴智权，2011）：高层次问题主要是制度层面的问题，如采取商业媒体还是公共媒体制度的问题；低层次的问题主要是为了解决资源分配以及"哪些企业可以进入传媒市场、企业可以从事哪些业务"这些问题。高层次的结构规制问题具有决定性的作用，但在传媒实践中，低层次的结构问题，尤其是市场准入、产业规模限制、传媒类型限制等问题，才是传媒规制最主要的内容。因此，本书中所采用的结构规制概念主要是一个低层次的概念。

具体而言，欧美国家对传媒的结构规制主要包括准入规制、规模规制以及类型规制等方面。其中，对传媒市场准入的规制主要是通过发放许可证或执照来实现的，旨在调整市场参与者的类型、数量以及分布等结构形态。以反垄断法为中心的产业规模规制则主要包括三个层次的内容：第一个层次是对单一传媒产业市场占有率、营业区域等的规范和限制；第二个层次是对跨媒体联合、兼并和经营的限制；第三个层次是对跨越传媒产业从事其他经营活动的限制。一直以来，媒体的集中和垄断被认为将会带来只存在一种声音的危险，从而对民主社会构成威胁。因此，对传媒规模①的限制，尤其是对跨媒体所有权的限制，是欧美国家传媒结构规制的重点。如美国第一修正案最大限度地给传媒提供了新闻自由的空间，但美国的媒体从来不是反垄断法的例外。同样，在多元化目标之下，传媒的类型结构也经常成为规制的重点。除却进入规制对传媒类型的约束之外，政府还经常动用成本价格政策、补贴、税收、财政刺激等多种手段来调整传媒的类型结构。

三　传媒内容规制

由于内容本身无法成为规制的标的，传媒内容规制主要是对传媒行

---

①　衡量标准包括投资额、销售额、市场占有率等多种指标。

为建立规范，"透过要求、命令或禁制等手段，直接命令或指示媒体，期待媒体能实行或放弃某些特定行为"（魏玓，2006），以限制或避免某些特定内容。

在欧美民主国家，对传媒内容的规制历来存在两种观点的争论：一是自由主义的观点，提倡"意见的自由市场"，认为在观点的自由传播和交锋中，真理必定胜出，因此不能对传媒内容进行规制；二是社会价值论的观点，从传媒的公共性和外部性等特征出发，为确保社会的健康以及多元，要对传媒内容进行一定的规制。在现代民主政治国家，传媒内容规制由于"牵涉到政治力干预新闻或言论自由的矛盾，较具敏感性和争议性"（魏玓，2006）。因此，大部分欧美国家都是"以结构层次的管制为重心"，尽量"减少行为/内容层次的管制"（郑瑞城，1993：15—16）。但事实上，欧美国家对传媒内容的规制都在一定程度上存在。

第三章 融合图景与规制挑战

如前所述，本书将主要探讨"传媒政策范式转型"的问题。"传媒政策范式转型"作为一种制度安排的变迁或调适，无论是诱制性的变迁还是强制性的变迁，都离不开特定环境和需求的诱使与驱动。在"媒介融合"与"传媒政策范式转型"两个概念的关系探讨中，"媒介融合"无疑扮演着一个诱致性因素的角色。因此，在探讨"传媒政策范式转型"问题之前，有必要交代清楚"媒介融合"作为一种诱致性环境或者需求的现实背景。基于这种考虑，本章将主要从技术和经济两个维度出发，对欧美国家媒介融合的现实发展状况进行观察和梳理，并在此基础上对欧美传媒政策体系在媒介融合背景下所受到的冲击和挑战以及欧美主要国家融合规制变革的基本历程进行粗略的梳理和归纳，以为后面的进一步研究提供有关的知识地图和分析线索。

第一节 媒介融合的现实图景：技术与
经济两个维度的考察

如前所述，媒介融合是一个多角度、多层面的概念，包括平台、传输网络、产业、市场以及终端等不同构面和层次的融合。但总体而言，媒介融合包含两个最基本的分析维度：技术维度和经济维度，即将媒介融合视为技术问题或经济问题。从技术和经济两个维度入手，虽不能够囊括媒介融合的全部含义，但已足以描绘出媒介融合的基本轮廓。有鉴于此，下面将从技术和经济两个基本维度来考察媒介融合在欧美国家发展的现实图景。

一 新媒体的发展与普及：技术维度的考察

媒介融合首先是一个技术问题，这已是一个获得普遍认同的观点。在技术维度下言说媒介融合，网络化以及数字化是两大关键概念，而信息与通信技术（Information Communication Technology，ICT）的发展与普及则是核心议题。因此，要考察媒介融合的现实图景，首先必须对欧美主要国家或地区的 ICT 技术发展与普及状况，尤其是网络化以及数字化的发展状况进行一个扫描。

（一）欧美主要国家或地区 ICT 与网络化发展的基本状况

进入 21 世纪以来，为了促进经济的发展，欧美各国不约而同地确立了以 ICT 信息化技术为核心的国家发展战略，例如，2009 年 2 月，奥巴马推出了"拯救美国经济的再投资计划"，把恢复经济的重点指向了信息通信领域；6 月，英国政府提出了"数字英国（Digital Britain)"计划，将信息技术产业确立为决定英国未来的战略性产业之一；而欧盟 27 国的领导人也在 2010 年 3 月正式通过了未来十年的发展蓝图——"欧洲 2020 战略"，把"欧洲数字化议程"确立为欧盟促进经济增长的七大旗舰计划之一。根据 ITU 的最新统计数据，目前欧美各国的 ICT 发展指数（ICT Development Index，IDI 指数)[①]普遍在全球平均水平（4.08）之上，并且相当大部分国家 IDI 指数值高于 6，反映了较高的信息化发展水平。下面，分别从硬件和软件两部分简述欧美主要国家或地区 ICT 和网络化发展的现状。

1. 电视、电脑、手机等硬件终端设备的普及和网络化程度

电视、电脑以及手机是媒介融合终端实现的最重要的三个载体，而联网手机、联网电脑以及联网电视更被视为媒介融合的重要标志。因此，这些传媒终端的普及情况以及接入互联网的程度就成为考察媒介融合发

---

① IDI 为 ICT Development Index 的简称。该指数由 ITU 组织在 2008 年设计出来，通过 11 种指标的测量来反映不同国家信息和传播技术（ICT）的发展水平。具体而言，该指数包括三组指标：反映固定电话、移动电话、国际互联网的带宽、家庭拥有电脑率以及互联网接入率等基础设施建设状况的接入指标（Access sub-index）；反映 ICT 发展的强度的使用指标（Use sub-index）；通过成人识字率、中学毛入学率和高等教育招生总量等数据来反映 ICT 能力或技能水平的技能指标（Skills sub-index）。IDI 的数值在 1 至 10 区间，数值愈大，表示 ICT 的发展水平愈高。

展阶段的重要指标。下面，主要通过一些统计数据和图表来勾画出欧美国家或地区一些关键性终端设备普及和网络化的基本图景。

在电脑（包括 PC 以及移动和手持设备）方面，各国普及率普遍超过 70%。2011 年，北美和欧洲地区连网平板电脑的销量分别为 3500 万台和 1400 万台；连网笔记本电脑的销量则分别为 4300 万台和 5000 万台（见图 4）。在手机方面，到 2014 年年底，欧洲和北美的普及率都已超过 100%①；同时，智能手机的增长亦非常迅速。数据显示，2011 年北美和欧洲地区智能手机的销售都超过了 1 亿部。而且，这个市场的增长还在继续加速，如英国的普及率便从 2011 年的 30% 迅速增长至 2012 年的 51%。除了英国、澳大利亚、瑞典、挪威等国家的智能手机普及率也已经超过 50%，而美国、新西兰、丹麦、爱尔兰、荷兰、西班牙、瑞士等国家的普及率也超过了 40%②。

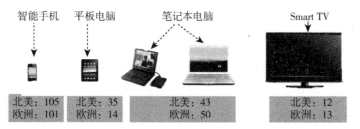

图 4　北美和欧洲地区一些连网数字设备在 2011 年销量（单位：百万台，百万部）

资料来源：Digtal Trends in Europe，本研究对图表格式作适当修改。

注：欧洲地区包括东欧和西欧。其中，西欧的智能手机销量为 7800 万部，平板电脑为 1400 万台。

在很多欧美国家，接入互联网正在成为大平板电视的标配。截至 2012 年第一季度，西欧地区 36% 的电视可以上网，高于全球 27% 的平均水平③。而预计到 2017 年，北美、西欧的连网电视用户渗透率都将

---

① 数据来源：国际电信联盟（ITU）2014 年 ICT 数据统计（ICT Data and Statistics, IDS），The World in 2014；ICT Facts and Figures。2015 年 4 月 12 日获取于 http://www.itu.int/en/ITU-D/Statistics/Documents/facts/ICTFactsFigures2014-e.pdf。

② Google 移动平台在线实时获取，获取时间为 2012 年 7 月 26 日。

③ 数据来源：NPD DisplaySearch, Quarterly Smart TV Shipment and Forecast Repor, http://www.digitaltvnews.net/content/? p=21351t。

增长到 50％以上①。其中，结合电视与网络功能且搭载操作系统的 Smart TV（智能型电视）② 在欧美市场迅速兴起。据有关统计，2011 年北美和欧洲地区 Smart TV 的销量都超过了 1000 万台。而截至 2012 年第一季度，Smart TV 的渗透率已达 36％，其中西欧地区超过 29％，北美地区渗透率为 18％③。

2. 宽带以及 3G 等软件建设状况

自 20 世纪 90 年代开展有线和 DSL 服务以来，互联网尤其是宽带技术获得极大发展。截至 2014 年年底，欧洲互联网人均普及率已达 75％，美国的人均接入率也达到 65％，均远高于全球 40％的平均水平④。截至 2011 年年初，荷兰、瑞士、丹麦、挪威、爱尔兰、法国、卢森堡以及瑞典等八个国家有超过三分之一的人口使用有线宽带⑤；在无线宽带方面，截至 2014 年，欧洲家庭的渗透率为 84％，而北美为 59％，均远超全球 32％的平均水平⑥。同时，移动通信技术也获得了极大发展。目前，除了阿尔巴尼亚，欧洲所有的国家都启动了 3G 移动通信服务，而奥地利、塞浦路斯、芬兰、葡萄兰和瑞典等国家的 3G 普及率甚至达到了 60％或更高。另外，瑞典、挪威、美国等国家甚至已经开始提供 4G 网络服务。

（二）欧美主要国家数字化发展的基本状况

数字化是媒介融合的根基，而融合了计算机、多媒体、通信网络等众多技术的数字电视（Digital television，DTV）被认为是未来的家庭多媒体信息终端。因此，在前面介绍各种数字终端设备以及数字基础设施建设的

① 为市场研究公司 ABI Research 的预测数据。转引自 http：//tech. ifeng. com/telecom/detail_2012_07/24/16264913_0. shtml。

② 电视可上网并非最新观念，过去大厂提倡的连网电视，所表彰的是透过以太网络或 Wifi 可连接上网的电视；而网络电视则除可上网外，还能提供网络服务平台，功能性更强；更进一步，电视再引进操作系统，如 Google TV 的 Android、Apple TV 的 iOS 等，让电视变得愈来愈聪明，则称为智能电视（Smart TV）。

③ 数据来源：NPD DisplaySearch，Quarterly Smart TV Shipment and Forecast Repor，http：//www. digitaltvnews. net/content/？p＝21351t。

④ 数据来源：The World in 2014：ICT Facts and Figures。2015 年 4 月 12 日获取于 http：//www. itu. int/en/ITU-D/Statistics/Documents/facts/ICTFactsFigures2014-e. pdf。

⑤ 宽带包括两大块：有线宽带（也叫固定宽带）和无线宽带。其中，有线宽带包括 DSL、cable、FTTH 等技术；无线宽带包括卫星、地面固定无线和地面移动无线等技术。

⑥ 数据来源：The World in 2014：ICT Facts and Figures。2015 年 4 月 12 日获取于 http：//www. itu. int/en/ITU-D/Statistics/Documents/facts/ICTFactsFigures2014-e. pdf。

基础上，下面再介绍一下欧美主要国家数字电视的发展和转换情况。

自 20 世纪 90 年代以来，众多一贯奉行市场主义的欧美国家积极介入数字电视发展，推行强制性的"模拟—数字"转换计划。在北美地区，美国早于 2009 年 6 月全部完成电视信号数字化；加拿大也从 2011 年 8 月 31 日起广泛采用数字电视信号，包括首都和省会城市、人口超过 30 万的地区以及那些拥有不止一个通过无线电传送的电视台的地区已全部实现数字化。而在西欧地区，根据有关研究，截至 2013 年年底，87％的家庭已经可以接收到数字电视的信号，其中芬兰、西班牙、希腊、意大利、英国等国甚至已经实现 100％的转换，IPTV 的平均渗透率为 11％①。

（三）欧美主要国家融合性传媒业务或服务的基本发展状况

1. 报刊媒体与互联网、手机等新媒体的融合发展现状

从无线电广播出现开始，报纸媒体面临的挑战就从未终结，而不同媒介之间的互动、合作乃至融合也由此拉开帷幕。早在 20 世纪 40 年代中期，《芝加哥论坛报》《纽约时报》《迈阿密先驱报》等美国报纸便曾以无线电广播的方式向数以万计的家庭传真机发送报纸。而电视普及以后，报纸的图文内容经由一种信息传视系统②也得以在经过改装的电视机的屏幕上观看。到了 20 世纪 80 年代，美国的 CompuServe 公司与《哥伦布电讯报》《纽约时报》《华盛顿邮报》等 11 家报纸合作，通过电话线或者电缆为它们传送电子版报纸。这些实验创造了美国首批"在线报纸"，但这些电子报纸由于发行费用太高且下载速率太慢最终于 1982 年全部终止发行。之后，虽然美国的《沃思堡明星电讯报》、加拿大的《汉密尔顿观察家报》等报纸也都曾经利用 BBS 系统推出在线版，但传统报纸真正迈入我们现在所熟知的互联网已是 1987 年的事情。当时，位于美国硅谷的《圣何塞信使报》率先将报纸内容送上了尚处于初级阶段的互联网，从而

---

① 数据来源：IP Network and RTL Group 的研究报告 Television International Key Facts 2014，2015 年 3 月 22 日获取于 http://www.broadbandtvnews.com/2014/10/01/digital-tv-continues-to-grow-in-europe/。

② 这一信息传视系统最早出现在 20 世纪 70 年代的英国，分为两种：（1）单向式的 teletext（远程文本）传视系统，以电视广播信号传送纯 ASCII 格式的文本；（2）双向式的 videotex（可视图文）传视系统，除文字外还可传送简单的图形。

开创了报纸与互联网融合的新时代。从此，随着互联网的成熟和普及，《纽约时报》《华盛顿邮报》《华尔街日报》等一批又一批的报纸掀起了一股又一股的上网浪潮。以美国为例，截至 2002 年 6 月，上网的报纸便已达 4000 多家，占到美国全部报纸的一半左右①。而进入 2006 年以来，随着 Web 2.0 概念的提出以及互联网参与性、互动性特征的日益加强，欧美国家报网之间的互动开始进入一个新的层次，报纸的网络版被更具网络特征的数字报纸取代，报纸网站的发展，开始超越了平面的母体，成为独特的产品。例如，美国 Bivings 互联网咨询公司在 2007 年的一项调查显示，美国销量排名前 100 位的报纸中有 96 家使用了 RSS 技术，92 家在网站上提供视频（其中的 39％采用原创视频），95 家开出了至少一个记者博客（其中的 88 家允许读者跟帖评论）。这种新型的"数字报纸"不仅以其多媒体特征丰富了受众的体验，而且给传统报纸带来了空前的挑战。互联网不再仅仅扮演报纸的附属角色，而是在双方的对峙与互动中逐渐占据了主导地位，并最终抛出"报纸是否终将消亡"的世纪之问。在这种背景下，寻求与互联网以及其他数字科技的深度融合无疑成为报纸创新与转型的必然选择。总体而言，近年来欧美国家报刊在面对来自互联网的生死挑战时，大致有以下两个发展方向。

一是进一步推动数字化的进程。近年来，欧美报业数字化转型比较明显的一个特点是阅读终端的多样化。随着智能手机、iPad、专门阅读器等各种新型手持移动终端的出现，各报刊也纷纷推出相应的新闻阅读客户端，以期赢得数字阅读时代的市场先机。例如，据 Bivings 公司调查②，截至 2007 年，在美国发行量前 100 位的报纸中，就已有 53％的报纸为手机用户提供移动内容。目前，《纽约时报》的电子版阅读量已超纸质版，全美发行量最高的《华尔街日报》的电子版订户数也已超 50 万。③

① 美国 Newslink. org 网站统计数据，转引自张允若《美国报纸网站巡礼》。

② 转引自《无线网络将推动美国报纸移动网络发展》，http：//production. epuber. com/2008/0920/2181. shtml。

③ 资料来源：《美国报纸电子版阅读量增长迅猛》，http：//www. cnad. com/html/Article/2012/0502/20120502140657118. shtml。

二是弃纸转网，停印印刷版报纸或杂志，完全转向纯网络媒体。例如，2009 年 3 月 17 日，具有 146 年历史的美国《西雅图邮讯报》在出版最后一期报纸后便转变成完全的电子报纸。尽管仍将以电子报纸的形式存在于当地报纸市场，但网络版的《西雅图邮讯报》内容已经大幅缩减，与博客和其他新闻媒体的连接成为其主要消息来源。《西雅图邮讯报》是首个彻底脱离纸媒的大型美国日报，但它绝非唯一一个，也并非最后一个（见表 2）。在它之前，美国著名的《基督教科学箴言报》也已经转而专攻网络版；而在它之后，《塔克森市民报》《安阿伯新闻报》等多份报纸也转向了纯网络媒体。美国老牌时事刊物《新闻周刊》也于 2012 年年底结束出版纸质杂志，从此主要以电子版形式面对读者；其纸质版虽然于 2013 年年初复刊，但所扮演的角色已变成用以对在线注册用户进行"奖励"的一种小众产品。

表 2　　　　欧美国家弃纸转网的部分报刊（截至 2012 年 12 月）

报名/刊名	国家	转网时间	有关说明
《国内邮报》	瑞典	2007 年 1 月 1 日	创刊于 1645 年，世界上最古老的报纸
《基督教科学箴言报》	美国	2008 年 4 月	创办于 1908 年 11 月。在转为在线版本的同时，每周出版一次印刷版本的周刊，专攻深度报道
《西雅图邮讯报》	美国	2009 年 3 月 17 日	创建于 1863 年，是美国华盛顿州历史最悠久的报纸
《塔克森市民报》	美国	2009 年 5 月 16 日	创刊于 1870 年，是亚利桑那州历史最久的日报，隶属于美国最大报业集团甘尼特。停印后将借助互联网发表评论，但不再报道动态新闻
《安阿伯新闻报》	美国	2009 年 7 月 23 日	诞生于 1835 年。弃纸后，安阿伯网站媒体公司会取代这份老报，每周四和周日发行网络新闻
《巴西日报》	巴西	2010 年 8 月 31 日	曾经是巴西最大的葡萄牙文对开日报，创刊于 1891 年
《恩菲尔德公报》(Enfield Gazette)	英国	2012 年 1 月	创办于 1874 年，隶属于英国第十大报业集团 Tindle Newspapers
Diário de Natal	巴西	2012 年 10 月 2 日	位于巴西 Rio Grande do Norte 州，隶属于 Diários Associados 报业
《新闻周刊》	美国	2012 年年底	推出全球统一的数字版本，以付费模式通过电子阅读器和网页来发布内容；2013 年，纸质杂志复刊，但发行量减少、定价提高

资料来源：本研究自行整理绘制。

2. 三网融合业务或服务的发展

自 20 世纪 70 年代以来，北美和欧洲的一些国家便开始推出增值网络服务①（value added network services，VAN）这类融合电信、广播电视、互联网等多种媒介功能的三网融合（Triple-play）业务或服务。如今，三网融合作为媒介融合核心领域的地位日益得到确认，广播电视、互联网和电信三大领域之间的融合也越来越明显，"无论是电信公司，还是有线电视公司，都已从原有的专业公司转化为全业务的信息企业"（肖赞军，2011：54）。具体而言，在广播电视、电信、互联网等媒介日趋融合的同时，下面两个方面的内容值得我们注意。

一方面，自20世纪80年代后期以来，电视、广播等传统媒体积极进军互联网市场，广播电视与互联网媒体之间的互动与融合已渐趋成熟。例如，由美国国家广播环球公司（NBC Universal）和新闻集团（News Corp）等传媒巨头联合创办的视频网站Hulu，支持智能电视、机顶盒、蓝光播放机、游戏机、平板电脑、智能手机等多种联网设备，目前已成为美国最受欢迎的视频网站之一。据有关统计，目前Hulu的独立用户已经超过2000万，而其付费的视频订阅服务自2010年6月推出以来，到2012年第一季度不到两年的时间里，用户数量便已经突破200万②。

另一方面，互联网以及电信生产商也想方设法地进入广播电视市场，它们通过竞价政策、合纵连横等策略纷纷布局IPTV、移动电视等类电视业务，已经给传统的有线电视和卫星电视市场带来了不小的竞争压力。如在欧洲付费电视市场，电信运营商的增长速度已超过市场中的任何其他部分③。而在IPTV和网络电视市场，电信运营商的发展也咄咄逼人。例如，仅在2012年第一季度的美国IPTV市场，电信运营商AT&T的U-verse TV用户和Verizon的FiOS TV用户分别增长了20万和将近11万④；而在欧洲市场，仅仅AT&T一家，其U-verse TV电视服务的用户在

① 增值网络服务指在现有的电信网络上，利用计算机储存、处理资料的能力，为用户提供一些更多元、更复杂的服务。

② 数据来源：http://www.sarft.net/a/41499.aspx。

③ 资料来源：Rethink Technology Researc公司的一项最新研究。

④ 数据来源：http://www.fiercetelecom.com/story/north-america-europe-iptv-penetration-reaches-saturation-point-says-telegeo/2012-06-20。

欧美传媒政策的范式转型：以媒介融合为语境

2012 年第二季度便增加了 20 万，U-Verse Internet 互联网服务的用户更是增加了 71.8 万[①]。

二　市场的融合与产业的集中：经济维度的考察

（一）融合性传媒服务的消费与使用状况

随着媒介融合的推进，欧美国家消费者的传媒消费和使用习惯正在发生巨变。数字多媒体服务进入越来越多的家庭，成为越来越多消费者娱乐消费的主要内容。例如，截至 2012 年第一季度，美国家庭数字娱乐消费增长了五倍，达到 5.5 亿美元[②]。北美地区 80％的家庭购买了 IPTV、cable、DTH 等付费电视服务，而在西欧这个数字也高达 60％[③]。有线电视的家庭用户正逐步减少，取而代之的是收看数字电视。如据美国市场研究公司 Strategy Analytics 估计，尽管有线电视的订户依然在增长，但在未来的几年里其市场份额将不断下降。被分割出来的市场将会落到数字卫星和 IPTV 等数字电视服务的头上。北美地区数字电视的订户到 2016 年将会从 2011 年的 1.14 亿增加至 1.29 亿，平均年增长 2.36％。[④]

平板电脑、智能手机等新型的融合性传媒终端作为多功能操作平台，也在欧美各国人们的生活和工作中扮演着越来越重要的角色。例如，comScore 的报告显示，超过一半的平板电脑用户会在其设备上观看视频或电视内容[⑤]。而且，很多消费者同时使用多种类型的媒体。例如，虽然观看电视仍然是欧美各国人们屏幕媒体的最主要消费方式，但"第二屏幕"的兴起已是不争的事实。在 2012 年，"second screening（第二屏幕观看）"[⑥] 甚至成为牛津词典英国年度词的候选词之一。英国大约 80％的手机互联网用户会边看电视边通过手机网络与朋友交流，并且利用 Twit-

---

① 资料来源：http：//www.fiercetelecom.com/story/ilecs-grew-video-business-and-broadband-power-q1-2012/2012-06-12。

② 数据来源：http：//www.dvbcn.com/2012-05/02-88221.html。

③ 数据来源：TeleGeography，http：//www.telegeography.com/press/press-releases/2012/06/20/iptv-broadband-penetration-reaches-15-percent-growth-prospects-are-patchy/index.html。

④ 数据来源：http：//www.iptv-news.com/2012/06/north-american-iptv-subs-to-hit-20mn-in-2016/。

⑤ 数据来源：http：//sa.catr.cn/zhtj/201206/t20120611_784877.htm。

⑥ 这个词语被用来形容一边看电视，一边玩电脑、手机或平板电脑。

ter 等平台发布实时收视评论①。而 Nielsen 在 2011 年第四季度的一份调查也显示，美国 88％的平板电脑用户在一个月内至少有一次边看电视边使用平板电脑，45％的用户甚至每天都会在看电视的时候使用平板电脑；而具体到智能手机，这两个数据同样高达 86％和 41％②。

（二）新经济的兴起

新技术带来的新经济的兴起。据 Digital TV Research 估计，到 2017 年，北美地区的三网融合业务的普及率将达到 46％。其中，美国 2400 万的用户将为其带来高达 870 亿美元③的收入，占了全球三网融合业务总收入的半壁江山。仅仅在线电视和视频业务一项，2016 年全球的收入将会超过 210 亿美元，其中大部分的收入都将来源于欧美发达国家，美国甚至将占据全部收入的三分之一④。

在广告收入的指标方面，同样反映出数字媒体所带来的挑战。其一，欧美各国的报纸广告收入普遍呈下降趋势。从 2009 年至 2013 年，北美地区的纸质报刊广告总共下滑将近 30％，欧洲市场也下滑 17.9％⑤。其二，互联网等新媒体的广告收入逐渐开始超过传统媒体。例如，在法国、英国、匈牙利、波兰、日本等国家，互联网的广告收入已经超过了报纸媒体的广告收入；而在丹麦、挪威、瑞典以及英国等国家，互联网的广告收入甚至超过了电视媒体的广告收入（见表 3）。在 2012 年上半年，仅谷歌（Google）一家公司的广告收入就已超过了全美所有印刷版日报和周末报纸的收入之和⑥。其三，报纸等传统媒体的广告收入也正在流向自己的数字版本或数字平台。例如，挪威、美国、加拿大等国家的报纸广告收入中，都有超过 10％的比例是来源于自身的数字业务（见表 4），而

---

① 数据来源：http：//www. warc. com/LatestNews/News/EmailNews. news？ID＝28011。

② 数据来源：尼尔逊发布的报告，2012 年 12 月 10 日引自：http：//blog. nielsen. com/nielsenwire/？p＝31338。

③ 数据来源：Digital TV Research，http：//www. digitaltvresearch. com/ugc/press/14. pdf。

④ 数据来源：Digital TV Research. Triple-play subscriptions to quadruple. http：//www. digitaltvresearch. com/ugc/press/14. pdf。

⑤ 数据来源：world press trends 2014。2015 年 4 月 12 日获取于 http：//www. arpp. ru/images/123/51253＿WAN-IFRA＿WPT＿2014. pdf。

⑥ 数据来源：http：//news. sina. com. cn/m/2012-12-21/112725866105. shtml。

非印刷版报纸。

表3　　　　　　　互联网广告收入超过报纸或电视媒体的部分国家

国　　家	报　　纸	电　　视
丹麦		x
法国	x	
挪威		x
瑞典		x
英国	x	x
匈牙利	x	
波兰	x	
日本	x	

资料来源：World Press Trends 2011。本书删减了部分非本研究对象的数据。

表4　　　　　　部分西方国家报纸广告收入来源于数字业务的比例

国家	百分比（%）
挪威	16.64
美国	11.77
加拿大	11.52
日本	9.5
葡萄牙	7.53
丹麦	7.4
英国	6.89
澳大利亚	6.88

资料来源：World Press Trends 2011。本书删减了部分非本研究对象的数据。

（三）产业边界的模糊与集中

巴格迪基安（Bagdikian）在他 1983 年出版的《媒体垄断》第一版中写到，在美国，50 家大型公司控制着媒体产业。而截至 1990 年，这个数字已减少到 23 家。到了 2000 年《媒体垄断》第六版出版时，"美国传播最广泛的新闻、评论和日常娱乐都被 6 家名列全球大商业集团排行榜的公司控制"（转引自吴晓迪，2013）。而截至 2011 年，这个数字已经缩小到只剩 5 家①。

---

①　为了便于比较，此数字未包含互联网等新兴媒体。转引：http：//intl. cssn. cn/gj/gj ＿ gwshkx/gj＿jj/201310/t20131026 ＿ 588401. shtml。

传媒生产的数字化以及渠道的网络化在大幅提高传媒产品生产制作成本的同时，大大降低了产品复制的边际成本，从而进一步强化了传媒产业的规模经济和范畴经济特性。在这种技术力量的推动以及经济利益的诱惑下，欧美国家传媒产业的垂直整合蔚然成风，跨媒体的兼并或联合大大加速。以加拿大为例，从 2000 年加拿大最大的电信运营商加拿大贝尔集团 Bell Canada，收购电视业务和报纸业务以来，这种跨媒体的横向兼并浪潮便一浪接着一浪。备受关注的加拿大贝尔集团收购魁北克省最大媒体公司星光传媒（Astral Media）一案在几经阻挠之后最终于 2013 年 7 月成功达成。加拿大贝尔集团由此拥有了加拿大英语电视市场 35.8％的控制权，以及法语电视市场 22.6％的控制权。现在，加拿大的传媒已经越来越集中在少数私人集团的手中，而且主要的几个传媒集团基本都同时涉足多种传媒业务（见表5）。

表5　　　　　　　　　加拿大主要传媒集团的业务领域

传媒集团	经营业务
Astral	拥有 23 个电视频道，83 座广播电台以及 100 个互联网站，还涉及一些户外广告业务
Bell Canada	拥有数十个电视频道，包括 CTV、TSN、MTV 加拿大等，超过 30 座广播电台以及数十个网站
Postmedia Network	业务涉及报纸、杂志、网站、广告以及软件等多个领域
Quebecor Media	主要在魁北克省，拥有 TVA 电视网、太阳传媒公司（包括 40 份以上日报）、一系列杂志，以及有线电视、互联网、音像商店以及住宅和移动电话业务
Rogers Communications	除了是加拿大最大的有线电视供应商之外，还涉足广播电视、无线电、杂志出版以及音像销售和出租等多种业务
Shaw Communications	业务遍及有线电视、互联网、卫星以及节目制作等多个领域
TELUS Communications	一个全国性的电信公司，拥有移动和固定电话，还涉及电视以及互联网业务
Torstar	业务涉及日报、周报以及图书印刷等方面

资料来源：本研究自行整理绘制。①

---

① 相关数据和内容主要参考：Dillan Theckedath, Terrence J. Thomas. Media Ownership and Convergence in Canada. http：//www. parl. gc. ca/Content/LOP/ResearchPublications/2012-17-e. htm。

三　结语

以技术和经济作为观察维度，欧美国家媒介融合的发展现状基本可用以下两个特点来进行描述：产品和服务的数字化以及产业和市场的集中化。一方面，传媒的数字化发展不仅使得传统的新闻生产模式到了必须重塑的地步，而且改变了媒体的组织架构和商业模式。同时，新的传媒技术不仅降低了生产和分销的成本，扩展了有效传播渠道的范围，改变了消费者的行为模式，而且"使得消费者能够以有力的新方式去存取、注解、占用以及再发布传媒内容"（Jenkins，2004：33）。另一方面，在媒介融合的规模经济和范围经济效应下，欧美国家主流的商业媒体已经出现令人警惕的所有权集中趋势，一小群跨国传媒垄断巨头控制了几乎所有的传媒领域。在数字化与集中化两股冲突力量的包围下，欧美传媒业毫无疑问正在经历一场前所未有的挑战与变革，随之而来的必然是一场从生产方式到结构再到制度的全面改革。

基于数字化、网络化等技术的媒介融合不仅重塑了欧美国家的传媒生态，而且使旧的"技术—经济范式"趋于瓦解。过去，欧美社会已历经工业革命（1780—1830），蒸汽和铁路时代（1840—1870），钢铁、电器和重型工程时代（1880—1920），以及石油、汽车和规模化生产时代（1930—1980）四个"技术—经济范式"（techno-economic paradigm）（Perez，2004）。自20世纪90年代以来，随着信息和通信技术（ICT）的发展，欧美社会开始进入一个全新的"技术—经济范式"发展周期——信息和通信时代。在这个新的"技术—经济范式"构建与确立的过程中，日趋深入发展的媒介融合，无疑是一种创造性的破坏力量，它不仅挑战了信息传播领域传统的生产方式，使得原有的产业结构和商业模式趋于瓦解，而且改变了人与人之间的交流方式以及人们的工作和生活方式。因此，媒介融合的发展所带来的其实不仅是欧美媒介图景的改变，其背后其实意味着一个新的"技术—经济范式"的逐渐形成。

著名演化经济学家卡萝塔·佩雷斯（Carlota Perez）指出，一个新的"技术—经济范式"从萌芽到成型，需要经过一个"制度性再造

(institutional recomposition)"的过程。一个"技术—经济范式"的构建需要经过大约 60 年的时间。而在这期间，需要经历三个连续的发展阶段：前 20—30 年是所谓的建立时期（installation period），是一个旧的范式渐次隐退而新的范式逐步建立的"创造性破坏"的过程；后 20—30 年是应用时期（deployment period），新范式的全部潜力都得到激发。而在这两个时期的中间，还存在一个过渡时期，由于原有的产业结构和商业模式遭到破坏，存在着较大的不稳定性和不确定性，因此需要进行规制的变革以及政策的扩展（Perez，2004），即"制度性的再造"。以媒介融合开始得到发展的 20 世纪 70 年代作为新范式建立的始点，我们正处在一个旧的"技术—经济范式"逐渐没落而新的范式尚未成熟的转折时期。因此，伴随着媒介融合的发展，一种"制度性的再造"，即传媒规制与政策的变革是必要的。

第二节　媒介融合对欧美传媒政策体系的影响和挑战

正如美国马克尔基金（Markle Foundation）专司互联网政府管理的首席研究员范赫斯特（Stefaan G. Verhulst）所指出的，每一个新（政策）计划的提出，都或多或少地直接源自（政策制定者的）判断：当前的政策制定程序在什么地方没能扮演好"提供善"（的角色）（转引自 Adler，2013）。因此，在正式探讨欧美传媒政策范式的转型之前，有必要简单交代一下前述伴随媒介融合而来的传媒生态的种种变化对欧美国家传媒政策体系提出的挑战。具体而言，通过览阅各国相关政策分析和评估报告，笔者认为媒介融合对欧美现行传媒政策体系的挑战主要体现在以下几个方面。

一　传媒规制的正当性受到挑战

过去，广播电视赖以传播无线电信号的电磁频谱或波长被认为是一种稀缺的公共资源，它们不仅在固定的频率波段只能有一个信息流通，而且因其非排他的物理特性会产生邻频干扰问题。为了避免这些频谱资源被垄断、独占或者在使用中相互干扰而允许国家以特许的方式予以介入，这在许多国家已成为一种甚为普遍的广电媒体管制的立论依据和正当性基础。例如，德国联邦宪法法院在其1960年第59号判决中便明确地以稀缺性作为公共广电体系独占之正当性基础（转引自林孟芃，2005）。英国BBC的成立及其所代表的公共传播体制的形成也在一定程度上被认为是"为了暂时解决当时广播频率稀缺的困难"（转引自吴信训、郑从金，2007）。而在美国，稀缺性更是用来合理化第一修正案下广播电视媒体区别于报纸等其他媒体而受到严格规范之关键，其"公共信托模式（public trust mode）"也正是以作为公共资源的无线电频谱的稀缺性为前提条件的，其实质不过是"为了避免重要资源落入集中的局面"而提出的"紧要弹性措施"（转引自萧肇君，2008）。在美国著名的"红狮广播公司诉FCC"（Red Lion Broadcasting Co. v. FCC）一案中，美国最高法院维护FCC的立场以及公平原则合宪性的依据也正是广播频谱的稀缺性。

在稀缺立论的诉求下，许多国家长期以来采用特许准进的方法来分配和管理频谱资源，即由主管机关对申请者进行评审和遴选，再将频谱执照授予行政机关所认为之最佳申请者，而执照的获得者则暂时性地获得频谱的"使用权"。在这种"以稀有频谱使用权为中心的特许管制"（林孟芃，2005）模式下，事实上存在两大理论前提：一是频谱的所有权虽然归"全民共有"，但在资源稀缺的制约下，不能人人拥有频谱；二是多元观点服务于公共利益，有限的频谱资源必须有国家权力的介入才能避免为少数人垄断或者相互干扰。正是从第一个前提出发，广电频谱的管理形成了所有权和使用权相分离的制度，频谱的使用权被交由少数执照获得者有条件地执掌；而从第二个前提出发，国家通过执照申请、抽签、评审、拍卖、撤销等方式对频谱资源加以管制，从而"在技术限制下确保（公众）能够听见不同的声音"（Thierer，2007）。因此，传统的广电媒体管制实际上采取的是一种基于技术的管制路径，不论是频谱只能由少数人（媒体）使用，还是国家对频谱管理的介入，其正当性的基础均是频谱资源的稀缺性。自20世纪80年代以来，在光纤、卫星尤其是数字技术等传播新科技的冲击下，过去的稀缺问题已大为改观。一方面，数字压缩技术的发展大幅提高了无线频谱的供给，使得相同频宽下的频道数量得以增加，相容、低干扰技术的发展，也大大减少了频谱排他使用的必要性；另一方面，有线和卫星传输系统以及互联网传播平台等新媒体的发展，突破了无线广电媒体一统天下的格局，不仅弱化了无线广电媒体的影响力，而且大幅提高了公众对广电频道及服务范围的选择权利。在这种背景下，广播电视频道的数量大大增加，传媒资源匮乏的时代悄然退去，消费者的选择更为多元，无线广电媒体以稀缺立论的管制逻辑在相当程度上被消解。因此，在多媒体融合发展的趋势下，任由广电媒体在旧的管制体系下面挣扎显然是不合理的。为了解决这种管制落差的问题，美国等欧美国家也曾试图将广电媒体的管制延伸至互联网、手机等新媒体之上，但分析人士认为，"稀缺性"逻辑并不适用于有线电视、卫星电视、互联网等新兴传播媒体以及这个日趋融合的传媒市场。因此，在一个资源极大丰富以及竞争日益激烈的传媒新生态下，对于媒体的公共控制是否依然必要，为什么要对媒体进行管制，媒体管制的正当性基础何在，诸如此类的价值性问题便不断被提出。

二　不对称的规制框架受到挑战

在大多数国家，既存的传播规制体系都是构建在产业分立的市场结构之上的。这种市场结构的一个明显特点是特定的服务经由特定的基础设施来传输。而且，不同媒体的传播载体在技术上都是一个封闭的信息回路，它们拥有相互区分的信息传播形式，如报刊媒体以文字、图片为主要信息形式，电视媒体以音频和视频为主要信息形式，无线电广播提供一对多的语音服务，电信平台则提供一对一的语音通信服务等。与这种产业分立格局相对应，多数国家对电信、报刊、广电以及互联网等产业也采取一种基于技术特性的分业规制模式，"不同的信息、不同的产业有不同的法律法规，或者有不同的章节和条款，规制内容大不相同"（肖赞军，2009a）。如一直以来在欧美等国家，无线广电媒体都负载着保护言论自由、文化多样性和政治多元性等社会文化价值的规制目标，其营运要受到所有权限制、本地事务和公共事务的报道、教育节目和儿童节目以及政治事务报道等方方面面的管制和要求；而报刊等印刷媒体在言论自由的保护下，所受的限制往往很少甚至没有；通信和信息技术领域被归入"共同载具（common carrier）"①领域，也主要依靠竞争政策进行调适，基本没有监管；有线电视和卫星电视虽然要受到"必载"（Must-Carry）以及一些所有权限制等规范的约束，但其受限的程度也远远小于广电媒体。同时，绝大多数国家也都曾在一定产业之间实施严格的交叉禁入。因此，在媒介融合环境下，这种过往"以平台分割为特征的法规架构"面临严峻挑战，因为在融合趋势下，"再要将特定的传输平台归类为电信或传播的范畴会变得相当困难"（黄宗乐，2003）。具体而言，媒介融合对这个基于产业分立的差异化规制体系的挑战主要体现在以下几个方面：

（一）融合性业务所带来的规制"失焦"和"错位"

随着数字传播技术的发展以及媒介融合的推进，过往封闭性的信息回路受到破坏，融合性的业务或服务层出不穷。在这种背景下，依据传统方法来判断对这些融合性业务应当施加何种形式的规制，已变得非常困难，传媒规制不可避免地出现了"失焦（misalignment）""错位（misplaced）"的现象。例如，对于互联网以及因互联网而产生的手机、平板电脑等新兴媒体上的内容，目前在规范适用上仍处于灰色地带，究竟是适用现行有关电信法规、传媒管理法规，抑或是另外立法规范，在欧美许多国家和地区都是还需要深入思考的问题。

（二）"相同服务、不同规制"所导致的规制"不公平"

随着传播平台的互联互通以及传媒内容的数字化，不同内容可以经由同一平台传输。但依据传统的规制体系，它们却要适用不同法规。尤其是，由于许多融合性业务的归属难以划定，一些国家选择将融合性业务与传统业务相区分的规制改良路径，对融合性业务进行单独规制（往

---

① "共同载具"是指业者虽然拥有传送媒介内容的管道，但不负责媒介内容的产制，亦无法决定传送何种内容。

往是轻度规制甚至免于规制）。这样，就不可避免地产生了"规制回避"（regulation by-pass）或者规制不公平的现象以及既存规制体系与新媒体内容和应用之间的规制"落差（gaps）"的问题。比如，一个传统媒体想对内容进行收费，但同样的内容在互联网上的传播却采取免费的路径。

（三）载体规制与服务规制的不均衡

在传统的传媒政策体系中，内容服务政策和基础设施政策并没有得到同等的对待。无论是对多元观点的强调，还是对不良信息的治理，抑或是对传媒产权结构的控制，传媒规制在根本上都指向高品质的新闻、合格的公民等目标，传媒内容和服务的规制是规制政策体系中最重要也是最主要的部分。这种服务与载体规制不均衡的系统在传统媒体世界中可以运行良好，因为传统的电信业者与广播电视业者都是垂直整合的形态，它们一般同时具有基础设施与服务（内容）提供，对服务和内容（包括经由结构）的规制即意味着对载体的规制。但在媒介融合所带来的水平分层产业结构下，一方面服务与网络相分离，各种服务皆可兼容运行于同一网络；另一方面，网络的重要性亦日益凸显，即网络虽然只承担内容传送的功能，对于内容为何无控制或决定之权，但在全网 IP 化与数字化以及信息的传播打破了载体限制之后，服务业者必须仰赖网络业者的传输，方能达到服务的目的。在这种背景下，如果仍然套用过往的垂直管制，"将产生方格状的管制结果，各层级中的类似服务被不同的法令切割，让管制失去了意义"（杨双睿，2012）。因此，网络的接入（access to networks）已和高品质新闻一样，成为一个现代民主社会有效运行的必不可少的公共物品，过往服务和载体规制不均衡的状况亟待改变。

三　规制的路径和手段受到挑战

媒介融合不仅动摇了传统传媒规制的正当性基础以及框架结构，而且使得规制的路径以及手段也受到了挑战。

首先，市场准进以及频谱许可制度是否仍然必要？在许多国家，对媒体尤其是广播电视媒体的第一层规制主要是通过基于频谱特许准进制度的结构规制来实现的。这种频谱特许准进制度旨在"保证广电市场能够包含不同的广电组成部分"（Hitchens，2011）。这一政策工具其实建立在以下逻辑前提之上：市场之力无法确保多元传媒内容的生产，而多元的传媒结构将带来多元的传媒内容；其政策路径主要包括以下两种：一是以频谱资源为"杠杆"、经由结构来约束行为（内容）的规制路径，即政府以颁发执照和许可的方式来分配频谱资源，并在频谱使用的基础上架构出受许媒体的权利与义务，以服务于公共利益，而媒体对这些权利和义务的履行能力和程度则成为判断执照核发与否的关键标准；二是将频谱资源分配给商业广电媒体之外的其他类型媒体，通过建立一个类型多元的传媒市场结构来保障传媒内容的多元生产及其服务于公共利益的使命，如美国保留足够的频谱资源分配给低功率广播电台，英国建立了以 BBC 为代表的公共媒体制度，澳大利亚和加拿大等国家大力发展社区广播，等等。正是基于频谱特许准进这一政策工具以及上述两种政策路径，许多欧美国家都建立了一个包含公共媒体、商业媒体、社区媒体等多种类型广电媒体在内的多元传媒市场结构。同时，政府对广电节目内容的管制也具有了合理性。但在越来越多媒体进入市场以及受众选择日益增多的新媒体环境下，这种政策工具和路径显然遭遇了极大挑战。相关的质疑包括：在一个融合的环境下，不仅广播电视频道的数量大大增加，而且经由宽带和智能手机等渠道产生的类广播、类电视等服务也大量涌现，消费者的选择前所未有地多元，传统无线广电媒体以稀缺立论的结构管制逻辑是否依然成立；包括以 BBC 为代表的公共媒体是否仍是传媒服务于公共利益的最好保证；同时，在频谱许可作为动力机制不断弱化的情况下，对传媒内容规制的正当性以及必要性又是否依然成立，等等。

其次，媒体所有权控制作为欧美传媒规制领域应用最为普遍的一种政策工具，一直以来备受争议和抵制，因为它"直接限制了（媒体）决定自己投资决策和方向的能力"（Hitchens，2011）。同时，这一政策工具的前提假设——传媒的所有权结构会影响传媒的行为以及运作机制，并进而影响到传媒的内容和文化；而一个分散的所有权结构将会带来"一个更加公平、更加民主的传播权力分配（体制）"（Baker，2007：16—

19）——因为没有实证的证据（甚至有实证的证据得出与这一假设相反的结论），也一直以来备受争议。现在，伴随媒介融合而来的传媒业集中、兼并与垄断浪潮，更使这一工具遭遇了前所未有的冲击。其一，这一政策工具，尤其是交叉所有权控制的内在设计缺陷在新媒体环境下暴露无遗。如在澳大利亚，交叉所有权控制仅适用于无线电广播和电视服务以及报刊媒体，而没有包括付费电视、IPTV、互联网电视以及社会媒体在内。在这种政策结构下，默多克的新闻集团才能得以在牢牢控制澳大利亚报刊媒体业的同时持有澳大利亚最大付费电视商 Foxtel 25％的股份。其二，在传输和内容相分离的情况下，这一政策的有效实施也变得越来越困难。例如，尽管澳大利亚在产权控制上要求商业广播不能超过全国人口的 75％，但这些广播电视媒体往往也在互联网上提供节目，产权控制成为只对传统媒体适用的"紧箍咒"。面对媒体生态的演进与变化，媒体所有权尤其是跨媒体所有权的限制是否仍然必要，是否需要扩展到 IPTV 等其他新的服务上面，这些问题已成为欧美融合规制变革中至关重要的议题。

最后，内容与科技变动的关联性低，而与社会价值的关联性高。传统上需要维护的价值，不因科技或平台的变化而有不同。因此，在媒介融合时代，内容规制依然很重要。但在融合背景下，当内容通过多个平台、多种方式被制作并传播出去时，谁应负责？如何负责？内容的监管如何才能有效并且符合民主精神的基础？相同内容在不同平台传播，受到规制的强度和密度不一样，是否会造成竞争不公平？这一系列的问题使得内容规制的实施也更为困难。同时，用户生产内容（VGC）的兴起给现存的传媒分类政策带来了挑战，如何区分大众媒体是以商业为基础生产的内容，还是用户创造的内容，也成为一个挑战。

第三节　规制变革：欧美国家因应媒介融合的普遍选择

科技与市场的结构性改变，以及传统市场边界的模糊甚至消失，不断挑战着欧美国家传统的传媒规制与政策体系。在这种背景下，欧美各国从

20世纪90年代即开始对传媒政策领域的相关规制法案以及框架进行了调适与更新。下面,本书将基于一种实证主义的研究原则,以国别(地区)和时间为基本线索,选择欧盟、美国、英国等国家和地区,对其因应媒介融合而作出的有关政策和规制变革的基本发展历程进行一下描述性的概括和总结。

一 美国融合规制变革的四个发展阶段

美国是媒介融合产业革命的发源地,也是最早应因媒介融合而对传媒规制与政策体系进行变革的国家。严格来说,美国因应媒介融合而变革传媒规制政策体系的实践,肇始于20世纪90年代初。具体而言,以媒介融合为审视切入点,美国的传媒规制政策大致经历了以下四阶段的变化和发展(见表6):

表6　　　　　　　　美国构建融合规制的主要文件与指令

文件或指令	发布时间	主要内容
新电信法	1996年	1. 解除了电信业与有线电视业之间的交叉准入禁令 2. 将作为规制对象的服务区分为广义的"电信服务"和"信息服务"两大类
宣言性裁决	2002年	将有线电视的宽带接入服务划分为信息服务
VoIP管制自由法案	2004年	将网络电话业务视为信息服务
2002年拟议规范公告(Notice of Proposed Rulemaking,NPRM)	2002年	将《广播/电视跨媒体所有权限制令》和《报纸/广播电视跨媒体所有权禁令》合二为一,并取消了对一家媒体公司在(有9家或9家以上电视台的)中、大型市场的所有权限制,允许其同时拥有电子媒体和报刊。但该决定于2003年被否决
2007年拟议规范进一步公告(Further Notice of Proposed Rulemaking)	2007年	修改了延续32年之久的对报纸和广播电视之间交叉所有权的绝对禁止,允许报社在全美前二十大城市购买电视台,条件是这家电视台不是前四大电视台之一,且当地还有八个独立新闻机构。但该决定亦被否决

资料来源:本研究自行整理绘制。

(一) 第一阶段(20世纪90年代以前):基于平台的分立规制

在这一阶段,《1934年传播法案》(Communications Act of 1934)奠定了美国传媒规制的基本政策框架。这一法案虽然将广播委员会(FRC)

改组为联邦通信委员会（Federal Communications Commission，FCC），组建了一个具有综合管制功能的传播监管机构，并将有线、无线通信以及广播电视全部纳入其管理范畴，但其依然维持一种基于技术和平台区分的组织架构。根据《1934 年传播法案》，电信服务、无线广播电视服务、有线电视服务等不同的服务类别，分别根据其传播技术的不同特性接受不同程度的规制。

同时，为了保护新兴的有线电视产业，防止垄断的电信公司利用交叉补贴进行不正当竞争，FCC 禁止电信公司进入信息服务业，包括有线电视领域。例如，1984 年出台的《有线电视通信政策法案》（the 1984 Cable Communications Act）便明令禁止电信公司从事视频分类广告、视频节目等信息服务。

（二）第二阶段（1990—1995）：借由诉讼相互进入

20 世纪 90 年代初，随着有线电视技术和产业的发展，早期无线电视的垄断逐渐被有线电视系统的垄断取代。在这种市场结构变化的背景下，FCC 向美国国会提出了废除跨业经营禁令的建议，以促进视频节目市场的竞争，并刺激业者升级传媒通信基础设施的投资以及科技的创新与应用。虽然这一建议遭到了国会的否定，于 1992 年出台的《有线电视法》（Cable Television Consumer Protection and Competition Act of 1992）也依然保留了禁令，但不安分的因素已悄然埋下并快速发酵。一方面，势均力敌的电信和有线电视企业跃跃欲试，均希望通过进入对方领域增加收入来源。面对种种的限制与禁令，大西洋贝尔公司（Bell Atlantic）率先于 1992 年以侵犯言论自由、违反第一修正案为由对 FCC 提起了诉讼并最终获胜。从 1993 年开始，取得胜利的贝尔公司兼并或投资营业区外的有线电视系统。在这种示范作用下，大型电信公司陆续向 FCC 申请在自己经营区域开展视频接拨信号服务，有线电视公司也纷纷向各州政府起诉要求放宽经营电话的限制，一场有线电视与电信公司结盟的浪潮潜行而至。1993 年，美国首次提出了建设信息高速公路（NII）的构想，旨在打造和构建一个集电话、广播、电视、计算机以及电子出版等功能为一体的多媒体信息网络。美国政府的这一宏伟蓝图非常符合当时信息技术飞速发展的形势，却与美国传统的传播规制、法律体系有着不可避免的矛盾和冲突，从而使得融合规制在国家发展战略的层面上找到了需求和支撑。

（三）第三阶段（1996—2003）：新电信法的出台

在美国融合规制的发展进程中，1996年新《电信法》（Telecommunications Act of 1996）的出台无疑是一个标志性的里程碑事件。这部于1996年2月8日正式生效的法案在两个方面实现了突破：一是"解除了电信业与有线电视业之间的交叉准入禁令，电信公司可提供有线电视服务，有线电视公司也可提供电话服务，两者允许互持股份"（肖赞军，2014a）。即有线电视运营商及其附属机构从事电信服务，不必申请获取特许权；电信企业也可以突破过往的载具角色，通过无线通信方式、有线电视系统以及开放的视频系统（the open video system）提供广播电视服务①。二是将作为规制对象的服务区分为广义的"电信服务（telecommunications service）"和"信息服务（information service）"两大类，对于信息服务实现免除规制或者轻度规制，对于电信服务则是严格规制。其中，传统的广播电视服务（broadcast services）和有线电视服务（cable services）被明确定位为电信服务。这种区分服务类别的规制模式，使得不论基于何种技术平台而产生的融合性业务，均可被纳入，从而避免了"相同服务，不同规制"的问题。

新的《电信法》不仅模糊了电信和广电之间的界限，而且引发一场电信与广电企业之间的跨行业交叉兼并和产业重组浪潮。因此，在融合规制变革的过程中，FCC一直在努力推动传统媒体之间所有权管制的改革。如在2002年，FCC对跨媒介所有权进行了一次大规模的重审，将《广播/电视跨媒体所有权限制令》（Radio/TV Cross-Ownership Restriction）和《报纸/广播电视跨媒体所有权禁令》（Newspaper/Broadcast

---

　　① 该法规定，如果视频服务载具的需求（来自其他视频服务供应者）超出电信公司系统容量，电信公司则必须限制其自身的视讯服务，并且有义务让出系统容量供其他视频服务供应者使用。不过，在任何一种情况下，电信公司提供自己的视频服务不必低于其系统容量的三分之一。

Cross-Ownership Prohibition)① 合二为一，并取消了对一家媒体公司在（有 9 家或 9 家以上电视台的）中、大型市场的所有权限制，允许其同时拥有电子媒体和报刊②（张咏华，2003）。不过，FCC 这个放松传媒所有权管制的方案被认为有损于地方性新闻和娱乐的多样化，甫一出台便备受批评并最终于 2003 年 9 月被美国参议院驳回和否决③。

（四）第四阶段：完善辅助法规，艰难推进

新《电信法》虽然开放电信与有线电视的互跨，并将服务划分为电信服务和信息服务两大类而区分规制④，奠定了美国媒介融合的基本框架，但这部法律仅有两次提到了互联网，对于之后出现的新兴汇流服务如 IPTV 与移动电视并无具体规范。在互联网成为一种包括通话、文字信息、音视频等多种传播手段的整合性媒介以及手机媒体高速发展的新环境下，1996 年《电信法》显然已落后于技术的发展。针对这些问题以及新的服务形态的出现，FCC 陆续出台了一些补充性的规范与解释法案，如 2002 年发布的《宣言性裁决》（Declaratory Ruling）将有线电视的宽带接入服务划分为信息服务，⑤ 2004 年出台的《VoIP 管制自由法案》（VoIP Regulatory Freedom Act）将网络电话业务视为轻度规则的信息服务，等等。但面对日新月异的媒介技术以及日益融合的产业环境，这部法律在"如何对融合服务准确定位、如何对宽带进行监管，以及如何对地方规制与联邦规制之间的冲突进行协调"（肖赞军，2011：165—166）

欧美传媒政策的范式转型：以媒介融合为语境

---

① 1975 年，因担心主流报纸可能控制一切本地新闻，FCC 通过了《报纸/广播电视跨媒体所有权禁令》，规定一家媒体公司不能在同一城市同时拥有广电媒体和报刊。

② 跨媒体所有权在电视台数较少的市场则仍面临某些限制，而在电视台数为 3 家或 3 家以下的小型市场中，跨媒体所有权仍将受禁止。

③ 该方案被参议院驳回后，一些媒介集团转而向各种各样的联邦法院提出上诉，但同样被否决。之后，媒介集团继续向最高法院提出上诉，直至 2005 年 6 月最高法院拒绝重审始告落。

④ 电信服务受到"线路共享""普遍服务"等方面的严格规制，而这种严格管制对信息服务提供者则不适用。

⑤ FCC 的这项裁决引起了许多争议，各方纷纷要求对其进行司法审查。受理该争议的美国第九巡回上诉法院认为有线电视的宽带接入服务应该认定为"电信服务"，从而部分废止了《宣言性裁决》，并要求 FCC 对其作进一步修订。这一判决遭到了 FCC 以及其他一些团体的反对，美国有线电视和电信协会为此上诉到美国最高法院。美国最高法院最终裁定：FCC 的裁决是合法的。具体参见：新浪新闻，《正确看待美国宽带业务的管制政策》，http://tech.sina.com.cn/t/2005-08-10/1636689379.shtml，2005-08-10。

等方面依然显得力不从心。因此从 2004 年开始，对新《电信法》进行修订以更加符合媒介融合的新发展便作为一项重要议题提上了美国政策讨论的日程。

虽然面对技术和市场的双重压力，美国近年来一直在努力完善涉及传播技术与融合市场的各项政策与法规，而且各方呼吁完善《电信法》的声音也越来越强，但是由于各方对如何修订各持己见，新《电信法》最终修订方案的顺利诞生依然困难重重，美国融合规制的变革之路一直未能实现突破性的发展。同时，在媒介所有权的改革方面，FCC 也是前路艰辛。例如，在 2007 年 12 月 18 日，FCC 修改了延续 32 年之久的对报纸和广播电视之间交叉所有权的绝对禁止，允许报社在全美前二十大城市购买电视台，条件是这家电视台不是前四大电视台之一，且当地还有八个独立新闻机构。但这项规定也在次年被众议院拨款委员会下属的金融服务小组委员会（House Appropriations Financial Services Subcommittee）投票否决了[①]。

二 欧盟的融合规制四步走

欧盟的媒介融合之路从 20 世纪 90 年代的电信市场自由化改革开始，历经了广电和电信市场从非对称准入到对称准入、融合规制从基础设施框架到内容框架变革的演变和发展过程。其中，1997 年的绿皮书被认为是融合变革之路的里程碑，它开启了欧盟融合规制变革之门；2002 年的共同管制架构指令确立了一个传输网络和内容分离的水平规制模式；2007 年的《视听媒体服务指令》则将管辖范围从传统的电视节目扩展至所有的视听媒体服务，不受传播方式的限制。从 20 世纪 90 年代中期有线电视非对称地进入电信市场开始，欧盟花了 10 多年的时间实现了市场的融合以及规制的融合，从而在世界范围内成为推进媒介融合的典范。具体来看，欧盟因应媒介融合的规制变革主要分以下四

---

① 具体参见《美众议院下属一个分委会投票取消 FCC 关于媒体所有权的规定》，http：//forex. hexun. com/2008-06-18/106766907. html。

步推进（见表7）。

表7 　　　　　　　　欧盟构建融合规制的主要文件与指令

文件或指令	发布时间	主要内容
电信基础设施建设及有线电视网络自由化绿皮书	1994 年 10 月	开放电信基础设施的竞争
完全竞争指令	1994 年 11 月	欧盟成员国之间从 1996 年 1 月 1 日开始彼此开放基础电信业务，而到 1998 年 1 月 1 日还将进一步对欧盟以外全面开放竞争
有线电视指令	1995 年 10 月	规定有线电视网可以不受任何限制进入所有开放的电信业务市场
电信、媒体及资讯科技产业汇流及对其于管制之含义——迈向资讯社会之取向绿皮书	1997 年 12 月	明确指出科技平台及网络基本设施的整合现象已经发生，并全面检视了竞争环境中融合服务所面临的议题
绿皮书第一阶段咨询结论	1999 年 3 月	提出了一个水平层级管理的政策法令架构
迈向电子通信基础建设及相关服务新架构	1999 年 11 月	全面评估欧盟现行的电信管制架构，并对新的架构作出了一系列新的建议
电子通信网络与服务共同管制架构指令（Framework Directive）	2002 年 2 月	原先分属于不同产业的电子通信网络，不论传送何种内容，均适用相同的规范
电子通信网络与服务执照核发指令	2002 年 2 月	核心内涵是禁止任何对新进业界数目的限制，除非为了确保有效利用无线电波的必要限度内
电子通信网络及其相关设施接取及互联指令（Access Directive）	2002 年 2 月	在共同管制指令的架构下，调和会员国管制电子传输网络及相关设施的接取与互联的方式
电子通信网络及服务的普及服务和使用者权利指令	2002 年 2 月	要求各成员国对网络业者设置义务，以确保一套具有特定品质的最低限度服务，以一个可以负担的价格提供给一切地区的所有人使用
视听媒体服务指令	2007	在《电视无国界指令》的基础上扩大的规制范围，将各种类电视（TV-like）服务也囊括了进来，并将所有视听媒体服务区分成线性（linear）及非线性（no-linear）服务两大类，分别给予不同程度的管制

资料来源：本研究自行整理绘制。

（一）第一步：允许有线电视业先进入电信业，开启融合第一步

进入 20 世纪 90 年代，面对美国"信息高速公路计划"的出台，欧盟也在加紧制定自己的信息化战略。"德罗尔白皮书"和"本格曼报告"的出台，为未来欧洲信息高速公路建设制定了一个总框架。在此基础上，欧洲议会于 1994 年 7 月批准了"欧洲信息社会行动计划"，提出包括实现

电信、CATV 和卫星网络互联在内的 10 项信息社会应用项目。为了配合实现这些既定的信息化目标，欧盟于 1994 年年底发表了《电信基础设施建设及有线电视网络自由化绿皮书》（Green Paper on the Liberalization of the Telecommunications Infrastructure and Cable Television Networks），明确指出：科技发展形塑了电信产业，未来电信基础设施将受到宽频交换及传输、多媒体应用、无线通信科技以及智慧型网络等影响，既是电信服务的传送工具，也是非电信服务的传送工具。因此，电信基础设施应开放竞争，并且具有应对广电、信息科技与电信融合趋势的有效弹性（王敏利，2003）。而在随后出台的《有线电视指令》[The Cable Television Networks (Regulation) Act of 1995] 中，欧盟更进一步明确规定：有线电视网可以不受任何限制进入所有开放的电信业务市场，从而迈出了媒介融合的实质性第一步。

（二）第二步：全面开放电信业，厘清面向融合的规制思路与框架

根据 1994 年的《完全竞争指令》，欧盟成员国之间从 1996 年 1 月 1 日开始彼此开放基础电信业务，到 1998 年 1 月 1 日还将进一步对欧盟以外全面开放竞争。为了保障和促进电信的自由化发展，欧盟于 1997 年发表了《电信、媒体及资讯科技产业汇流及对其于管制之含义——迈向资讯社会之取向绿皮书》（Green Paper on the Convergence of the Telecommunications, Media and Information Technology Sectors and the Implications for Regulation－Towards an Approach for the Information Society），对全面竞争环境中的融合议题进行了检视，并明确指出：科技平台及网络基本设施的整合现象已经发生，不同的网络平台都能一同传送电话信息、电视信息及计算机信息和数据。针对绿皮书，欧盟就如何因应科技和服务融合进行法规调整征询各界意见，并在 1999 年 3 月发布的第一阶段咨询结论提出了一个水平层级管理的政策法令架构。针对绿皮书咨询结论提出的新设想（基础设施规制应采取较为水平取向的方式），欧盟委员会又于 1999 年 11 月提出了《迈向电子通信基础建设及相关服务新架构》咨文（the 1999 Communications Review），全面评估欧盟现行的电信管制架构，并对新的架构作出了一系列新的建议，认为在科技、服务、

网络融合的趋势下，"新的规则必须以一致性之立场涵盖所有电子通信基础建设及相关服务"（王敏利，2003）。至此，欧盟各国电信业已全面开放，面向融合的规制思路也日益清晰，新的规制框架呼之欲出。

（三）第三步：将三网统一纳入电子通信网，形成新的规制框架

在绿皮书、《迈向电子通信基础建设及相关服务新架构》咨文等系列咨文、报告及独立研究的基础上，欧盟于 2002 年通过《电子通信网络与服务共同管制架构指令》《电子通信网络与服务执照核发指令》《电子通信网络及其相关设施接取及互连指令》等 6 个新的电子通信网络规制指令，用以取代原有的以产业区分制定的 20 个相关指令，从而确立了一个面向媒介融合的新规制架构①。在这个新的规制架构下，传统的垂直规制手段被水平规制模式取代，原先分属于不同产业的电子通信网络，不论传送何种内容，均适用相同的规范。电信网、广电网和互联网被统一纳入电子通信网，实现对称准入，电子通信网既可以传送电信业务，也可以传输视听业务和互联网业务。

（四）第四步：规模展开，步入正轨

虽然 2002 年的共同架构指令成功构建了一个媒介融合的基本规制框架，但媒介融合在欧盟的发展在 2005 年之后才真正步入正常轨道。

从 2005 年开始，欧盟开始对《电视无国界指令》（Television without frontiers directive）进行修订，以适应媒介融合的发展和变化，建立一个适用于所有视频内容的综合性框架。2005 年 12 月 13 日，欧盟信息

---

① 新规制架构由一项一般性管制架构指令（Proposal for a Directive of the European Parliament and the Council. On a common regulatory framework for electronic communications networks and services，4 February 2002）及四项特殊指令：执照核发指令（Proposal for a Directive of the European Parliament and the Council. On a common regulatory framework for electronic communications networks and services，4 February 2002）、网络接取及互连指令（Proposal for a Directive of the European Parliament and the Council on access to，and interconnection of，electronic communications networks and associative facilities，4 February 2002）、普及服务及使用者的权利指令（Proposal for a Directive of the European Parliament and the Council. On a common regulatory framework for electronic communications networks and services，4 February 2002）、个人数据及隐私权保护指令（Proposal for a Directive of the European Parliament and the Council on the processing of personal data and the protection of privacy in the electronic communications sector，15 December 1997）所组成的。

社会及媒体委员会（Information Society and Media Commission）提出了《电视无国界指令》的第一修正版本。2006 年 11 月 13 日，广纳多方意见之后提出第二修正版本，且为了配合指令涵盖范围的扩张，将指令的名称改为《视听媒体服务指令》（Audiovisual Media Services Directive，AVMSD）。2007 年年底，在历经多次修正与讨论后，该指令正式通过，并要求成员国于 2009 年 12 月 19 日之前，依据指令所揭示之架构与原则，完成国内法之修正。《视听媒体服务指令》在《电视无国界指令》的基础上扩大的规制范围，将各种类电视（TV-like）服务也囊括了进来，并将所有视听媒体服务区分成线性（linear）及非线性（no-linear）服务两大类，分别给予不同程度的管制。《视听媒体服务指令》的出台标志着欧盟在推动媒介融合以及融合规制变革的方向迈出了决定性的一步。而自 2003 年 7 月之后，欧盟各成员国就已开始逐渐将《共同架构指令》和《视听媒体服务指令》演化为国内的法律。规模性的媒介网融合由此正式展开。

三 英国融合规制变革的基本历程

英国的媒介融合之路也从 20 世纪 90 年代初有线电视获准非对称进入电信市场开始。其后，虽然英国政府一直在致力推进"整体化"政策，但一直到 21 世纪之前，英国都还没有形成定型的适应媒介融合的规制政策和体系。2003 年新《传播法案》的通过以及英国通信管理局（OFCOM）的成立是一个标志性的转折点，自此英国媒介融合进入高速发展阶段。具体而言，英国的融合规制变革之路大致经历了以下三个阶段的变化和发展（见表 8）。

（一）第一阶段（1991 年之前）：分业管理，互不准入

20 世纪 70 年代以来，面对经济滞胀、石油危机等种种经济问题的冲击，新自由主义思潮在英国逐渐呈现占主导地位的趋势。在这种背景下，商业化以及放松规制成为英国传媒政策的基本特征。但一直到 20 世纪 90 年代以前，英国基本维持一种分业管理的传媒规则体系，"根据传播技术因素把传媒业区分为印刷传媒、公共传输载体和广电传媒三大范畴"（张咏华等，2010：50）。其中，根据 1984 年的《电信法案》，成立了电信办公室（OFTEL），管理电信业；根据《1990 年广播法》，成立了独立电视委员会

（ITC）和无线广播局（RA），分别管理商业电视（包括有线电视与卫星电视）和商业广播，对广播电台和电视也实行分业管理。在跨媒体所有权的管理方面，则实行严格的限定政策。例如，《1990年广播法》便规定，全国报纸经营所有者禁止同时拥有一个独立电视台或第五频道执照，而那些希望投资地面广播的全国性报业经营者最多只能持有2%的初始股权以及在电视或全国广播许可证的任何后续投资中最多持有5%的股份。地方报纸所有者和无线广播经营者禁止拥有同区域的电视台；同样，地方电视台也禁止拥有同地区的报纸和无线广播（张咏华等，2010：103）。

表8　　　　　　　　　　　　英国构建融合规制的主要文件与指令

文件或指令	发布时间	主要内容
媒体所有权绿皮书	1995年	认为现有分立规制的传媒所有权体制"缺乏能使传媒公司充分利用新技术所致机会的灵活性"，新的传媒所有权规制需要"促使现有不同传媒与跨媒体所有权的自由化"
1996年广播电视法案	1996年	放宽了电视台与节目制作公司间的交叉所有权以及对报业集团、电台、无线电视公司在全国和地方的交叉所有权限制，并提出了一个建设英国数字广播的框架
通信规制绿皮书：信息时代的融合途径	1998年	讨论了融合对涵盖广播和电信业的规制框架的政策含义
传播的新未来	2000年	建议"将电信、咨询、传播等机关整合为一个单一机关"，"通过竞争来鼓励多元化和多样性"来"促进英国电信和广电领域媒介集中合法化"
传播法案	2003年	主要政策方向可归结成五大要点：1. 将欧盟修改电子通信产业管制架构之指令转化为国内法，并执行之（2003年7月25日即是欧盟会员国完成转换并适用新通信法规之期限）；2. 成立了OFCOM为统一事权的通信传播主管机构；3. 松绑媒体所有权的部分管制；4. 确保公共服务媒体仍居重要地位；5. 厘清并建立频谱交易与使用的机制

资料来源：本研究自行整理绘制。

（二）第二阶段（1991—2000）：开启融合之门

　　虽然20世纪80年代英国的电信市场和广电市场都开启了一个"开放竞争"的新时代，但直至1992年这两大传播领域之间的交集才正式开启。是年，英国对《1990年广播电视法案》进行修订，允许有线电视公司通过莫克瑞（Murcury Communications）的基础设施兼营电话业务，从而使英国国内电信市场获得有条件的开放，有线电视公司得以进入电话服务市场。首先是有线电视公司于 1993 年正式推出有线电话服务，与寡占的英国电信（Britain Telecommunication，BT）及莫克瑞两大固网电信运营商在本地回路（local loop）上展开竞争，并很快获取将近 72 万的用户数。紧接着，自 1998 年起，电信运营商跨足视频服务市场的限制也被逐步解除。自 2001 年 1 月起，电信运营商们更是被允许在全国范围内提供随选视频（video-on-demand，VOD）等视频服务。

事实上，进入 1996 年以来，英国将传播产业整合为一体的意愿日益明显。首先是 1995 年出台的《媒体所有权绿皮书》（Green Paper on Media Ownership）明确指出，现有分立规制的传媒所有权体制"缺乏能使传媒公司充分利用新技术所致机会的灵活性"，新的传媒所有权规制需要"促使现有不同传媒与跨媒体所有权的自由化"（DNH，1995：20，1）。而 1996 年出台的新的《广播电视法案》放宽了电视台与节目制作公司间的交叉所有权以及对报业集团、电台、无线电视公司在全国和地方的交叉所有权的限制①（张咏华等，2010：104），并提出了一个建设英国数字广播的框架。其次是 1997 年新工党政府上台以后，英国的传媒规制在机构主体和政策业务等方面均进行了"整体化"的尝试。例如，将原有的"国家传统遗产部（Department of National Heritage）"更名为"文化、媒体和体育部"（Department for Culture，Media and Sport，DCMS），并赋予它发展"整体化"传媒政策的目标和方向；同时，逐步放开了广电行业的市场准入，允许电信企业为尚未接入有线电视的家庭用户提供上网服务。在 1998 年发表的《通信规制绿皮书：信息时代的融合途径》（Regulating Communication：Approaching Convergence in the Information Age）和《融合技术：新知识经济的结果》两份报告中，英国政府不仅集中讨论了融合对涵盖广播和电信业的规制框架的政策含义，而且对融合对于企业、政府政策以及其他产业的潜在影响也进行了评估。但总体而言，这一阶段的融合规制变革依然没有得到真正意义上的推进。例如，有研究发现，数年之后新工党政府仍然"没能实现在融合的背景下对媒体施行一视同仁的规制之承诺"，其"整体化"

_____

① 新闻集团和镜报集国这两个最大的全国性报业集团仍然被禁止向地面电视领域拓展。

的传媒政策仍然"只是一种尝试","尚未构成定型的传播规制的政策新模式"（张咏华等，2010：51）。

（三）第三阶段（2001 年以来）：全面融合

进入 21 世纪以来，"英国政府'整合发展'的改革思路日益显现，这不仅体现在将 BBC 和商业广播电视收归到一个管理机构之下，还体现在将传播产业整合为一体的主张以及将分散的电信、咨询、传媒机关整合为一个单一机构的做法上"（张咏华等，2010：117）。在 2000 年 12 月发布的《传播的新未来》（A New Future For Communication）白皮书中，英国政府明确提出了"将电信、咨询、传播等机关整合为一个单一机关"的主张（张咏华等，2010：105）。同时英国政府规定，从 2001 年 1 月 1 日开始，电信运营商可以在全国范围内经营广播电视业务，而有线公司提供电话业务也不再限制是否通过电信网络，从而使得广电和电信两大传播市场正式实现了对称双向准入。为适应这种通信与传媒产业互联互通的发展趋势以及将欧盟修改电子通信产业管制架构之指令转化为国内法，英国于 2003 年 7 月通过新的《传播法案》，引入欧盟指令中的水平层级规制模式，并全面修改了《1984 年电信法》《1996 年广播法》《1998 年无线电报法》等既往相关法令，正式建立了一个适应媒介融合的法制框架。同年年底，根据新法授权，成立了一个融合性的传播规制机构——英国通信管理局（OFCOM），将原来分散于电信管理局、无线电通信管理局、独立电视委员会、无线电管理局、播放标准委员会五个机构的传播管理职权收归于一体，并将此前并未纳入任何政府单位管理的 BBC 也纳入管理范围之内，实现了将 BBC 和商业广播的整合管理。自此，原来不同信息传播领域中存在的各种壁垒均被打破，英国媒介融合进入高速发展阶段。

第四节　本章小结

如前所述，无论是在商业模式上，还是在企业结构上；无论是在生产模式上，还是在媒体消费行为上，欧美传媒业都正在经历一场从制度到结构再到生产方式的前所未有的挑战。其中，最大的一个挑战在于，传媒业与电信业、IT业等多种产业正在逐渐成为一个融合与整合的单一性产业，广播、电视和电信服务的传统区别已经越来越模糊。在这种背景下，一方面是"不同的服务由同一公司提供"，即"许多媒体公司不但是信息、节目的提供者，而且还是传送这些信息产品的平台的营运者"（李秀玉，2009）；另一方面则是"不同的公司提供相同的服务"，即来自不同产业的公司均提供相同的服务。这种混业经营和竞争的市场局面，要求具有一个统一、公平、公开、透明的秩序和规则，但在很多欧美国家，这些产业"却仍然受规制于三个独立的、形成于20年前的法规体系，（管制的）权力仍然在不同的部门和机构间进行瓜分"（Finckenstein，2011）。因此，技术、市场的发展与传统的规制体系之间便不可避免地形成一种紧张的对立关系。

媒介融合使得欧美国家旧的"技术—经济范式"趋于瓦解。同样，媒介融合对于欧美传媒规制与政策的挑战也是根本性的。从传媒规制的正当性基础和标准，到传媒政策构建的基本逻辑和框架，再到传媒规制的工具和路径，无一不受到了冲击甚至是瓦解。因此，欧美国家的融合规制变革已不再仅仅是以调整个别政策措施、增补和完善局部政策框架、创新部分政策手段等为内容的一种改良型的政策调整或变迁；在其变革过程中，不仅有新的手段和路径的运用，有新的框架的形成，而且政策内部的逻辑、理念等智识构造也发生了明显的变化。在欧美国家融合规制变革的背后，有一个新型的传媒政策范式正在萌生和扩散。

在著名的《传媒政策范式的转型：朝向一个新的传播政策范式》一文中，库伦伯格（Cuilenburg）和麦奎尔（McQuail）曾经概括出欧美传媒政策的三个范式："二战"以前伴随电报、电话以及无线电等技术发展而形成的新兴传播产业政策范式（emerging communications industry policy）；"二战"至20世纪八九十年代形成的，公共服务的传媒政策范式（Public service media pdecg）以及自八九十年代以来逐渐浮现的"新型传播政策范式（new communications policy paradigm）"（Cuilenburg & McQuail，2003）。这个正在浮现的"新型传播政策范式"也正是本文中欧美传媒政策范式转型的所指方向。

第四章 公共利益的重新定义:融合背景下欧美传媒政策价值范式的重构

> 价值的问题比确定性的问题更为基本:只有在假定价值问题已经获得解答之后,后者才会变得重大。
>
> ——尼采 (F. Nietzsche)《权力意志》

在媒介融合时代,当传媒资源极大丰富的时候,我们还需不需要传媒规制?传媒规制的必要性和政策的正当性基础是否因科技的发展而受到冲击?融合背景下,传媒规制和政策的意义和价值何在?面对日新月异的传媒科技,又该遵循哪些价值与原则才能建构出一个既能横跨各传媒产业又能有效回应不断变革的传媒科技的政策法规架构?对于这些问题的回答,似乎很难规避"传媒政策的价值是什么"这一基本前提问题。"一个政策的推行是否意味着政策范式的改变,往往主要取决于是否在一个新的理念高度去思考问题"(王程鲜、曾国屏,2008)。事实上,从政策制定的原理和过程来看,政策的特定组织机制和展开过程也"始于对特定政策价值之确认"(Anderson,1992:390)。这个价值既是政策的构建原则,也是政策实施和评估的标准,若无这一标准"吾人将无从判断攸关大众的政策行为是否必要,且无法衡量公共计划的成败得失"(Anderson,1992:387)。因此,面对快速更新与发展的媒介融合,如果没有一套价值观的指引,只是"以片断琐碎方式个别因应每一项政策或科技,则会导致不一致且未经整合的决策数量的增加"(Napoli,2005:3)。一个科学且有效的融合政策变革和转型之路,必须首先发展出一套能横跨不同产业且兼具适应科技发展之弹性的基础原则与价值体系。有鉴于此，在探讨媒介融合究竟对欧美国家的传媒政策范式带来了何种变化之前，我们有必要首先从价值观的维度出发，重新检视欧美国家传媒规制与政策的基本目标、原则和标准以及它们所面临的冲击和重建命题。

第一节　公共利益的召唤：融合背景下传媒规制正当性的消解与重建

纵观欧美国家因应媒介融合的传媒规制变革之路，普遍伴随着一场以"自由化""开放化"以及"市场化"为特征的规制放松运动。事实上，自20世纪60年代以来，欧美传媒市场便充满了放松规制的呼声。在1989年的麦克塔格特演讲（MacTaggart Speech）[1] 上，纵横欧美传媒市场的鲁珀特·默多克（Rupert Murdoch）甚至毫不掩饰地大声疾呼："要自由和选择，不要规制和稀缺"（Sampson & Lugo，2002）。在像默多克这样的自由主义者看来，随着技术和市场的发展和融合，欧美传统的传媒规制理论和政策体系早已体无完肤。

一　融合发展下差异化规制体系的崩坍

如前所述，一直以来，欧美国家的传播系统都在一套差异化的规则体系下运转：广电媒体在营运时要受到所有权限制、本地事务和公共事务的报道、教育节目和儿童节目以及政治事务报道等方方面面的规则和要求；而报刊等印刷媒体在言论自由的保护下，所受的限制往往很少甚至没有；通信和信息技术领域则一般适用于共同载具模式（the common carrier model），主要依靠竞争政策进行调适；有线电视和卫星电视虽然要受到"必载"（must-carry）以及一些所有权限制等规范的约束，但其受限的程度也远小于广电媒体。但自20世纪80年代以来，随着光纤、卫

---

① 麦克塔格特演讲是为纪念在1974年去世的知名节目制作家和导演詹姆斯·麦克塔格特（James MacTaggart）而命名的，在电视广播和制作领域极具影响力。

星尤其是数字技术等传播新科技的发展以及频谱供给的增加和传媒资源的极大丰富，广电媒体以稀缺立论的差异化规制逻辑已在相当程度上被消解。在这种背景下，过往差异化的规制体系是否依然合理，便成为欧美传媒政策转型首先要解决的问题。

事实上，到了 20 世纪 70 年代中期，稀缺理论便已不再是广电媒体差异化管制的唯一依据。基于"遍及性（pervasiveness）"以及"传媒作为入侵者（media-as-invader）"逻辑的影响力原则成为政府对广电媒体差异化管制的另外一大理由。如，在 1978 年著名的 FCC 诉太平洋电台（FCC v. Pacifica Foundation）一案中，美国最高法院便认为，广电媒体对美国人民的生活具有无所不在的影响。因此，不管是在公共场合，还是在家里的私密角落，人们都会遇到包含公然冒犯、不雅内容的广电节目。同时，广电媒体对于未成年人而言也特别具有易得性，（其节目）就连那些小到还没法阅读的未成年人也可接受（Scarinci, 2012）。因此，相对其他媒体而言，广电媒体就像是《宪法第一修正案》下的一个"二等公民（second-class citizens）"，所享有的保护较少而所受到的限制较多。但一直以来，"遍及性"和"传媒作为入侵者"的逻辑备受质疑。批评者指出，"遍及性"其实是一种"将流行等同于遍及（popularity equals pervasiveness）"的错误逻辑。而且，即使这一逻辑成立，也不能成为对广电媒体进行差异化规制的正当性依据。因为当报纸媒体变得流行时，各欧美国家没有将类似的规制推广至它们身上，而互联网也同样没有适用这一规则。在今天来看，这其实还是一个可以被用到任何媒体上的准则，因为"在一个技术融合和传媒极大丰富的世界，所有媒体都是遍及的"（Thierer, 2007）。同时，数字媒体的互动特质也进一步改变了传统的传受关系，不仅使过往的大众传播具有了更多的个人化色彩，而且让受众可以通过互动的关系来控制传媒。在传统的传媒规制理论中，广播电视等传统媒体由于采取一对多的线性传播模式而被视为"入侵者"①，因此需要进行规制以确保公共利益；随着技术的融合，新闻传播的方式已

---

① 1978 年的 FCC v. Pacifica Foundation 一案还奠定了一种"传媒作为入侵者"的规制逻辑。

"从传统媒介主导的单向传播变为专业媒介组织与普通公民共同参与的分享式、互动式，大众传播与人际传播更加紧密地结合与汇流"（蔡雯，2006）。受众的被动地位逐渐改变，传者和受众的界限开始变得模糊，传受双方的互动成为传播过程中的普遍现象。同时，在这场新媒体的变革浪潮中，不少广电节目都采取了一种基于订阅的（subscription-based）传播模式，消费者必须确认和支付一定的费用才能收看。因此，"媒体作为入侵者"的逻辑也不再成立，所谓的"共同标准（community standard）"不再必要，从而也就不再需要政府的把关或者公共政策的干预。

"频谱资源稀缺性""遍及性""传媒作为入侵者"等传统规制逻辑在媒介融合世界中的种种不适应性和不合理性，从根本上动摇了欧美国家将广电媒体区别对待、重度规制的差异化规制系统的构建逻辑。同时，这种不同传媒产业归属于不同规制的差异化规制体系对市场发展的不适应性同样备受诟病。20世纪后期以来，随着有线电视、卫星电视、VCR、DVD，尤其是互联网等新的媒体和传播技术的兴起和普及，广播电视在市场中的统治地位不断地受到挑战。在这种竞争日益激烈的市场环境下，受到高度规制的广电媒体犹如"一只手被缚住"的选手要迎战诸多享受着自由的对手的挑战与搏击，其公平自难可言。同时，传媒形态的整合模糊了广电媒体与电信、互联网等事业之间的区分，"媒体和媒体使用者之间存在的一对一关系正逐渐受到侵蚀"（US Congress，1988），同样的内容可以经由广播、电视或有线频道、DVD甚至是手机等不同的传播媒体来获得，却要受到不同的规制，这"不仅相当不公平，而且变得越来越不合逻辑以及不可行"（Thierer，2007）。如2006年3月，美国的WB电视网（WB Network）（现CW电视台）准备在其广播电视频道播出一部新戏剧，但按FCC要求得先自我审查和剪辑，于是便提前在其互联网上发布了一个未经剪辑的版本。这是在FCC决定对一些不雅广播电视节目进行严厉处罚之后，"对于那些需要审查的节目，广播电视网首次选择其他渠道播出未经剪辑的版本"（Carter，2006），但绝不是唯一或最后一次。就在WB电视网"打擦边球"几个月之后，CBS（Columbia Broadcasting System，哥伦比亚广播公司）也将一部有关"9·11"恐怖袭击的获奖纪录片放到了自己的网上。这部纪录片包含恐怖分子的亵渎语言以及市民受到严重胁迫的场面，原本被要求禁播或者剪辑后才播出。屈于FCC审查的压力，CBS决定不在一些本地频道上播出，却在其网页上播出了一个未经剪辑的版本。因此，在科技进步消弭了传统媒介技术之间分野的背景下，过往那种不同传媒产业归属于不同规制的差异化系统已然趋于崩坍。即使那些对广电媒体区别对待的理由在过去是合法的，但在如今的技术和市场环境中，也早已不再合理，对于媒体管制的正当性基础需要重立、重建。

二　市场的无力与规制的必要

如前所述，伴随媒介融合浪潮而来的传媒资源的极大丰富以及传媒消费方式的变化，在不同程度上消解了广电媒体规制的正当性基础，并使得过往那种基于技术特性和产业分立的差异化规制体系趋于崩溃。在此背景下，对于媒体的公共控制的必要性受到质疑，而伴随着经济上的"滞胀"危机以及政治上新自由主义浪潮的兴起，"市场至上"以及"管制放松"也逐渐成为欧美传媒规制的主要思路。各国对媒体所有权和广告的限制、对公共广播的补贴以及美国广播的公平原则（fairness doctrine），都在一定程度上被削弱甚至废止。同时，自新西兰于1989年以及美国于1993年启用频谱竞拍制度之后，竞争性拍卖方式成为欧美众多国家频谱管理与分配的基本手段。频谱的分配逐渐被交由自由市场力量来决定，市场分配模式逐渐取代原有的行政高度管制模式渐成主流。

按照市场派的逻辑，"一旦技术发展到能够满足传媒产品的一般市场交易，这个产业就不再需要特别的规制"（Gibbons，）。过去，以价格和利润为基础的市场机制被认为不能有效和正确地反映社会真实的需求并提供充分的市场供给，传媒产品作为公共物品以及所有人都应该得到的"有益品"，因其价值难以从市场中获得补偿而充满了市场失灵的风险。但现在，数字媒体的极大丰富给消费者带来了更多元的选择，从而大大降低了市场失灵的风险（Murroni & Collins，1996：166）。而且，"一个完全置于市场自由竞争之中的新闻业，其生存的根本基础在于它向公众提供优质的服务"（柯泽，2008）。传媒为最大限度地攫取市场和利润，也会自动追求公众多元需求的满足，为市场提供多样媒体以及多样产品。因此，国家不应直接介入或者拥有传媒，一个自由而开放的市场将在实现资源最优配置的同时，自动满足民主社会的多元化要求。然而，欧美积极传媒政策的倡导者则批评了这些逻辑，他们深刻地指出，市场模式的错误起码有以下三个方面：

一是把市场选择的多元等同于传媒的多元，认为一个自由竞争的市场能够满足消费者的多元需求。批评者认为，这种观点不仅是对传媒多元化的一种简单化理解，犯了唯消费者论的错误，而且在实践中也已被证明是一种错误的逻辑推理。一个不容否认的事实是，在自由竞争的市场机制下，消费者的多元需求往往难以得到真正的满足。一方面，"总是流行的主张和主流的需求优先得到反映"（McCann，2008）；另一方面，消费者也并不总是清楚自己的所需所欲并能够在自由市场中作出理性、正确的选择。因为要他们作出合适以及理智选择的前提是，他们"知道并且理解所有可选之项以及这些选项的全部价格"（Graham，1998）。可是，在一个多元且混乱的市场，"由于消费者信息过滤能力的有限，传媒资源的增加在事实上甚至减少了消费者接触不同观点的机会"（Karppinen，2010）。因此，难以掌握全面信息的消费者很难"作出理性选择，而那些公司，即使它们数量不菲，也不能形成真正的竞争"（Graham，1998）。

二是把市场的自由化等同于民主化，认为自由竞争的市场机制将必然带来"多样媒体，多种声音"。事实上，这种建立在市场机制之上的传媒多元化，主要是一种数量的多元和经济的多元，它不仅是对传媒与民主关系的一种窄化认识，而且在实践过程中往往容易陷入困境。比如，最低成本的诱使以及激烈竞争的市场，导致传媒量多质同甚至是集中、垄断，早已是不争事实。在社会经济文化资本分布不均衡的现实社会中，要依靠自发的市场秩序来实现平等的传媒近用，显然也只能是一种理想。

三是仅仅从经济角度来审视传媒的问题。事实上，传媒更重要的角色是作为民主社会的"看门狗"和"公共通道"，是"教育、协商、统合机制的重要提供者"（Croteau & Hoynes，2006：30）；传媒政策的真正议题也并不是信息如何才能丰富，而是"信息的开放性以及近用情况，特别是创新思想的表达以及少数和劣势团体的传媒近用"（Karppinen，2009）。对于这些传媒在文化和政治方面的重要性，追逐利润的市场显然力有不逮。

因此，欧美国家的不少法律工作者以及有识人士都强烈反对这种市场模式的解决路径，他们并不将政府管制视为唯一途径，但他们认为，在防止少数力量控制频谱资源方面，政府管制依然是最好的办法。而且，在数字化背景下虽然媒体在渠道以及内容等方面都前所未有地丰富，但稀缺论和市场失灵的风险作为传媒规制的立论依据依然有效。一方面，纵使科技发展至此，频谱无法分配至个人仍是不争的事实，其供不应求以及重复使用造成干扰的特性也依然存在。如，近年来随着移动互联网等业务应用日益普及，智能手机、平板电脑等终端设备不断更新换代，移动数据业务飞速发展，欧美各国无线宽带频谱资源短缺的状况已日益突出。另一方面，数字媒体的海量性、分享性和交互性的传播特征在给人们带来更多选择和更多主动权的同时，也带来了"信息疲劳""信息焦虑""信息鸿沟"等诸多的社会问题，市场失灵的风险不仅没有消失，反而日益严峻。同时，随着传播日益汇聚于网络以及新兴媒体的日益社会化，"媒介化生存已然成为我们这个时代最逼真的一种生存方式"（李林，2013）。日渐融合的传播媒体以其纵横交错的网络功能，已逐渐从一种"工具"转化为"日常生活本身的'组织媒介'"（李林，2013）。而在这种社会媒介化、生活媒介化、人也媒介化的数字化生存环境下，传媒的公共性以其影响的广泛性和深刻性获得了前所未有的张扬与凸显。因此，数字媒体的兴起以及媒介形态的演进与融合，不仅没有消解传媒规制的正当性，反而要求在某些方面进一步加强传媒规制。

三 公共利益：后稀缺时代传媒规制正当性的重建

现在，在欧美关于融合政策转型和构建这一问题的讨论中，最重要且迫切需要解决的问题已不是"要不要对传媒进行规制"，而是"如何规制"以及"凭何规制"。而如何对传媒规制的目的和方向作出不偏不倚的判断，则普遍被认为是首要的问题。

在媒介融合发展的趋势下，任由广电媒体在旧的规制体系下面挣扎显然是不合理的。如前所述，为了解决这种规制落差，美国等欧美国家也曾试图将广电媒体的规制延伸至互联网、手机等新媒体之上。如美国国会在《传播净化法案》（Communications Decency Act）无法通过的情况下，也曾试图将互联网强迫套用在广电媒体的规制体系之下（Napoli，1998），但最终还是被评价为"把旧的规制体系延伸至新的技术和媒介将会是一个严重的错误"（Thierer，2007）。对于稀缺逻辑，20世纪90年代美国最高法院在几个著名的判例中便进行了公开质疑。在1994年的特纳广播公司诉FCC（Turner Broadcasting Systems v. FCC）一案中，法院认为有线电视并不像无线电广播一样受到那么多物理特性的限制，而且随着光纤技术以及数字压缩技术的发展，其在可承载量等方面的限制也就更小了，因此稀缺逻辑不适用于有线电视。在1997年的雷诺诉美国公民自由联盟（Reno v. ACLU）一案中，法院认为稀缺理论并不适用于赛博空间，因为互联网"提供了相对无限的、低成本的传播"（Thierer，2007）。因此，为了赋予对新兴媒体进行规制的正当性，欧美国家多寻助于"遍及性"以及"传媒作为入侵者"的逻辑。但批评者认为，在"遍及性"以及"传媒作为入侵者"的逻辑下，欧美国家普遍采用了一种基于时间以及分级播出的内容规制路径，这种路径显然不适用于那些以非线性、互动以及个性定制为传播特征的新媒体。同时，如前所述，"遍及性"以及"传媒作为入侵者"逻辑的理论基础，本身便是不严谨和不科学的。

传媒规制的正当性何在？值得注意的是，无论是"稀缺性"，还是"遍及性"或者"传媒作为入侵者"，这些逻辑的起点都是传媒的科技特性。这些逻辑在产业分立、媒介技术特性明显区分的时代具有其一定的合理性，但在技术变迁改变了频谱稀缺这一根本理论以及媒体间界限日渐模糊的今天，科技特性显然已不足以承担规制体系构建逻辑的任务。因此，在这场自20世纪90年代以来的传媒规制变革浪潮中，频谱等传媒资源因何而存在，即媒体作为公共服务的本质，开始成为欧美传媒规制的思考起点，体现在具体的传媒政策中，则是公共利益标准作为传媒规制理论架构和正当性基础的重要地位日益显著。例如，在美国《1996 年电信法》中，公共利益作为指导原则便整整出现了 40 次之多（Napoli，2005）。

事实上，即使是在频谱稀缺时代，传媒的公共性或公共服务本质也是欧美国家对广电媒体进行规制的理论架构与依据。在欧洲，除了卢森堡等个别小国以外，各国均视广播电视业为公共服务事业（赵月枝，1998），英国对这一传统则有突出表现。以 BBC 为代表的公共广播电视体制的形成，即主要奠基于公共服务的概念。美国虽然信仰自由市场，以商业广播电视为市场的主流，对广电媒体的控制较弱，但同样非常强调广电媒体的"公共性"，即媒体作为"公共服务"的本质。早在广播制度形成之初，美国各界有识之士就看到了不加管理的私有商业广播的局限性，从而对商业广播在结构和内容等方面都进行了严格的管理，并于1967 年成立了公共广播电视系统以 NPR（National Public Radio，美国国家公共电台）和 PBS（Public Broadcasting Service，美国公共电视台）为代表的，以在时政、文化教育和儿童节目方面弥补了商业电视的不足（赵月枝，1998）。同时，公共利益在欧美传媒规制史上也并不是一个新鲜词汇。许多国家在核发频谱执照时，都要求使用者承担相应的公共利益责任。如在美国，自 1927 年的《广播法》以来，"公共利益、便利及需求"便是核发执照与否的重要标准之一。

在颠覆性的数字革命以及规制放松的浪潮之下，公共利益标准行将终结的论调也曾甚嚣尘上。但在这一片哀鸣之上，一些批评者很清醒地看到，在传媒规制仍然必要甚至有待加强的背景下，那些抛弃公共利益标准的想法将变得非常危险，因为没有公共利益这个概念的依托，政府对传播（事业）的所有行为都将变得没有意义（Newton N. Minow，转引自 Krasnow & Goodman，1998）。因此，正如美国 FCC 前主席牛顿·米诺（Newton Minow）所指出的，公共利益标准"不仅是 1934 年《传播法》的核心，而且仍然是我们未来的核心"（转引自 Krasnow & Goodman，1998）。

第二节　公共利益概念的表征及演进:基于美国传媒政策的历史考察

如前所述,在欧美的传媒规制和政策体系中,"公共利益"并非一个新鲜的概念。"公共利益"作为"政府民主政治理论的核心"(Schubert,1960:7),是欧美国家传媒政策最基本也是最主要的一个概念。但纵观欧美各国的传媒政策文件,"公共利益"并非一个确定性、单向性的概念。无论是在概念的外延方面,还是在概念的内涵方面,不同国家的政策和文件都有着不同的功利性规定与解读;同时,随着传媒技术和市场环境的变迁,公共利益概念即使在一个国家的传媒政策中,也表现出了高度的流动性。因此,在探讨媒介融合背景下公共利益标准的内涵界定之前,有必要首先弄清这个概念的历史渊源、演进脉络以及形塑力量。考虑到欧美各国传媒政策文件的海量性以及政策法文梳理的繁复性,下面仅以美国为例,对公共利益标准在传媒政策中的应用与诠释作历史性的考察与分析。

一　概念的源流与条文化脉络

"公共利益"作为公共政策的基点,早在广播出现之前就已经成为欧美大型、垄断性、公用性企业的规制原则,被用来平衡垄断与公共需要之间的矛盾,是防止主要产业垄断的重要法律要素之一(夏倩芳,2005)。例如,在英国,"公共利益"与 19 世纪"公营服务事业"的理念紧密相关。而在美国,"公共利益"也可以追溯到 19 世纪初开始的铁路立法运动以及 19 世纪末为了规制电信企业和其他基础设施类产业而实施的"共同载体"[①]法规。公共利益标准最早获得司法认可是在 1876 年的

---

① 从 1866 年起,美国电报业为解决私营垄断与公共服务之间的矛盾,引入共同载体概念,政府设立执照和规制系统,授权私营企业在公共受托人的基础上,承诺普遍服务和公平费率标准。

马恩诉伊利诺斯州诉讼案（Munn v. Illinois）① 中。在该案中，美国最高法院将"以公共利益为目的"确定为对私人财产权进行规制的一项基本原则。而在 1887 年出台的《州际商业法》（Interstate Commerce Act）② 中，美国政府第一次在法律中正式采用"公共利益"标准。从此，"公共利益"开始成为美国大型、全国性规模产业反垄断政策的核心以及公用事业执照的颁发标准。1912 年联邦保留委员会（Federal Reserve Board）的建立以及 1927 年贸易委员会（Federal Trade Commission，FTC）③ 的成立，所依据的也都是"公共利益"标准。

"公共利益"这个概念被采用作为传媒规制与立法标准的过程并没有被完整地保存下来（Napoli，2005：74）。但一般认为，"公共利益"概念被用到传媒规制领域，最早可以追溯到 1922 年美国的第一届国家广播会议④。当时，美国商业部部长赫伯特·胡佛（Herbert Hoover）在主持会议的开场白中明确提出了"广播必须提供符合公共利益的信息"的观点（夏倩芳，2004）。而在 1927 年的《广播法》（Radio Act of 1927）中，"公共利益、便利和需要"（public interest，convenience and necessity）正式被确立为广播许可证的颁发原则和标准，这也是"公共利益"一词第一次在传媒法案中出现。然而，1927 年《广播法》的立法历史并没有说明"公共利益"标准的由来。这个法案的一个关键起草人、美国前参议员克拉伦斯·迪尔（Clarence Dill）在与前 FCC 主席牛顿·米诺（Newton Minow）的一场对话中曾经回忆说，当时是美国州际商务委员会（ICC）借调到参议院的一位年轻律师率先建议采用这一词语（Minow & LaMay，1995：4）。但在更早期的一个表述中，迪尔又表示"是广电媒

① 1871 年，美国伊利诺伊州通过一项法案，规定从事谷物仓储必须领取从业执照且其费率收取标准不得超过规定的上限。穆恩和斯格特（拥有自己的仓储设施）认为他们属于私人企业，因此对这一法案提出诉讼。这一案件最终诉至美国联邦最高法院。
② 这是美国联邦层次上的第一部针对经济性管制的法律。根据该法还成立了美国第一个联邦独立管制机构——州际商务委员会（Interstate Commerce Commission，ICC）。
③ 根据《联邦交易委员会法》，FTC 只有在公共利益受到侵害时才能对违法行为进行干预。
④ 在 20 世纪 20 年代，美国面临广播电台过度增长的问题。因此，从 1922 年开始，商务部部长赫伯特·胡佛连续四年召开了年度国家广播会议，试图通过与广播业代表进行磋商，建立一个自我管制体系。

欧美传媒政策的范式转型：以媒介融合为语境

体业者自己建议要在法律条文中包含'公共利益'一词"（转引自 Napoli，2005：74）。因此，公共利益被包含进传媒立法的程序细节显得不清不楚。

1928 年，美国联邦无线电委员会（FRC）首次将"公共利益和公共需求"原则纳入广播电台营业许可证授予和更换时应予以审查的内容。而到了 1934 年，新的《传播法》在将有线、无线通信以及广播电视的规制权限授予 FCC 的同时，也将公共利益确立为 FCC 广泛规制权限的标准。在该法中，要求 FCC 根据公共利益行事的条款达近百条之多，而 FCC 的绝大部分规制权限都在"公共利益"的主题下展开（宋华琳，2005），这在实际上也奠定了"公共利益"在传媒规制与政策中作为核心标准和价值的地位。在 1943 年，美国国家广播公司（NBC）曾经以公共利益标准过于含糊以致有违反宪法之嫌为由向美国最高法院提起诉讼（National Broadcasting Company，Inc. v. United States，1943），企图推翻公共利益这一标准，结果却被法院驳回。至此，公共利益作为传媒规制和政策的标准在司法上也获得了认可。

事实上，从被写入 1927 年的《广播法》开始，公共利益标准虽然一直备受质疑与批评，但其在传媒政策和法规中的地位不仅没有动摇，反而日益显著。如 1934 年的《传播法》虽然将规制权限扩展到了电话和电报领域，[①]并且因应电视和有线电视发展的需要对 1927 年《广播法》进行了修改，但"公共利益"同样被视为"FCC 广泛规制权力的标准"（Napoli，2005：75）。1996 年《电信法》大刀阔斧地推倒行业壁垒、放松执照规制、放松所有权规制和节目内容规制，但依然没有改变公共利益作为立法核心的地位（夏倩芳，2004）。从词语在法案中出现的频率来看，这个概念在美国 1934 年的《传播法》中出现了 11 次，而在 1996 年的新《电信法》中则整整出现了 40 次之多（Napoli，2005：70）。

---

① 该法撤销原来的5人联邦无线电委员会，成立了一个 7 人联邦通信委员会（The Federal Communications Commission，FCC），并且规定其不仅管理无线电广播，而且管辖一切电信联络业务。

二 概念的表征及演进

从 1927 年被写入传媒法规开始,公共利益标准在美国传媒政策中的地位日益显著。但时至今日,对于"何谓公共利益"这一基本问题,美国传媒政策文件以及国会、FCC、法院等各级相关规制部门并没有给出一个清晰而统一的答案。而且,即使是在 FCC 内部,对于公共利益的理解与诠释也是随着时间而逐步演化的。尽管这是一个意义含混且具高度流动性的概念,但溯源美国传媒政策的历史实践以及一些关键性的法规条文,我们还是能够找到一些零星的线索来界定这个概念的内涵。有鉴于此,下面,将沿着美国传媒政策的发展与演化历史,来对公共利益内涵的流变进行简单的梳理与分析。

(一)一个有序竞争的商业广播体制:早期公共利益标准的基本指向

1912 年的《广播法》(Radio Act of 1912)虽然授予美国商务部和劳工部管理广播电台的权利,但在基于贸易条款(commerce clause)的规制框架下,这些规制部门仅仅扮演着类似于"登记处"的角色,不仅不可以对被许可人的行为进行规制,而且无权拒绝任何公民建立广播电台的申请。这种只登记、不限制的政策使得美国 20 世纪 20 年代的广播市场因电台数量过度增长、信号相互干扰而陷入混乱。在这种背景下,广播商们尤其是像 RCA(美国广播公司)、NBC 这些在当时已成长为全国性网络的大型广播商,深感自己的商业利益受到了威胁。因此,为获取最大多数的听众并保护自己收益的稳定性和持续性,这些广播商迫切希望对广播频道来一次大"清洗"。在严峻的现实背景以及广播商的呼唤下,胡佛连续四年召开国家广播会议,与广播商代表进行磋商,试图建立一个自律体系。但 1923—1924 年间广播商们在时间分配和频率分配上的种种矛盾让胡佛认识到,其基于"结社主义"(associationalism)的自律制度并不能从根本上解决广播市场的问题。于是,在 1925 年第四届国家广播会议上,大型广播商纷纷要求政府介入管理,并突破 1912 年《广播法》的狭隘性,"创造出一套新的规则、规章和标准以满足新形势的需要"(Sawhney & Suri, 2010)。在这种诉求下,"公共利益、便利和需要"这些词，以其独特的优点——"足够具体以为当前需求提供清晰指引，同时又足够弹性以适应技术在未来不可预知的应用"（Sawhney & Suri，2010）——成为广播频谱分配的标准以及政府规制的核心原则。

虽然"公共利益"概念进入传媒规制领域的历史有点不清不楚，而且在早期广播会议的讨论中，胡佛以及会议的参与者们也并没有给出这个词语的精确定义，但许多人（尤其是批评者）认为，公共利益标准实际上直接移植了 1887 年《州际商业法》中的有关公共事业规制的公共利益原则。① 在当时广播市场因电台数量过度增长、信号相互干扰而陷入混乱的背景下，广播商们迫切需要一个接受规制后的商业体制。当政府开始以许可的形式介入时，公共利益以及其所附带的特定的公共服务义务就成为双方对等交换的一个前提或条件。因此，对于那些广播商而言，所谓的"公共利益"其实只是为了避免和挽回因市场混乱而造成产业潜在利益流失的一种让步或妥协；对于政府而言，所谓的"公共利益"则只是"少数'优质'电台对公众所提供的好处之一；以及规制当局核发执照、拒发执照和撤回执照的发展标准"（Benjamin，1992）。也就是说，这些早期政策中的公共利益标准所关注的焦点并非公共控制以及一般公众的利益，而是私人商业广播的所有权和营运，其实质是"借公共利益之名而行图利产业之实"（Napoli，2005：100），其目的在于建立一个有序竞争的商业广播体制，以维护新兴的广播产业的利益。

（二）行为约束与权力制约：信托模式下公共利益标准的意义诠释

1927 年的《广播法》在沿用共同载体的规制路径并"搭建了一个公用设施规制模型"（宋华琳，2005）的同时，发展出了一种前所未有的广播规制模式：公共信托模式。按照联邦广播委员会在 1930 年的解释，在公共信托模式下，"广播电台本身的运作，必须好似它为公众所拥有……好似共同体内的人们应当拥有广播电台，只是将其转交给最适合的人并告诫他们：为我们的利益来管理这座电台"（转引自 Lennett & Glaisyer

---

① 对此的一个解释是：早期广播立法的三个关键人物——胡佛、瓦尔特和迪尔，分别任职于商业部（部长）、参议院监督铁路管制的机构以及参议院的州际商业法委员会，他们都非常熟悉传统产业规制的公共利益标准，将之移植过来是一件很自然的事情。

& Meinrath，2012)，而作为"公共受托人"的广播媒体则必须履行共同载体的公共利益义务。因此，在信托模式下，公共利益标准首先体现为对作为受托人的广播商们的行为约束。

1928年，在正式将"公共利益和公共需求"原则纳入广播许可授予和更换时应予以审查的内容之际，联邦广播委员会首次对公共利益标准作出了全面系统的解释，并确认出公共利益标准的几项关键原则：（1）无信号干扰；（2）公平合理分布不同类型之节目服务；（3）本土主义；（4）节目类型的多样化；（5）对广播执照持有人道德品行的高度要求（转引自 Napoli，2005：94—95）。依照这些原则，公共利益标准"不仅适用于对节目内容的规制，也适用于对技术事项的规制"（宋华琳，2005），并且主要体现为听众的利益，而非私人广播公司或广告商的私利。这种以行为/节目内容为判定公共利益标准的理念在1929年联邦广播委员会对"大湖案"的判决中得到了进一步确立和阐发。是年，在评价大湖广播（Great Lakes Broadcasting）等芝加哥地区三个电台相互竞争的请求时，联邦广播通信委员会将如下四个标准作为在公共利益标准下度量许可申请人绩效的基准（转引自宋华琳，2005）。

1. 电台应满足"听众中所有重要团体的品位、需要和欲求……在合理的比率下，提供多姿多彩的节目……这包括由有古典音乐和轻音乐组成的娱乐、宗教、教育、重要的公共事件、对公共问题的讨论、天气、市场报告以及新闻，等等，可以让家庭所有成员都找到自己感兴趣的问题"。

2. 对节目应定期加以审查，以确定电台是否总是满足公共利益的要求。

3. 当两个电台申请同一个波段时，有着更久运营记录的电台处于优势地位；当两个电台所提供的服务有着实质区别时，能提供更好的服务的电台处于优势地位。

4. 与"一般公共服务电台（general public-service stations）"相对，不允许有"宣传电台（propaganda stations）"存在的空间。

进入20世纪40年代以来，这种基于行为/节目内容的公共利益诠释模式逐渐成熟。例如，在1941年发布的"五月花声明（Mayflower Doctrine)"[1] 中，FCC 明确禁止广播商播放一些明显偏袒某些政治候选人的社论以及就争议性话题发表立场鲜明的观点。在 1946 年颁布的《许可申请人的公共服务责任》（Public Service Responsibility of Broadcast Licensees）工作报告（俗称"蓝皮书"）中，FCC 为检测获得许可的广播商是否履行了服务公共利益的责任，设置了以下四个要求：1. 一定比率的"固定（sustaining）"节目；2. 当地新闻的实况转播；3. 要有致力于对当地公共事务讨论的节目；4. 削除过度广告。而在 1960 年的《节目政策声明》中，FCC 更是开列了节目在设计中要符合公共利益标准的十四项要素[2]。因此，从 1927 年开始，尤其是进入 20 世纪 40 年代以来，公共利益标准已开始从一个经济性的概念转变为一个以社会价值为主要关怀的概念。

在对被规制者行为进行约束的同时，信托模式下的公共利益标准还被用来规范与制约规制者的权力，实际上是对 FRC 或者 FCC 裁量权的一种约束。例如，在 1927 年广播法中，国会在将广播的规制权力授予 FRC 的时候，便明确要求其行为必须以公共利益为依归。在 1940 年波茨维尔广播公司诉 FCC 一案中（Pottsville Broadcasting Federal Communications Commission v. ），美国最高法院将公共利益标准描述为"专家团队（即 FCC）行使自由裁量权的辅助工具，而这个专家团体是受到国会特许成立来实行其立法政策者"（转引自 Napoli，2005：76），并强调"在任何时候，对委员会（FCC）职权的度量标准，都是公共利益、便利或必要"（转引自宋华琳，2005）。而在 1943 年美国国家广播公司（NBC）与最高法院的诉讼案中，美国最高法院驳回 NBC 上诉的理由同样认为公共

---

① 1939 年，一家名为五月花广播公司（Mayflower Broadcasting Company）的小型广播商向 FCC 请求重新分配原已分配给杨基广播网（The Yankee Network）旗下 WAAB 电台的 1410AM 频段电波。FCC 开始重审 WAAB 的许可，并在调查中发现，WAAB 经常会播放一些政见鲜明的社论或观点。因此，尽管五月花广播公司并没有足够的财力来运营这座电台，但 FCC 同样表示只有杨基广播网不再播放那些言论才能重续许可。

② 这十四项要素包括：1. 给予地方居民以表达自我的机会；2. 地方禀赋（local talent）的发展和使用；3. 适宜儿童的节目；4. 宗教节目；5. 教育节目；6. 公共事务节目；7. 社论（editorialization by licensees）；8. 政治广播；9. 农业节目；10. 新闻节目；11. 天气和市场报告；12. 体育节目；13. 对弱势群体的服务；14. 娱乐节目。

利益是"FCC 广泛管制权力的标准"（Napoli，2005：75）。

因此，在信托模式下，公共利益标准的内涵主要体现为两个方面：一是对规制者权力的制约；二是对被规制者行为的约束。除此之外，公共利益标准作为信托模式的核心部分，还承担着"决定广播频谱资源分配的结构和效率"的功能。在这一功能诉求下，所谓的公共利益被解释为"广播商们必须以最高的技术标准为最广泛的公众（提供服务）"，而且"必须证明（自己）有足够的财力来运行这样一座广播电台"（Lefevre-Gonzalez，2013）。在这一标准下，广播电台的设备质量、财力和人力资源以及经营能力等也成为公共利益标准的重要判断因素，FRC 或者 FCC 不可避免地倾向于那些大型的商业广电媒体，而教育性及非营利性的广电媒体则在很大程度上被忽略甚至是排除在外。因此，有批评者不无深刻地指出，信托模式下的公共利益标准，看似在强调听众的利益以及广播商的责任，但实际上仍然在配合产业的利益，并在事实上成为"排除所有非营利的私人利益使用公共电波频谱的一个工具性理由"（Streeter，转引自 Napoli，2005：101）。

（三）市场至上：20 世纪 60 年代以来公共利益标准的重塑

自 20 世纪 50 年代以来，竞争以及市场概念开始融入公共利益标准。而进入 20 世纪 60 年代以来，随着传媒技术的发展以及传媒市场结构的变化，传媒政策以及公共利益标准的这种范式转移趋势愈加明显。

在新的时期，美国传媒市场发生了三个明显的变化：一是广播电视媒体获得了迅猛发展，数量不断增加；二是有线电视尤其是互联网等数字新媒体迅速兴起，在为美国人们提供更多样化选择的同时，也瓦解了频谱稀缺的前提；三是几乎所有的传媒领域都面临着产权不断集中的问题。这些媒体市场结构的变化，对于公共信托模式下以频谱稀缺立论的公共利益标准无疑是不小的挑战。公共利益到底应该如何定义，而又应该由谁——政府还是市场——来决定公共利益，这些问题在新的市场背景下引起了广泛的争议。

面对这些新的市场变化，一个广为认可的观点是：随着媒体数量的增加，媒体的利润空间正在不断下降。因此，已有足够的证据可以说明，这个市场的竞争程度足以保证公共利益的实现。从这一认识出发，市场至上开始成为 FCC 传媒政策的主要基调，所谓的公共利益被解读为"自由的意见市场、丰富的传媒产品以及消费者的多样选择"，而政府的角色和使命则被设定为"努力去创造一个具有最大竞争可能的环境，使消费者拥有至高无上的决定权"（陈映，2013b）。传媒政策被认为"应朝向能极化大化公众所欲求的服务来制定。除了定义公众需求和明确界定节目类别以符合这种需求之外，（FCC）委员会应仰赖广电媒体业者的能力以及通过正常的市场机制来决定观众的需要"，因为"公众的兴趣即定义出公共利益"（Flowler & Brenner，1982：3—4）。FCC 前主席马克·弗劳厄（Mark Fowler）的这一段论述无疑绝好地阐释了公共利益标准背后所反映的价值取向。而 1996 年出台的新《电信法》则被认为是公共利益标准这种转型的典范。在这部以"减少规制，促进竞争"为主要目标的法案中，虽然公共利益一词的出现频率大大增加，但所谓的公共利益已被置换为"为消费者取得较低廉的价格和较高质量的服务；并鼓励新传播科技的迅速部署"。自 1927 年《广播法》颁布以来的传媒政策范式被彻底改写：广播电视所有权以及传媒交叉所有权的限制被大大放开；广播和电视的执照期限从原来的 7 年和 5 年统一延长至 8 年，更新执照的手续也大为简化；电视台必须播出教育性、信息丰富的儿童节目的规定被废除……这一系列放松规制的政策和措施都在表明：新的公共利益是一种经济利益，是市场的全面竞争，是产业的发展与成功，是消费者需求的满足。

与此同时，面对不断加剧的传媒集中与垄断，在强调自由市场以及消费者至上的基础上，传媒多元化作为一个能够"体现利益选择的公共性"的概念，成为美国传媒政策以及公共利益标准的核心。具体表现在以下三个方面：其一，先后出台了《财务利益与辛迪加规定》①

---

① 该政策出台于 1970 年，废止于 1995 年。其核心是除少量低成本的非黄金时间节目外，只允许 NBC、CBS、ABC 等联播网向节目制作公司租用节目版权。同时，禁止联播网从其他业者制作的节目中取得股份以及获利，禁止联播网透过贩卖节目播映权给地方电视台而获利。

（Financial interest and Syndication rules）和《黄金时间近用法》^①（Prime-time access rules）等多项法律，通过强制推行"制播分离"、保证地方电视台的独立性等手段，来促进电视节目在制作、发行以及播放等环节的多元化。其二，在继续关注广播商如何服务于普遍性的公共利益以及不减损公众普遍性选择的同时，FCC 也开始重点关注儿童、弱势群体等特殊群体的需求，并鼓励发展一些"窄播"式的广播或节目。其三，美国国会及 FCC 在政策上着力推动传媒所有权的多元化，不仅"鼓励公共广播和电视的增长和发展，包括鼓励这些广播和电视台发展其指导、教育以及文化上的功能"，而且"鼓励发展那些非广播的电信技术以为公众的电信传播提供服务"（转引自 Lennett etc.，2012）^②。正如赫希哲（Hirsch）在 1971 年所指出的，在过去几年间，在"公众应该有适当的节目服务以满足需求和兴趣"的目标之外，"防止在当地、区域或是国家层次的公众论述场合，在思想或意见上有过度的控制或影响"以及"防止过度经济力量的运作"作为两大通则性政策目标被 FCC 嵌入进了公共利益的使命（转引自 Napoli，2005：95）。不过，在达成路径的选择方面，自由竞争的市场机制仍然被视为解决垄断问题以及提高传媒多元化的主要手段。例如，1996 年的《电信法》便是通过移除一些市场的准入门槛，鼓励新的业者进入本地有线市场和电话市场，尤其是通过修改所有权的限定，鼓励一些另类媒体进入，来提高媒体的多元化程度的。

　　从总体上看，自 20 世纪 60 年代以来公共利益标准采取的是一种市场决定论的取径，强调以市场概念和经济性原则来阐释公共利益标准，"把消费者主权和经济效用等同于公共利益"（Ross，转引自 Napoli，2005：90）。因此，所谓的公共利益不再是"政府—公众—媒体"之间基于频谱稀缺而形成的一种信托责任，而是一种通过市场力量就能够获取的东西，是广播电视商在市场上的成功以及对公众需求的满足。甚至公共利益标

　　① 该政策出台于 1970 年，废止于 1996 年。其主要内容包括：在电视黄金时段——从 6 点到 10 点期间，联播网最多只能占用三个小时。即四个小时的"黄金时间"至少有一个小时不得播出联播网供应的节目。而其他的"准黄金时间"则必须由地方电视台独立支配。
　　② 美国国会于 1967 年发表的观点。

准所包含的其他指向，如反垄断、多元化以及内容规制等，都往往以建立一个自由而健全的市场机制作为终极目标。

第三节　公共利益的重新定义：融合浪潮下欧美国家传媒政策的价值重构

如前所述，基于功能的公共利益标准因其对传媒公共性本质的嵌合和强调，作为传媒规制理论架构和正当性基础的重要地位日益显著。同时，在媒介间界限不断模糊甚至消失的融合趋势的推动下，公共利益标准也正在超出传统广播电视的领域，延伸成为其他通信传播政策的核心价值和标准。通过对前面历史演进过程的梳理可以发现，从广播电台、无线电视，到有线电视、卫星电视，再到互联网，公共利益标准一直都在随着媒介技术的演进与发展而不断地变化、拓展。同时，公共利益作为一个具有高度流动性与模糊性的概念，一直以来都面临着种种争议、非议与反对。因此，虽然公共利益标准作为传媒规制核心价值的地位没有变化，但传媒技术和市场的变化使得"那些根源于电视和广播这些集权化以及一对多的大众传播媒介的公共利益概念，在如今这个互动的网络世界以及电子化社会中，显得非常奇怪"（Bollier，2002）。在集权化时代，公共利益的界定相对容易，因为一些主要的广播电视商可以被要求按照政府规定来服务于公共利益；但在这个去中心、碎片化的传播时代，"我们已不能再次依靠追逐利润的渠道商来忠实地扮演受托人的角色"（Lennett ect.，2012）。无边界信息流的所有权和控制问题，传媒权力集中的问题，传媒如何反映这个日益多元的社会的问题，传媒与话语意识日益觉醒的公民之间的关系如何构建，以及新闻业未来将何去何从（Croteau & Hoynes，2006：30）……由传媒技术和市场变化而带来了的一系列新问题，都在挑战传媒规制的模式以及关于公共利益的定义。何谓公共利益？它包含哪些基本要素？在政策设计与决策中应该如何应用，又应该如何达成？诸如此类的问题显然已成为欧美传媒规制与政策在转型与创新过程中争议和讨论的核心议题以及必须面对并作出回答的关键问题。

新媒体环境下，公共利益标准应该由哪些内涵要件构成，这是在重新定义公共利益标准之前首先要探讨的问题。一直以来，公共利益作为欧美传媒政策的核心价值和基础原则，被认为是一个多面向的庇护性概念。"不论是加强意见市场（marketplace of ideas）、促进多样性（diversity）或是在地性（localism）①，或是增加市场竞争，这些原则皆应被视为完成公共利益目标的基本组成要素"（Napoli，2005：70）。其中，倡导健全自由意见市场（free marketplace of ideas），作为欧美民主理论的核心，被视为"'公众福祉（the welfare of the public）'及'自由社会（a free society）'之必要条件"（Napoli，2005：115），无疑是公共利益主张的首要原则。而本地主义（localism）作为一个"兼具政治和文化的相关性"（Napoli，2005：242）的政策使命，强调传媒服务于当地社区需求和利益的主张，不仅能够通过对政治参与的促进与民主过程紧密连接，而且被认为对独特文化价值和传统的保存至关重要，也是公共利益标准得以实现的重要规范性原则。同时，在自由意见市场含义的假设下，其实还隐含着一个前提：自由竞争的传媒市场能够提供多元的意见和文化。因此，在欧美传媒政策的实际应用与诠释中，自由意见市场这一概念又延伸出了两个次级组成项目：竞争（competition）原则和多元化（diversity）原则。其中，竞争原则是自由意见市场的核心概念，强调通过减少市场力、降低市场准入障碍以及价格控制等经济学的方法来实现一个自由竞争的市场以及各种意见的自由交流；而多元化原则在方法上则兼具经济和社会的特征，"不只考虑市场的参与者，更强调内容的产制和消费行为"（Napoli，2005：29），强调通过增加"意见参与者数目，以及扩大意见、观点与文化之角度"（Napoli，2005：144）来有效地实现自由意见市场。除此之外，另一个与自由意见市场紧密关联的概念——普遍服务（universal service），也因其强调"所有公民都有平等的市场近用机会"（Na-

---

① 在《传播政策基本原理：电子媒体管制的原则与过程》（台湾：扬智文化事业股份有限公司 2005 年版）一书中，台湾学者边道明和陈心懿将"localism"一词译为"在地性"，本书则将之译为"本地主义"。

欧美传媒政策的范式转型：以媒介融合为语境

poli，2005：29）的精神，成为公共利益标准的一个独立分支原则。

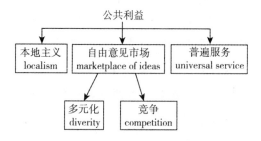

图 5 传媒政策中的公共利益标准组成要素模型

图片来源：Napoli，2005：25。本书在形式上有部分修改。

　　根据上述理解，美国著名传播政策研究专家纳波里教授提出了一个传播政策中的公共利益标准的理论模型（如图 5 所示）。这个理论模型虽然是基于美国广播电视政策的分析而抽离形成的，但事实上，其次级原则及其内涵同样适用于欧美其他国家和地区的传媒政策分析。例如，竞争、本地主义、普遍服务等概念亦频繁地出现在欧洲各国及加拿大、澳大利亚等国传媒政策文件之中，欧洲各国的传媒政策虽然较少使用"diversity"一词，但具有共同指向的"plulism"一词亦是传媒政策的一个核心原则，而美国传媒政策中"自由意见市场"原则所蕴含的精神亦以言论自由、公共领域等话语形式存在于欧洲传媒政策文件中。因此，本书认为，完全可以借用纳波里的这一理论模型来分析公共利益组成要素的变化情况。

　　事实上，无论是本地主义，还是自由意见市场以及竞争原则和多元化原则，或者普遍服务原则，它们都是欧美传媒政策中存在已久的政策使命，并且至今仍保持着在传媒政策制定上作为永续价值的显著地位。但与此同时，在欧美各国的传媒政策中，这些原则由于一直缺乏稳定、明确且统一的定义，其诠释和应用方式也常随着时间和语境而改变，极不稳定。而且，在基于产业分立的传统规制框架下，本地主义等原则在实际应用中还往往带有明显的"科技特性"。因此，在数字新媒体崛起以及媒介间界线不断模糊的背景下，这些组成要素作为基础的政策原则依然是政策制定者所依据的分析指标，并且在传媒政策的制定、诠释与应用中愈加频繁地出现；但面对日益融合的传媒市场，这些基础原则显然已无法沿用过往的定义和诠释，并都在不同程度上获得了再建构。下面，本研究将依据上述纳波里提出的公共利益组成要素的构成模型，对公共利益标准的五大基本组成要素，即自由意见市场原则、多元化原则、竞争原则、本地主义原则以及普遍服务原则，在新传播生态环境下的变化与重构情况进行简单的论述。

一 作为规范的"自由意见市场"：隐喻的拉张与调适

倡导健康的自由意见市场，作为欧美民主理论的核心，一直是欧美传媒政策的重要指导原则。但一直以来，自由意见市场在传媒政策的实际诠释与应用中，也是一个与传播科技特性紧密相关的概念。例如，美国学者纳汲里（Napoli，2005：125—132）在对 FCC 从 1965 年至 1998 年 6 月间利用自由意见市场隐喻概念的政策案例进行内容分析后便发现，FCC 对于自由意见市场概念的使用主要局限于无线电视与广播产业以及部分有线电视产业的规制之中，而很少运用在有关卫星、有线电话、移动电话等新兴传播科技的规制上。这种狭隘的自由意见市场应用模式，在媒介间界线不断模糊与融合的今天无疑将难以持续。因此，在数字融合时代重新定义公共利益标准的首要任务便是扩充与调整自由意见市场这一概念的理论基础及其阐释与应用模式。

与公共利益概念在表征上所具有的矛盾性一样，自由意见市场作为政策原则及目标，也一直面临民主理论与经济理论两种理论的拉张与互动：一方面，自由意见市场被解读为"增进市民决策与保护民主过程完整的一个机制"（Napoli，2005：113），是一个与民主效率和功能紧密相关的概念；另一方面，自由意见市场又经常被等同于其他产品市场，成为一个以"促进竞争以及消费者福利极大化"为主要诉求的概念。不论是使用民主理论的诠释，还是经济学的方法，自由意见市场理论都起码包括以下两个前提要素：广泛的民意参与以及一个自由、公开的竞争性市场，即下文将详述的传媒多元化和竞争两大原则；而其基本的理论主张则是：如果各种不同意见能够在公开市场进行自由竞争，真理将愈辩愈明。但在媒介融合的背景下，自由意见市场理论的这两大前提要素显然遇到了机遇与挑战的双重磨诘。在机遇方面，媒介间界限的模糊与融合使得各种媒体产品有了共同的平台基础，相互间的组合与嵌入也更加灵活（彭兰，2007）。这不仅大大降低了信息传播的成本，而且使得信息、意见输出的渠道日益增加。在这种背景下，自由意见市场的参进门槛大大降低，人们更容易参与到信息的生产、接受以及传播过程中去，公众的意见表达能力得到增强，更多的人得以向公众表达自己的意见，而意见也得以在更广阔的天地里进行竞争与交锋。但与此同时，这种多媒体融合发展的趋势也使得自由意见市场的健康发展遭遇了严重挑战。

首先，"广泛民意参与"是一个量质兼具的要求，它既要求观点和意见产出数量的最大化，又要求观点和意见的异质性，即媒体报道反映出不同利益与需求的真实分配情况以及不同的社会、经济和关系。在传统媒体时代，有限的媒介资源、不平等的媒体近用、媒体对于少数族群以及非主流观点的边缘化处理，等等，被认为是"广泛民意参与"的最主要障碍。在媒介融合时代，由于传输渠道的增加、自由意见市场准入门槛降低以及媒体把关功能的弱化，前述的一些障碍在不同程度上减少甚至被清除，但在传播"大汇流"的背景下，不平等的媒介近用、传媒内容和意见不够多元等损害"广泛民意参与"的问题依然没能消除。具体而言，在媒介融合背景下，"广泛民意参与"面临的挑战至少包括以下两个方面：

一方面，传媒渠道在日益增多的同时，也在规模经济与范围经济的效应之下日益集中，传媒所有权和控制权日益集中在少数意见强权的手中。虽然相关研究也没有确切的证据足以证明媒体所有权集中与社会多元意见之间存在本质冲突[①]，但一直以来，在欧美社会以及传媒政策的制

---

① "媒体所有权集中到底是否会损害社会多元意见以及竞争性意见市场的形成"这一议题，数十年来一直是欧美传媒规制与政策研究领域未解的争议。以 Edwin Baker 等为代表的反对派认为媒体所有权的集中将限缩媒体在民主社会中的角色，从而威胁传媒多元化和自由意见市场，但以美国联邦第七巡回法院的法官 Posner 等为代表的另外一些论者则认为，市场越集中越能创造多元性，市场上为数较少的所有权人更有可能促成更多观点。同时，传播媒体如具有足够之规模，亦可形成内部多元。参见 Harold Hotelling, Stability in Competition, 39 ECON. J. 41 (1929)；Peter O. Steiner, Program Patterns and Preferences, and the Workability of Competition in Radio Broadcasting, 66 Q. J. ECON. 194 (1952)。

定过程中都存在一种隐忧，即"大型媒体可能挟带其市场地位，垄断信息和内容的生产和传播管道，成为一般大众取得重要信息或观点的阻碍"（刘静怡，2011）。如著名的美国法律学者埃德温·贝克（Edwin Baker）便认为，媒体所有权尽量分散才能确保作为"第四权"的媒体形成权力分立的结构，从而"避免任何政治势力过于庞大，以致发挥不平等的影响力"，并使得"没有任何人会觉得其所认同的观点被排除在外或是遭到忽视"（转引自刘静怡，2011）。近几十年来，由于类似于美国"公平原则"的直接的内容规范日渐式微，欧美国家主要是通过媒体所有权分散的规范来实现多元的意见市场，因此在媒体所有权集中日益严重的融合时代，自由意见市场的多元性和异质性势必受到侵害。

另一方面，媒介融合在降低信息传输和复制成本，使得信息极大丰富的同时，内容的同质化传播愈演愈烈。因为"大型的媒体集团，尤其是公开上市的集团，绝大多数都倾向于注重获利的多寡"（刘静怡，2011），它们会基于资源整合、成本优化以及盈利最大化的考虑，产制出大量面向主流群体且高度同质化的信息。因此，"虽然新科技的推陈出新的确扩增了传播管道，甚至打破生产者和消费者的区分，出现更多新形式的传播实践，但'增加内容选择和参与'并不等于'开放新观念'或'提升少数族群的能见度'"（林宇玲，2014），媒介融合所带来的资讯丰富并不必然带来"广泛民意参与"。

其次，"有活力的讨论需要有（意见的）交换，而（意见的）交换则要求言论的消费者有共通的媒体接触（经验）"（Goodman，2004）。因此，一个健全的"自由意见市场"的实现需要满足以下两个条件：一是公众之间共同的媒体接触（common exposure）经验（Goodman，2004）；二是公众能够接触到大量未经计划、无法预期的信息。但伴随着媒介间界线的模糊，以及信息流通结构和消费结构的变化，公民接触非预期信息以及就共同议题进行讨论的机会不仅没有增多，反而日益减少。一方面，随着各种自媒体、社交媒体、草根媒体的不断涌现，人们消费的文本从各种不同的媒体中呈现出来，传播变得无处不在，而传媒的消费则变得日益碎片化；另一方面，信息的获取、传播以及消费在搜索引擎以及基于社交网络的信息获取或重组技术的影响下，变得日益分殊化和个性化，"消费者过滤所读所看所听的力量越来越大"（桑斯坦，2003：4）。在这种背景下，"信息的流通结构从垂直传递式转变为水平网络式"（李蔡彦、郑宇君，2011），以满足最大多数人品位为目标的大众传播被个性化的传播取代，而过去以传统媒体为载体的单一意见市场，也在不同议题的导向以及"协同过滤（collaborative filtering）"（桑斯坦，2003：16）机制的作用下，逐渐被众多规模不一、相互联结或者彼此分离的"小型意见市场（mini-marketplaces）"（Hopkins，1996：40）取代。"无论是自由主义者、保守主义者、社会主义者、无政府主义者、女性主义者或者种族主义者等等，都可以基于自己的选择，只接收合乎自己观点，甚或不断强化这些观点的资讯"（刘静怡，2011）。因此，正如美国著名的宪法和行政法学者桑斯坦（Cass Sunstein）等人士所指出的，在这个数字互动、融合的世界，媒体及其内容的增多所带来的只不过是受众的碎片化，公众则"各自在封闭的情形下作了自认为完全理性的选择"（桑斯坦，2003：11），那些不符合其兴趣或者有违于其利益的观点，以及那些公众"所需（need）"而非所"要（want）"的内容，在"按需消费"的模式下往往难以到达公众，而所谓的自由意见市场则沦为一种"圈内审议（enclave deliberation）"（桑斯坦，2003：11—12）。正如一些批评者所指出，"表面上资讯越来越丰富，实际上是越见封闭，各分众族群之间越来越缺乏互动，也无从建立社会的共识"（顾尔德，2010）。

最后，自由意见市场追求真理的功能以"参与公民间的理性共识（rational consensus among participating citizens）"（Hohendahl & Silberman，1979）的存在为基础。因此，一个理想状态的"自由、公开的竞争性市场"其实正是哈贝马斯所指的以机会均等、平等参与、公共理性以及公开审议为特征的典型"公共领域"。在传统媒体时代，公共领域由于受到商业媒体和行政官僚的影响，"原有公民间的水平传播逐渐被国家、媒体、资本、消费者间的垂直传播取代而无法发挥理性辩论作用"（Habermas，转引自林宇玲，2014），同时，高昂的媒体启动和经营费用等也阻碍了意见的自由流动。在媒介融合所带来的水平传播架构下，过往媒体的垂直控制体系在一定程度上受到冲击甚至被瓦解，人们甚至还能跨越地理障碍和社会限制，分享信息并进行公开的审议。同时，新科技开放、去中心化、匿名、成本低廉以及强调用户导向的特性似乎也"更符合哈贝马斯民主公共领域规范理论（normative theory）的基本要求：具有普遍性、反阶层化、复杂且需求性的互动方式"（Buchstein，转引自林宇玲，2014）。但事实是，伴随着媒介的融合以及各种自媒体、社交媒体、公民新闻的兴起以及信息传播和消费方式的愈发个人化与社群化，传统的公/私分际不断地游移以及被模糊。各种信息和声音，甚至包括那些原本属于私领域的个人隐私、家庭琐事、情感纠纷等，都通过电视、报纸、电脑以及手机等载体传播给公众，并加入公共领域的讨论。在这种情况下，不仅公共言说容易陷入浅薄而不够深入的境地，而且公共议题的澄清与论辩也往往被一种情绪性甚至是非理性的氛围笼罩，自由意见市场的公共理性受到了严重挑战，基于公共审议的自由意见市场的"理想言说"被各种偏见、私人意图以及利益纠纷所沦陷，而传媒作为公共领域空间的价值也在某种程度上被消解。

在媒介日益融合的背景下，自由意见市场所遭遇的挑战并不仅仅是一个学术的问题。自20世纪60年代以来，自由意见市场都与市场自由主义以及强调竞争的市场机制紧密相连，经济学的方法成为自由意见市场最主要的阐释方式，"无管制的意见交易竞争以及供需法则，皆被视为能提供良好民主功能的最佳保证"（Napoli，2005：120）。但伴随着媒介融合而来的日益严重的集中与垄断问题，这种以规制放松为主要政策路径的意见市场概念以及自由意见市场这种以自由市场服务于公共利益的实践指向日益受到质疑。批评者指出，任何人想广泛地传布其观点，则近用大众媒体的机会是关键。但独占市场之现实、规模经济之要求以及资源分布之不均，使得新企业进入传媒市场非常困难。如，美国1996年《电信法》放松规制的做法不仅没有促进市场的竞争，反而促成了美国在线、时代华纳、维亚康姆等传媒航母的诞生，实际上损害了自由意见市场的健康发展。因此，一个自由且无规制的意见市场，在新型的传媒市场结构下显然已难以适从。近年来，在有关自由意见市场的讨论与阐释中，经济理论与民主理论的有效联结，即如何建立与保证一个竞争的、有效率的、对消费者偏好高度敏感且有益于促进思想交换极大化以及公民自我治理的自由意见市场，便成为一个重要问题。

除此之外，批评者指出，自由意见市场理论在当下的传播实践中起码还存在"（公众）是否拥有足够的时间来对海量的信息进行过滤""错误或者对立信息潜在的负面影响（如何避免）"以及"对信源的可信度（如何）核查"三个方面的问题。因此，在信息极大丰富的融合生态下，自由意见市场的主张已经不能仅仅满足于传媒内容的供给，其内涵还必须隐含着另一个假设："个人必须通过理性评估过程，公平合理地衡虑所有的意见"（Ingber，转引自 Napoli，2005：169），即自由意见市场还应包括"接受"面向的含义，以使公众能够在充分告知的情况下实现有效的自我治理。在自由意见市场的理论框架由"供给"扩展至"接收"领域的情况下，所谓的"市场"则被扩充理解为"能近用到所有意见的场域，在那儿所有的意见也都能被公平理智地考虑"（Entman & Wildman，转引自 Napoli，2005：169）。有关自由意见市场的核心政策议题也已经不再仅仅局限于意见如何丰富、多元以及市场如何自由、竞争等问题上面，优势或者强权意见的霸权如何避免、"信息的组织、分类、过滤和近用的限制"（Balkin，2004）等问题亦成为欧美传媒政策重构进程中的重要议题。

最后，面对"协同过滤"、市场区隔、"圈内审议"等问题所带来的侵害，不同自由意见市场的"互连（interconnected）"也成为欧美传媒政策所关注的一个重要议题。类似的政策提案包括桑斯坦在《网络共和国》中所提出的方案：要求网站——尤其是意见立场高度明显的网站——必须负担联结到抱持不同意见立场网站的义务。但这种强制互连的建议也引起诸多争议："如何判断哪些资讯和意见应该获得补助、哪些应该获得强制联结的地位，都将是具有争议性且极难解决的问题"（刘静怡，2011）。同时，在"参与"可以随时随地发生以及公/私分际日益模糊的背景下，一个健康的意见市场还必须弄清楚"谁在参与、参与什么以及为了谁的利益（而参与）（who is participating in what, and for whose benefit)"（Cornwall，2008）等问题。

二 传媒多元化原则的扩展：接受与产权两个维度的共进

如前所述，一直以来，公共利益这个概念都具有很大的不确定性。为了避免落入"为公众规定他们最想要的"，传媒公共利益的捍卫者越来越多地诉求于类似"多元、多样、开放、创新"的价值（Bens & Hamelink，2007：11）。因此，在公共利益标准作为传媒政策核心价值的地位不断获得提升的背景下，传媒多元化作为自由意见市场原则核心概念的重要性也日益显现。综观欧美各国的传媒政策，虽然在许多方面各有歧异，如美国追求一种权力分散的广电系统，欧洲则允许一个大的广播公司覆盖全国（Folami，2009），但在"提升大众传播的多样化"的政策目标上则难得一致（郑瑞城，1993：17）。例如，英国和美国经常被认为代表着欧美的两种传媒政策范式，但在这两个国家的传媒政策文件中，我们都不难发现"多样（diversity）""多元（pluralism）"① 这样的字眼②。同时，不论是主张消极政府、强调自由市场的政策模式，还是主张政府扮演积极、主动角色的积极传媒政策模式，传媒多元化都是共同分享的价值观。而在当下媒介融合不断推进、传媒社会影响力不断提升、传媒数量和种类不断增长而传媒产权集中呈加剧趋势的背景下，欧美学界以及政策制定者有关传媒多元化的争议与讨论也不但没有减少，反而大大增加。如自 20 世纪 90 年代以来，欧盟的很多政策文件便都把传媒多元化视为欧洲传媒政策的一个基本价值。美国最高法院也明确将传媒多

---

① 对应"传媒多元化"一词，英文有两个相近的概念：media diversity 以及 media pluralism。在概念的含义上，media diversity 一词更加中性，主要在描述层面上使用，用于指媒介内容、渠道、所有权等方面的多类型特征；media pluralism 则用于对媒介多样性状态的指认，具有更多的价值评判意义以及更广泛的社会文化意义，更加能够反映传媒和民主之间的关系。一般而言，media diversity 在美国的传媒政策文件更常见，而欧洲更喜欢使用 media pluralism 一词。

② 英国学者 Des Freedman 通过研究 2003 年前后英美两国的有关传媒文件发现，英国有关传媒政策的文件共有 102 处提到"多元（pluralism）"以及 66 处提到"多样（diversity）"；而在美国 FCC 有关宽带所有权的规范文件中，与"多样"有关的索引更是有将近 600 处。具体参见 Freedman，Des（2005），"Promoting Diversity and Pluralism in Contemporary Communication Policies in the United States and the United Kingdom"，*The International Journal on Media Management*，7（1&2）：16—23.

元化界定为"公众福利的核心"以及"国家传媒政策的基本信条（basic tenet of national communications policy）"（转引自 Goodman，2004）。因此，自 20 世纪五六十年代以来，传媒多元化便超越了"自由""客观""平衡""公正"等概念，成为欧美传媒政策的核心内容和基本准则。

传媒多元化作为一个源自欧美多元主义哲学和政治思潮的概念，在本质上反映了传媒服务于现代民主政治的核心功能和价值；同时，传媒多元化又是一个复杂、开放的概念，它在不同语境、不同维度、不同层次下言说即具有不同的内涵和意义①。但传媒多元化作为传媒政策的一个决策目标，其最重要的功能是"（与竞争原则）共同有效实现意见市场的理想"（Napoli，2005：144），其最根本的含义也正是源于自由意见市场"尽可能广泛散布且来自多样甚至对立立场来源的资讯"（Associated Press v. United States，1945：1424—1425，转引自 Napoli，2005：28）的规定。在传统的自由意见市场理论下，传媒多元化主要是一个与表达自由紧密相连的原则，并发展出三个基本的诉求：一是在理论和价值逻辑上，以"竞争"和"自由"作为其理论的核心，强调一种自由主义的民主立场，认为所谓的传媒多元化就是"各媒体彼此分立，各自聚集于许多群体的一个，并且最好也为其控制，或也为其拥有"（埃德温·贝克，2008：194），共同在自由市场竞争机制的作用下，提供多样的产品以满足不同群体的多元需求，同时让"范围广泛的社会、政治和文化方面的价值、意见、信息和利益能够通过媒体得到表达"（Council of Europe，1999）；二是在传媒表现的评价上，以"来源多元（source diversity）"以及"内容多元（content diversity）"两大基本要素作为经验评价的主要指标，把传媒多元等同于传媒数量的多元（numerical diversity）、传媒种类的多元（diversity in kind）、传媒形态的多元、传媒产权的多元以及传媒声音的多元（diversity of opinions）等概念（陈映，2013）；三是在政策路径的选择方面，排斥政府的干预，相信竞争的市场机制必然

---

① 关于传媒多元化概念的这种开放性与复杂性，笔者曾从政治、经验与规范三个维度入手进行分析，并试图归纳出了一个传媒多元化的基本分析框架。具体参见陈映《传媒多元化意涵：政治、经验与规范三个维度的分析》，《南京社会科学》2013 年第 4 期。

带来市场的多样化与选择的多样化，市场和产品的多元又一定会带来内容和意见的多元。

这种基于自由意见市场的传媒多元化诠释模式长久以来主宰着欧美传媒政策的逻辑和思路。例如，在欧洲理事会（Council of Europe）的政策文件中，所谓的传媒多元化便被明确解释为"存在众多独立自主的媒体"，以及"范围广泛的社会、政治和文化方面的价值、意见、信息和利益通过媒体得到表达"（Council of Europe，1999）。但批评者认为，在传媒生态发生剧变的今天，政策的制定者和实施者显然必须重新审视自由意见市场所面临的挑战以及媒体的角色和功能，并扩展他们对于传媒多元化概念的理解。首先，随着欧美民主政治从"以投票为中心"转向"以讨论为中心"，并伴随着媒介融合以及"参与"文化的兴起，传媒的政治角色被重新定义为"公民讨论和审议的代理机构"（Karppinen，2010）。在传媒渠道和内容日益丰富而传媒资源日益集中到一些大型传媒集团手中的现实之下，建立在市场机制之上的自由意见市场也已经被证实只能是社会多数和优势团体的自由，并无法充分保护少数和弱势团体的民主诉求。在这种理论与现实双重转型的背景下，传媒多元化也应该被置换为一个强调对话、协商与理性的公共领域，其终极价值不再是对公民多元需求的满足，而在于提供一个面向社会公共事务的开放、无偏见的论坛，以促进公共意见和社会共识的形成。其次，传媒供应的丰富和多元不必然地反映和满足公众的多元需求，传媒内容的多元也只有在公众近用和接受后才真正有效。过往那种以表达自由为核心的传媒多元化概念其实隐含着三个理论前提：一是公民对传媒市场有相同的近用机会；二是传媒以及市场本身是中立的；三是公民总是清楚他们的所需所欲并能够在自由市场中作出理性、正确的选择（Karppinen，2010）。但事实上，社会经济文化资本在社会上的真实分布从来都是不均衡、不平等的，公民并不总是理性的经济人，传媒本身作为一种社会建构的产物，也不可避免地具有结构性的偏见，如在利润的诱使下对消费主义需求和声音的偏好，等等。因此，自发的市场秩序从来就不足以保证平等的传媒近用。更何况，现在传播平台的不断融合不仅没有消弭信息富人（information-rich）及信息穷人（information-poor）之间的鸿沟，反而使得这"数字鸿沟"有进一步扩大的趋势；在"草根文化"得以蔓长的同时，精英阶层也迅速扩大，而且因自己在素养、技能等方面的优势，不断巩固自己的话语权优势地位，从而使得话语权的不平等状况日益呈扩大趋势。同时，极大丰富的传媒资源也不可避免地提出了对公众信息筛选能力的要求，从而加剧了这种不平等。因此，在"来源多元"以及"内容多元"之外，公众对传媒近用的多元（exposure diversity），即公众对多元结构和多元内容的消费、使用和接受是否多元这一问题，开始得到重视和强调。最后，自由市场并不必然带来传媒多元化。在最低成本的诱使以及激烈竞争的条件之下，传媒量多质同甚至集中、垄断现象早已是不争的事实，媒介间的汇流与融合则加剧了传媒业的这种集中与垄断趋势。同时，在社会经济文化资本分布不均衡的现实社会中，要依靠自发的市场秩序来实现平等的传媒近用显然也只能是一种理想。所谓的"自由意见市场"其实是将自由化等同于民主化，其结果将不可避免地将政策制定的权力交给社会上一些充分掌握资讯、拥有专业能力及具有政治使命感的成员，最终损害了传媒多元化的基本准则。而且，在传媒资源极大丰富的融合时代，"由于消费者信息过滤能力的有限，传媒资源的增加在事实上甚至减少了消费者接触不同观点的机会"（Karppinen，2010）。例如，最近的研究便表明，随着互联网等新媒体的兴起，传媒在结构、来源和内容方面的多样性获得大幅提升，但公众的注意力却日趋集中于某些特定的传媒和内容。在这种背景下，所谓的传媒多元化"虽然仍然呈现出新闻、资讯或意见管道'多元'的表象，却是一种互不沟通和自行窄化的'多元'"（刘静怡，2011），表现为：人们往往只能选择自己所喜好议题，从而不可避免地落入"圈内审议（enclave deliberation）"的困境，即只和与自己意见相同的人讨论事务，难以听见其他不同的声音，并且还自以为最后的结论是深思熟虑的结果。

因此，伴随媒介融合而来的传媒生态的剧烈变化，既给传媒多元性带来了益处，也带来了潜在的伤害。对此，欧美传媒政策的研究人士和制定者普遍认为，如果在传媒政策的制定过程中沿用传统的传媒多元化概念，对于自由意见市场目标的达成，恐怕是伤害多于建设（Napoli，1997d）。传媒多元化作为传媒政策的目标，理应是传媒渠道多元、传媒内容多元以及公众近用多元的统一①。他们认为，长久以来，欧美传媒政策所强调的都只是内容在传送方面的多元，而缺失了对内容在接受方面多元（content as received）的诉求，"不同公民近用市场的能力、他们如何参与传媒的生产、他们的声音如何才能被听到"（Bautista，2012）等有关传媒近用多元的问题则长期被忽视。因此，未来的传媒多元化政策应该更多地关注公民如何参与传媒消费与生产的问题（Bautista，2012）。现在，欧美国家显然已开始意识到这些问题的复杂性。例如，欧盟在其于2009年提出的传媒多元化测量体系中，除了传媒所有权和控制、媒体类型以及文化、政治和地理多元等传统测量指标外，像独立的传媒监督体系（independent media supervision）、公众的媒介使用与素养等指标也被加了进来。而在一份名为"传媒的未来（The Future of Media）"的征询报告中，FCC 也已开始从结构（如弱势媒体的所有权）以及传媒消费（弱势群体的媒介接触与使用情况）两个方面去评价和测量传媒多元化（转引自 Bautista，2012）。

过去，欧美国家在传媒政策的设计上，基本都是从结构和内容两个面向出发来建构一套观察和评价传媒多元化表现的指标，其对传媒多元化的政策设计也主要从传媒的下层结构，尤其是传媒的所有权规制入手，认为达成传媒多元目标"最重要且最有效的方法便是从产权着手"（郑瑞城，1993），通过所有权限制、制定反垄断基本法等政策工具和手段，最大限度地减缓传媒的集中或垄断，并创造一个充分自由、竞争的传媒市场环境。自20世纪80年代以来，伴随媒介融合浪潮而来的传媒结构去规制以及所有权政策的放松，这一传媒多元化的基本政策路径已然遭到破

欧美传媒政策的范式转型：以媒介融合为语境

① 美国学者 Philip M. Napoli 认为传媒多元的内涵主要包括三个部分：来源多元（source diversity）、内容多元（content diversity）和近用多元（exposure diversity）。其中，来源多元具有结构化的指向，但又不限于传统意义上的传媒结构多元，除传媒产权多元等规定外，还包括传媒工作者的多元。

坏。不过，值得注意的是，在传播无处不在的融合生态下，欧美的一些有识之士已经越来越清楚地看到，在有关传媒多元化的政策设计中，传媒所有权的问题，即传媒的控制权问题始终是个根本性的问题。传媒接触的多元、使用的多元、消费的多元甚至是参与的多元，并不意味着可以忽视或者是放弃传媒所有权和传媒控制的多元。所有权的多元虽然并不必然带来内容和意见的多元，但毫无疑问"所有权附带有挑选、编辑以及选择表达手段、方式和重点的权力"（Goodman，2004）。一般情况下，在一个特定的区域内"（传媒）所有权的多元化程度愈高，个人或团体在该区域对公众舆论在政治、编辑或者类似的节目编排上能够产生过于巨大影响的机会就愈少"（Goodman，2004）。现在，媒介融合所带来的丰富的传媒资源、多元的消费选择以及各种喧闹的自媒体表达，是一种表面的"繁荣"；随着媒介融合的日益推进以及传媒集中的加剧，隐藏在背后的控制权多元的问题日益严峻。例如，在"媒体的未来（The Future of Media）"征询报告中，FCC便将美国传媒在多元化问题上所面临的境况形容为"是最好的时代，也是最坏的时代"，即：一方面，弱势群体对于传媒平台的近用和使用一直处于上升态势；另一方面，弱势群体对于传媒所有权的控制比例又呈下降趋势（转引自 Bautista，2012）。因此，在面对未来融合政策的设计时，欧美越来越多的声音开始认为：传媒多元化应该是一个兼顾社会性目标和经济性目标的概念；而在传媒资源日益丰富而集中不断加剧的背景下，以多元化为目标的传媒政策则要兼顾市场结构的均衡性与合理性问题。即一方面，对传媒政策的评价要从对结构和内容数量多元的测量和控制转向公众，实际消费和满足情况的分析和考量，"通过对公众多元或公众份额的测量，更多地关注市场结构的不平等状况"（McCann，2008）；另一方面，对所有权的控制也要积极地创新手段和路径，以在促进市场发展、做大市场和保证一定的产权分散等矛盾之间保持平衡。

三 竞争原则作为一个优先原则：在市场与干预之间平衡

"让各种意见与想法在'市场竞争'概念下，寻求被大众接受的机会"（Abrams v. United States，转引自 Napoli，2005：178），这是自由意见市场理论的核心观点，而公平、有效的竞争则被广泛认为是自由意见市场得以形成并运转良好的一个关键要素。因此，在确保传媒多元化的原则之外，欧美国家的传媒政策还普遍聚焦于另外一个冲突性的政策原则：强调保障媒体及其市场竞争力的竞争原则。在早期的无线电广播电视产业领域，竞争是最主要的规制动机。例如，美国 1927 年《广播法》出台的最直接的动因便是要在当时广播市场陷入混乱的背景下，建立一个有序竞争的商业广播体制，以维护新的广播产业的利益。但值得注意的是，在许多传播环境中，竞争原则成为传媒政策制定的指导原则也只是近一二十年的事（Napoli，2005：179）。如在美国，在 1996 年《电信法》通过之前，在公共利益的概念下，竞争原则只处于较低阶层（Napoli，2005：180），而且其正面特性也还未被传播领域普遍接受（Friedrich，转引自 Napoli，2005：180）。固网以及有线电视产业因其自然独占（natural monopoly）特性，更是长期以来处于规制型的独占性市场。20 世纪后期以来，层出不穷的新兴传播科技带来了新的市场动能与发展契机，而日益融合的传媒产业则开始对人们的生活全面而持续地渗透。在这种背景下，传媒产业的融合发展成为一个在数字化时代攸关民众福祉、产业转型与升级以及提升国家竞争力的重要议题，而促进传媒产业的竞争、推动传播媒体的融合则成为欧美各国的普遍共识。例如，一份在世界银行资助下的研究报告在对澳大利亚、加拿大、美国等六个国家[①]的融合规制变革实践进行总结分析后发现，促进竞争已成为各国在构建融合规制框架过程中共通的一个基本原则。在许多国家，竞争原则甚至开始成为传媒政策的指导原则，并逐渐被等同于公共利益（Friedrich，转引自 Napoli，2005：180）。例如，在美国 1996 年的《电信法》中，"促进竞争和降低规制，以确保美国电信业的消费者能够获得低廉价格与高品质的服务"即被确立为美国传播规制的基本宗旨。

在竞争原则下，传媒集中或垄断对于市场活力的影响是最重要的一

---

① 亦包括非本研究对象的国家或地区，如印度、新加坡、中国香港。

个议题。虽然过往的研究表明，垄断并不必然损害市场的竞争与效率[①]，但在一个容量既定的市场，集中即意味着大媒体对于小媒体或者弱势竞争者市场空间的挤压（Harcour & Verhulst，1998）。因此，一般认为，传媒集中或垄断是对传媒市场竞争、效率以及多元最大的威胁。在媒介融合下，一方面，传媒产业所具有的规模经济与范围经济特征得到前所未有的加强，媒体之间以及媒体与互联网、电信等相关产业之间联合、并购的现象日益蓬勃；另一方面，技术的创新以及媒介的融合也改变了公众的传媒消费行为，传媒的使用可以随时随地发生，而且公众对按需服务的需求也大大增加。这些传媒消费的变化对于媒体而言，即意味着媒体在满足消费者需求时互相依赖的程度更大（Ofcom，2012）。因此，在一个日趋融合的市场中，势必很难将竞争的维持寄希望于媒体间的自由竞争。但在技术发展日新月异、传媒生态日益复杂且国际竞争日益加剧的背景下，政府对传媒市场进行过多或不当的介入或干预显然也不利于市场竞争的发展。因此，如何促进媒体产业的重组，同时又保持市场的公平竞争，以及如何在确保产业公平竞争的基础上不对市场进行过度的介入和干预，已成为欧美融合政策变革所面临的一个最大难题。

在规范与竞争的平衡问题上，一般竞争法（competition law）与特定产业竞争规范（sector-specific competition rules）的角色设定与适用，事前规制与事后规制两种手段的选择与使用，以及所有权限制是否仍然必要等问题，也是欧美国家在融合政策变革的征询与讨论中备受争议的议题。而在对这些政策议题的处理取向和方式上，欧美的融合政策变革有以下三点值得我们关注：其一，随着新兴传播科技与平台的日益复杂，竞争法在欧美传媒规制中的角色越来越重要，但在传媒多元化等其他原则的指向下，欧美国家也已普遍认识到，仅仅依靠竞争法并不能保证公共利益的实现。因此，在一般竞争法之外，欧美国家也往往借由特定产业规范来弥补一般竞争规制的不足。例如，针对媒介融合背景下日渐盛行的媒体所有权的跨业集中，美国 FCC 要以个案审查的方式，在讨论是

---

① 详见"自由意见市场"部分的注释。

否符合言论多元、促进市场竞争等公共利益标准之后才决定是否允许其集中；而在英国，对于媒体集中的行为，尤其是对于 Channel 3 与 Channel 5 之间或与全国性广播的集中，除要经过一般竞争法的基础测试之外，按规定还要进行公共利益基础的测试。其二，在事前规制与事后规制的选择方面，存在两种针锋相对的声音：一是认为应该加强事前规制的力量，因为媒介融合虽然带来更多竞争、更开放的市场以及更低的市场准入门槛，但也带来了市场集中和垄断的危险，同时一个融合的市场也更为复杂，为竞争的规制者带来了更大的难题；二是认为市场力量只是暂时的，而不是永久的，因为"市场的创新是随时发生的……过多的事前干预对于创新而言将会是巨大的威胁"（Tommaso Valletti，转引自 House of Lords，2012），因此在传媒市场健康发展的期许下，政府不用事前介入太多。但从总体来观察，欧美各国的融合政策变革更多地从事前规制转向事后规制。规管部门倾向于采用一种更具弹性的规制路径：一方面，构建一个开放、弹性的市场机制，简化市场准进规制，降低市场准进门槛；另一方面，放松甚至不进行事前的所有权限制或者份额限制，只在掌握有反竞争行为的证据之后才对市场进行介入干预。最后，所有权限制作为竞争原则在传媒政策运用中的一种主要手段，在融合发展的传媒环境中也备受争议。面对不断加剧的集中和垄断趋势对于市场竞争的威胁，欧美各国的基本立场是"不禁止这些（集中）行为，而是为（媒体的集中）设置严格的条件"。

不论是采取一般竞争法还是特定产业竞争规范，也不论采取何种竞争规范与手段，尽可能地引入竞争、保持市场的创新和活力，尤其是确保市场作为一个整体的竞争活力，是欧美各国融合政策变革的一个共同目标。过往，欧美各国普遍实行一种不对称的规制，但在媒介融合背景下，这种规制方式则可能导致规制的重叠和冲突，从而损伤投资者的热情，并进而损害市场的竞争活力。因此，在竞争原则下，欧美各国融合政策框架的构建呈现出两个明显特征：一是在市场准进、频谱分配等方面更多地转向市场机制，强调由市场而不是规制者来决定赢家；二是网络中立原则获得越来越多的认可，对于互连、频谱许可以及普遍服务等方面的规制开始朝技术中立的方向发展，而"相同或相似的服务适用相同的规则"作为政策框架构建的基本出发点也获得了强调。同时，在媒介融合背景下，欧美国家在传媒竞争规制方面也越来越关注一些新的问题。例如，由于媒介间边界和壁垒的模糊以及传媒可得到分销渠道的增长，传媒在渠道控制上的"网络效应（network effects）"[①] 日益凸显，即媒体如果拥有更多的用户就能够带来更多的内容，而更多的内容又带来更多的用户（Pereira，2002）；同时，在一个日渐融合的市场中，媒体也更加容易将其在特定市场的影响力和优势地位带入相邻市场，形成"杠杆效应（leveraging）"，从而进一步加强其优势地位。因此，在欧美融合政策框架构建过程中，不同竞争主体对于特定市场准进门槛的控制能力、对相关市场中不同业务来源的控制能力以及对于分销渠道的控制能力等议题，成为促进竞争、反对集中与垄断等相关政策的核心议题。

按照英国公共政策研究中心（Institute for Public Policy Research IP-PR）代表人物柯林斯（Richard Collins）和玛若尼（Cristina Murroni）的看法，欧美国家在传播领域引入竞争，主要通过两种做法：一是"网络竞争（network competition）"，即在传播基础设施层面引入竞争，鼓励新进入的竞争者投资建设替代性的基础网络设施，如英国鼓励有线电视投资布建宽带网络；二是"服务竞争（service competition）"，即鼓励新进业者提供新的服务与既有业者竞争（Collins & Murroni，1996：22）。借用上述两种竞争促进模式的分法，可以看到欧美传媒市场的竞争以及相应的规范要求，无论是在网络层面，还是在服务层面，在融合发展的背景下都出现了新的变化。

在网络层面，各国政府在纷纷将宽带网络建设纳入国家重点项目的同时，也将"如何既避免既有网络拥有者阻碍应用与内容创新，又有效地促进它们持续地投资网络建设"等纳入了政策讨论的议题。总体而言，这种网络层面的政策创新主要体现在三个方面：首先，在频谱的分配方

---

① 网络效应也称为网络外部性，由 Katz 和 Shapiro（1985）提出。指产品对个别使用者的价值会随着新使用者的不断加入与扩大而增加，市场业者不需要增加额外的营销成本，便能通过正面的网络效应来导致正面的回馈现象，从而增加消费者的使用。

面，更多地引入市场的力量：一是采用竞争性的手段来分配频谱资源，如德、英、美等国开始使用拍卖手段来分配频谱资源；二是对频谱的使用进行基于市场的定价；三是允许频谱资源进入次级市场交易。例如，澳大利亚、新西兰等国便允许新进入市场者通过支付市场价格来从频谱的受许者手中购买频谱资源，从而使得新服务的提供者不再受限于进入市场的时机。同时，一些国家还开放部分频谱资源用于非许可用途[1]。其次，在一个开放、竞争网络的诉求下，网络的中立性（net neutrality）及其所包含的透明性、互连性和非歧视性等原则逐渐成为诸多欧美国家在网络基础设施规制方面的重要原则。例如，过往基于特定技术转换的互联（technology-specific，switch-based interconnection）规制开始转向采取一种基于容量的、技术中立（capacity-based，technology-neutral charging mechanisms）的规制路径。最后，对于传输网络的平等近用也成为欧美各国构建融合规制框架的一个核心价值，确保"竞争者及潜在竞争者得以在无差别待遇的情况下，开放近用既有主导业者的传播通信基础设施（无论是有线电视线缆、固定网络的区域用户回路、正在形成中的无线区域网络，或是数位/互动电视的接收设备及机顶盒）"（罗世宏，2004），成为各国融合政策变革过程中的重任。例如，在英、美以及加拿大等国，显著市场力量者（significant market power）便被要求为竞争者提供非歧视性的重要设施互连服务[2]，以确保新竞争者可以在不用大额投资基础设施的情况下进入市场，从而降低市场的准进门槛并增加市场的竞争活力。

在服务层面，要理解市场竞争的变化首先必须看到两点：一是在媒介融合背景下市场的竞争已经更多地转移到这个层面（Ofcom，2012）。二是在新媒体技术层出不穷以及媒介边界日益模糊的背景下，服务层面的市场竞争日益面临扭曲的危险：一方面，新兴的传媒服务不断进入市场，不可避免地侵占了传统媒体的服务市场；另一方面，这些新兴传媒

---

① 这种做法已经鼓励了 Wi-Fi 在世界范围内的发展。
② 由于对这种非歧视性的强调，在英国互连原则也被称为等同（equivalence）原则。

服务却不像传统服务一样要受到规制。例如，VOD 服务可能与传统无线电视一样，播出相同的内容，却不受规制（Ofcom，2012）。对于服务市场的这些变化与挑战，欧美各国变革规制的努力主要体现在三个方面：一是尽可能采取轻化规制（touch regulation）的路径，以促进新的媒体服务的发展和进入市场；二是采取一套更简化、更开放且更具弹性的许可制度，允许服务提供商使用任何技术提供一揽子的服务；三是创造一个水平化的市场结构，同等对待所有相关服务，创造一个公平竞争的环境。如，欧盟在 2002 年的"授权指令（authorization directive）"中便明确表示，将尽可能在电子传播和服务网络中采用最轻负担的许可制度，以促进新的电子传播服务的发展和欧洲一体化传播网络和服务的发展，并让服务提供商和消费者能够从单一市场的规模经济中获益……而这些目标最好的实现方式是所有的电子传播网络和服务都不需要任何国家规制权威明确的决定或者行政行动，程序的要求也仅限于通告（European Commission，2002a）。同时，欧盟还建议其成员国采取技术中立的许可制度，让市场力量根据自己的需求自由选择最佳的技术和平台。除此之外，美、英等国家均允许企业在获得许可的情况下提供包括语音、广播和互联网等在内的一揽子服务。

不管采取哪一种竞争框架、手段或者路径，目的都在于创造"有效竞争（effective competition）"，因为有效竞争才足以实现公共利益与消费者福利（罗世宏，2004）。但在媒介融合背景下，要对什么是"有效竞争"进行定义以及对竞争或者垄断进行测量与评估委实不易。要想构建有效竞争的测量指标，则首先要定义市场本身为何。一直以来，竞争原则在政策应用的过程中都面临着如何定义市场以及界定市场边界的困难，而在融合背景下探讨竞争原则，最困难的事情也就在于"相关市场（relevant market）"的定义，即"经营者在一定时期内就特定商品或者服务进行竞争的商品范围和地域范围"（转引自黄甜，2014）。作为竞争法中的一个基础性概念，"相关市场"一般由两个构面组成：一是"相关产品市场"，即"具有替代关系的产品的范围"（蔡峻峰，2005）；二是"相关地理市场"，即"一种产品与同类产品和替代产品竞争的地域范围"（蔡峻峰，2005）。但在媒介融合的背景下，不同媒体之间甚至媒体与其他产业之间的合并、兼并行为不断发生，新兴产品、服务与新兴市场也不断出现。同时，过去"不同的媒体技术与服务之差异，造成所提供的内容或服务具有显著差异"（Napoli，2005：189），但今日媒体的这些差异已不再明显，不同平台可以运行相同服务，而相同的内容可以在不同媒体间流动。在这种背景下，传统的对于传媒市场的界定法将不再适用，对于媒体市场的定义尤其是下游内容市场的边界区分变得前所未有地复杂。因此，在快速融合的传媒环境中，如何定义市场以及界定相关市场的范围成为欧美传媒政策中处理竞争原则相关议题时最为核心的一个问题。

四　普遍服务原则的演进：内容的扩张与逻辑的转换

在英美等欧美国家中，普遍服务作为传媒服务于公共利益的一个重要内涵，如建构一个普遍且无障碍的传播环境，以促成公平与合理之信息社会的发展，也是传媒规制与政策在公共利益原则下的一个重要的价值性目标。作为传媒规制体系中另一个与竞争原则"相互冲突的目标"（转引自 Napoli，2005：237），普遍服务主要在于实现一些仅仅依靠市场机制无法实现的目标，如对于社会弱势群体的覆盖。但回溯普遍服务制度的发展，虽然欧美国家在邮政、电信等领域长久以来都秉持普遍服务的制度，对于与内容有关的传媒产业，如书刊、报纸等，则往往在言论自由以及内容消费只与个人的使用与满足有关的逻辑下而未采用相关普遍服务的理念和政策。因此，普遍服务并非一开始便是传媒规制与政策的应有之义。

一般认为，普遍服务概念与政策首创于美国的电话业务规制中，最早可以追溯至美国电话和电报公司（American Telephone and Telegraph Company，AT&T）总裁韦尔（Theodore Vail）于 1907 年提出的"单一系统、单一政策、普遍服务"（One System, One Policy, Universal Service）口号，其最初之意在于实现电话市场的互联互通。自 20 世纪以来，为避免电信自由化之后公共服务无法继续正常供给或是产生"吸脂作用

(cream skimming)"①，欧美国家普遍开始着手建立普遍服务制度。在整个 20 世纪，普遍服务被认为是所有资讯政策的基石（Schement，1995），其内涵也逐渐从强调电信业者之间的互联互通转向强调使用者的利益，但总体而言其范畴其实主要聚焦于"是否能把语音电话〔通常指的是最基本电话服务（plain old telephone service，POTS）〕，让最多的市民来便利使用，而不论其居所之地理位置或经济能力的差异"（转引自 Napoli，2005：210），即电信产品或服务的广泛即得性（availability）与财务之可负担性（affordability）（Napoli，2005：214）②，并且以偏乡或离岛等不经济地区民众、低收入户或残联人士等为主要保障对象。

普遍服务作为传媒政策的一个基本原则，在美国的传媒规制思想和政策体系中较早得到了体认。例如，我们都熟知美国前总统杰斐逊的一句名言："假如让我决定我们应该有一个无报纸的政府，还是有一个无政府的报纸，我将毫不犹豫地表示欢迎后者。"其实后面还跟着一句同样重要却常被我们忽视或遗忘的话："（还要保证）每个人都要能够看到这些报纸，并且能够阅读这些报纸。"这种"每个人都要能够看到这些报纸"的想法，便可视为美国传媒政策中普遍服务思想的一种朴素表达。到了 1934 年的美国《传播法》，其第 1 条便明确规定："传播产业之经营，应以充分的设备和合理的资费，尽所有之可能，为美国全体国民提供普遍的有线及无线的传播服务"。这一规定其实与杰斐逊那句名言的后半句，显然具有一个共同指向——对于全体公民近用基本服务的保障，即普遍服务。自 20 世纪 80 年代以来，伴随传媒产业自由化，为避免市场力量排挤部分人口接近使用互联网等传播媒体的基本服务，这种普遍服务的理念也逐渐被纳入欧洲的政策价值体系之中。而自 20 世纪 90 年代以来，在主要的欧美国家，普遍服务制度所注重的观点都开始慢慢扩展至交通、

---

① 吸脂作用，是指当牛奶加热时，只把浮在表层营养较多、最美味的脂肪部分瓢起来食用。延伸到此处则指：在自由化、民营化之后，新的业者在利润考量下，仅经营高利润区域或提供高利润的服务，从而使得不经济或偏远地区的消费者无法以均一的价格享受全国相同的服务。

② 普遍服务最初只强调电信网络之间的互联（interconnection）行为，即将原本相互竞争且不相互连接的电话网络整合为一个统一的电话服务提供网络。直到 20 世纪 70 年代，遍及性与可负担性才成为普遍服务的核心指向。

健康照料、教育以及其他传播科技上，成为互联网规制中的重要原则，成为广播及无线电视系统在规范上所重视的问题（Dordick，转引自 Napoli，2005：210），并且在有线电视的部分规制上得到了应用（Post，转引自 Napoli，2005：210）。

不过值得注意的是，一直以来，普遍服务在传媒政策领域都是一个较不显著的规范原则。而且，虽然在电信市场和广播电视市场都有普遍服务的原则，但它们分别受不同的法规所规范，其意义和机制也是不一样的。在电信市场，普遍服务主要适用于语音服务，在手段方面，早期主要是补贴，后来随着电信市场自由化的推进，补贴机制由于存在不透明化等种种弊病便逐渐让位给基于普遍服务基金的业者分摊制度。在广播电视领域，普遍服务目标在许多国家都是通过建立一个公共媒体（public service brocasting，PSB）来实现的。同时，对于那些商业广播电视的普遍服务要求，也主要通过必载规定、近用权保障等手段来实现。例如，欧美许多国家都要求广电媒体为有视障、听障、聋哑、阅读困难等人士提供口述、字幕、手语等服务，以保障这些弱势群体的媒体近用权利；在报刊媒体方面，虽然英美等国也将报刊媒体的普遍近用问题视为言论自由保护之外一个更高层次的要求，但各国基本没有真正意义上的普遍服务制度，所谓的普遍服务大约仅限于报纸生产的扩张、公共邮政系统的建立以及在公共场合张贴报刊等政策或行为。传媒市场的发展与变化使得普遍服务成为当前重大政策议题，而且打破了普遍服务制度在电信和广播电视等市场上的区分，使电信与广播电视等不同领域的普遍服务概念渐趋融合，并使得普遍服务在定义、涉及项目以及达成工具等方面都面临挑战。具体而言，从传媒规制与政策这个角度来看，在媒介融合发展的背景下，普遍服务制度主要有以下几个方面的变化与创新：

（一）从"技术分立"到"技术中立"：媒介融合背景下普遍服务制度设计逻辑的转变

在媒介融合发展的趋势下，欧美各国对普遍服务的设计越来越强调对新技术和服务的包容性和接纳性。因此，特定技术不再成为提供普遍服务的标准，技术中立或网络中立原则日渐成为普遍服务制度的一项基本原则。欧美各国逐渐形成一个具有普遍性的认识：普遍服务不一定限于固网的电话服务，而是可以通过任何的通信传播网络来提供，甚至可以通过不同技术的结合来达成。如在英国，对于 2012 年之前达到全面 2Mbps 网络接取的这一任务，2009 年的数字英国最终报告便提出了一个包括 DSL、光纤到街箱（street cabinet）、无线以及卫星等多种技术和方式在内的达成路径（吴品彦，2011）。而美国 FCC 在 1997 年 5 月颁布的普遍服务新法令也明确规定，任何一个合格的能提供普遍服务的公司，不论使用的技术如何，只要提供政府规定的普遍服务项目，就都有资格接受普遍服务的补贴。

（二）从"普遍服务"到"普遍接入与服务"：传播网络接入成为普遍服务的一个核心议题

长期以来，在欧美传媒政策体系中，内容政策和基础设施政策并没有得到同等对待。无论是对多元观点的强调，还是对不良信息的治理，抑或是对传媒产权结构的控制，欧美传媒政策在根本上都指向高品质的新闻、合格的公民等目标。因此，传媒内容的规制是政策最重要也是最主要的部分，即使是对传媒结构的规制最终也是指向内容目标的实现。而这些内容是否可以或方便为公众所获得和近用，即传播网络等基础设施建设的普遍服务问题却长期没有得到应有的重视——正如我们常常忽视或遗忘杰斐逊那句名言的后半部分一样。同时，传统的电信业者、广播电视业者都是垂直整合的形态，它们一般同时具有基础设施与服务（内容）提供，对于使用者而言接取网络与接取服务（内容）是统一的。因此长期以来，在传媒政策领域对于普遍服务目标的达成主要都是通过内容规制（如必载规定）或者传媒结构规制（如公共广播电视制度的设立）来实现的。但在媒介融合所带来的服务与网络分离的水平分层产业结构下，"消费者几乎不会面对网路（笔者：网络）服务提供者，只会面对服务业者"（郑嘉逸，2007），他们能取得何种服务，基本取决于服务提供者为何人，而非网络提供者；而网络则只承担内容传送的功能，对于内容为何无控制或决定之权，但在全网 IP 化与数字化以及信息的传播打破了载体限制之后，一方面，服务业者必须仰赖网络业者的传输，始能达到服务的目的；另一方面，过去局限于特定网络设施才能享受的服务，"只要基础传输网络已达，则任何一种服务均能透过该网络传输给使用者"（郑嘉逸，2007）。在这种背景下，网络的接入（access to networks）已和高品质新闻一样，成为一个现代民主社会有效运行的必不可少的公共物品（public goods）（Clement etc.，2009：2）。因此，综观欧美各国对于下一代普遍服务（"next generation" universal service）的理解与构建，基础设施政策与内容政策这两个问题开始交集，网络接入在普遍服务政策的构建中也日益重要。各国纷纷以一个更为广义的"普遍接入（universal access）"① 概念来充实普遍服务的内涵，甚至衍生出一个通称的词汇——"普遍接入与服务（universal access and service）"（吴品彦，2011）。

（三）从"把技术带给人们"到"把人们带向技术"：人作为主体成为普遍服务制度设计的中心据点

在媒介融合以及媒介无处不在的背景下，如何消弭基于信息接收多寡而形成的数字鸿沟以及由此带来的社会不公平现象，成为欧美各国创新普遍服务制度的重要议题。而在数字鸿沟的议题下，各国对于普遍服务的思考开始出现两个明显的转向：一是开始逐渐认识到，普遍服务的问题也并不是仅仅把技术带给人们（bring technology to people）那么简单，而是要把人们带向技术（bring people to technology）。因此，只强调网络接入还不能满足消费者的需求以及真正有效地保障在这个媒介化社会中日益脆弱的公民权益（European Commission，2002b），未来的普遍服务还需要在内容（content）层面获得进一步的扩展，如对健康、教育、交通、政府信息等基本信息的近用应该被纳入普遍服务的范畴（Nenova，2006）。二是各国也逐渐开始认识到，在信息科技设备与网络的可得性和可负担性之外，信息素养和媒介素养的差异才是造成数字鸿沟的主要原因。因此，对于普遍服务所着重的内涵，在传统的可取用性（access）与

———————

① 以电话使用为例来阐述两个概念的区别：前者指任何人在其居住之处是否可以使用电话服务，着重于可得性与可负担性的达成；后者指任何人在任何地方是否可使用电话服务，如公共电话的使用，其重点在于可得性与可负担性的程度。

可负担性（affordability）之外，也开始加入了可使用性（usability）① 等面向信息素养的项目，并强调在推动普遍服务的同时，要考虑硬件、软件、信息和媒介素养教育等每一个环节。

（四）财源制度的挑战和市场机制的引入：普遍服务政策工具的创新

一直以来，广播电视等传播媒体的普遍服务运作机制不同于电信的普遍服务制度。在过去的几十年间，电信市场主要依靠市场力量去实现普遍服务，其成本的补偿机制也已从早期的交叉补贴②演进至通过特别税收预算、普遍服务基金等支付方式由公共经费补助或者业者共同分摊③，在多个国家普遍服务提供者因提供服务所造成的损失，一般都是由其他电信业者共同分担；在传媒领域，普遍服务的实现主要依靠内容规制或结构规制来实现，同时成本的补偿机制也更为复杂，如必载等普遍服务的成本补贴仅有一部分来自业者（主要是有线电视），而公共广播电视的财政来源则主要依赖于公共财政。因此，在多元服务渐渐浮现的新市场结构下，广电等媒体以及其他内容服务提供商未来是否需要在普遍服务的成本分摊中扮演一个角色，成为普遍服务制度在财源问题上的一个重要议题。如果媒体和内容服务提供们必须分摊普遍服务成本，那么谁应该分摊多少、哪一种分摊机制可以既公平又不阻碍市场竞争……这些又成为必须解决的问题。同时，在新的服务形态不断涌现且广播电视、互联网等领域对传统电信领域的渗透日益深入的背景下，一些融合性的服务也不可避免地挤占了传统电

---

① Miller（1996）提出落实普及近用的五个条件：1. 可取用性（access）；2. 可使用性（usability）；3. 教育训练（train）；4. 目的（purpose）；5. 可负担性（affordability）。

② 一般情况下，交叉补贴可分为事业间的交叉补贴和事业内的交叉补贴。其中，前者指同一组织的不同事业，以其盈余的事业来补贴亏损的事业，如利用固网的收益来补贴移动通信事业；后者指单一事业下进行不同项目的交叉补贴，如在市区收取高于成本的价格，以所获得的利润补贴高成本地区的损失。事业内的交叉补贴可能导致势力强大的业者通过内部交叉补贴，击倒竞争者而造成不公平竞争。电信自由化以后，一方面既有业者继续负担普遍服务义务；另一方面则面临其他电信业者以较低价格进行竞争，无法再以交叉补贴方式提供普遍服务。

③ 在欧美国家，普遍服务经费的来源其实是比较多元的。就目前而言，由业者共同分摊。部分国家采用业者分摊和公共经费共同辅助的两种方式，少数国家完全以公共经费补助。而北欧国家芬兰则规定：业者必须自行吸引提供普遍服务的成本。芬兰政府既没有成立普遍服务基金，也没有提供任何公共经费的补助。但如果业者在提供普遍服务时已经产生不合理的财务负担，可以要求国家经费的补偿。

信服务市场，从而导致在既有电信业者继续负担普遍服务义务的同时，其他业者却因没有普遍服务的负担而得以较低的价格与之进行竞争。普遍服务向来被视为无利润的非商业义务，因此这种市场的变化便不可避免地带来了市场竞争的不公平，并使得普遍服务基金面临减少的风险。因此，在普遍服务的补偿机制要反映技术进步与市场变化的要求下，近年来，欧美各国在普遍服务制度的设计上也更多地引入了市场机制。例如，在欧盟2002 年新规制框架的普遍服务指令（Universal Service Directive）中，尽管所指涉内容与之前的规定相比似乎没有多少实质的变化，但实际上一些关键性的要素已经发生变化。其中非常关键的一点变化便是市场在普遍服务的达成中开始扮演一个更重要的角色。在市场的机制下，以及高效、客观、透明、无歧视的原则下，没有一个玩家被排除在普遍服务之外，所有市场业者，包括非成员国的企业（如美国或者瑞士的公司）以及其他领域的业者（如电气行业的业者），都可以成为普遍服务的合法提供者。

五　本地主义原则的兴盛与艰难：定义的变化与政策路径的选择

传媒从来就不是一种中立的存在。正如凯瑞（Carrey）等传播政治经济学者所强调的"传播即文化（communication as culture）"的观点，传播其实是一个意义互换以及共识形成的过程，传媒借由其内容生产与传播则具有"可以在人群中建立同一性、提供行为人所需的社会共识，从而维系社会的持续"（管中祥、陈伊祯，2003）的功能。同时，正如英国未来基金会（Future Foundation）的一份报告所指出的，"所有个体生活的几乎每一个主要的要素都发生在以其家为中心、14 英里的半径范围之内"（转引自Brown，2001：1），即使是在全球化时代，人们日常生活的组织依然以其生活和工作的地点为中心。因此，尽管"本地主义(localism)"一词在欧美多个国家的传媒政策法规文件中都未曾正式出现过[①]（Ali，2013），但借用本

[①] "本地主义（localism）"一词并未在美国 1927 年《广播法》、1934 年《传播法》以及1996 年《电信法》中出现，也未出现在加拿大的传媒法规的词典中，英国也是近年来才开始使用这一词语。详见：Ali，2013。

地（local）、社区（community）、地方（place）、城市（city）、邻居（neighborhood）以及地区（region）等相关词语，强调"加强政治参与与促进更明智的政治决策"以及保存"独特的文化价值以及传统"（Napoli，2005：244）的本地主义原则（localism），近些年来在欧美传媒政策的公共利益标准体系中扮演着越来越重要的角色。例如，在美国，本地主义原则被称为传媒政策价值体系的"奠基石（cornerstone）""基岩（bedrock）"或者"试金石般的价值（touchstone value）"（转引自 Ali，2013），并且自 20 世纪早期以来便是广播电视、有线电视、直播卫星、微波多点分配服务（Microwave Multipoint Distribution Services，MMDS）等诸多传播服务的核心政策指导原则之一（Napoli，2005：240）；在加拿大，虽然一直到加拿大广播公司（Canadian Broadcasting Corporation）的地位已非常牢固时，地方媒体、地方新闻等议题才受到重视，但本地主义原则的问题近年来也成为加拿大传媒政策领域最重要的议题之一，并被认为是其广电政策体系的"奠基石（cornerstone）"以及"社区构建的主要组成部分（a major building block of the community）"（转引自 Ali，2013）；同样，长期以来采取以 BBC 为中心的全国导向式思路来构建媒体系统的英国，虽然一直到 20 世纪六七十年代才开始着手构建地方广播电台，但近年来也深刻地认识到"缺少高质量的本地主义电视台是英国广电系统最大的一个缺陷"（Hunt，2010），并把本地主义原则提到一个前所未有的高度，先后出台了对本地电视台发展情况进行摸底、在主要社区创建 20 个本地主义电视台等多项政策咨询活动或政策计划（DCMS，2011）。如今，伴随着传媒内容数字化的推进以及媒介平台在 IP 等技术支持下的相互联结与融合，传媒生产和运作的全球化热潮大肆蔓延。跨越民族国家和语言社群的边界作为全球化的一种重要表征，成为传媒产业和市场在产权、渠道、内容等诸多领域和环节中的明显特征。在这种背景下，本地主义作为传媒政策的一个基本原则进入了一个艰难时期：一方面，民族国家疆界的毁坏、文化同质化以及文化认同的危机等议题成为欧美各国传媒政策转型中不得不面对的问题，本地主义原则成为诸国传媒政策的一个优先原则；另一方面，互联网等新媒体的无边界传播、传统媒体的危机、受众的碎片化等新媒体生态特征以及强调效率、效益的竞争原则，又使得本地主义原则不可避免地受到挤压。"何谓本地"以及"如何来实现本地利益"这些问题则成为欧美各国融合政策构建的一个关键性问题。

基于不同的历史、文化与国情，欧美各国对于本地主义的理解其实各有差异。如有研究指出（Ali，2013），在美国，本地主义其实是一个符合其权力分散政治体制的政策原则，"本地"一词则是一个与联邦（federal）相对立的概念，其含义更倾向于"地方的""社区的"等概念。在英国和加拿大，对于"本地"一词的讨论其实很多时候是在文化保护主义的框架下进行的。在英国，"本地"主要是与"全国"甚至"全球化"相对立的概念，其内涵所反映的更多的是"为了和节目制作国际化相抗衡，弥补因全球广播电视网而造成的标准化及丧失民族特性"以及"被全球化逻辑侵蚀掉的位置感和归属感"（戴维·莫利、凯文·罗宾斯，2001：23）或者苏格兰、威尔士、北爱尔兰等民族、文化的对立，同时其所指涉的对象也多是"地区（region）"，而不是"城市（city）"或者"城镇（town）"等概念。而在加拿大，由于受到美国文化的竞争，"本地"则是一个防御性甚至是反抗性的词语，并且在很多时候就意味着文化主权（cultural sovereignty）或者民族的统一和认同。尽管对这一原则的理解和应用各不一样，但与前面几个原则一样，本地主义原则在欧美各国传媒政策的讨论、应用与实施中都面临着定义与界定不清的困扰。因此，在欧美各国构建融合性传媒政策的过程中，对"本地"一词的界定都是理解和应用本地主义原则的首要核心问题。

在概念的界定上，正如吉登斯（Giddens）所指出的，"本地"首先是一个基于"空间（spatially oriented）"的"地理集合名词（place-bound）"（Giddens，1990：18）。也就是说，"当我们想到本地（local）一词时，总是会想到'地方（places）''社区（communities）''城市（cities）''邻居（neighborhoods）'这些词，最远可能也就是'地区（regions）'这个词了"（Castells，2000）。因此如前所述，在欧美各国传媒政策法规文件中，关于本地主义原则的表述往往诉求于这些相关的词语，其所指涉的也往往是一个富有地理学意味的空间概念，是"大多数人生活、共享经验以及建构身份"（Hutchins，2004：580）的地方，或者一个"我们通过感官来最大限度地体验日常生活环境"（Matei，Ball-Rokeach & Qui，2001：430）的地方。这种基于"空间"的"本地"概念长期以来主导着欧美国家传媒政策的实施路径。依照欧美传媒政策的设计，本地主义原则目标的实现主要有两种途径：一是通过频谱分配、执照许可、所有权限制等结构控制手段的间接实现途径。如美国 FCC 为推动属地性质广播电台的发展，"只发出少数几家高功率地区电台执照，反而发出许多低功率电台执照"（Napoli，2005：248），在电视执照的分配上也以"尽可能确保愈多的城市至少有一个在地电视频道为基本要求"，"不论市场规模是否足够支持一个电视台，即便是最小的社区，都能分配到一个电视执照"（FCC，转引自 Napoli，2005：248）。二是通过配额制度等控制内容来实现的直接途径。例如，加拿大 CRTC 规定私人商业电视台以及族群电视（ethnic TV）每年总体播出时数中必须有 60％ 以上为加拿大内容（canadian content）。不论是基于结构控制的干预，还是基于内容生产的直接规制，过往欧美传媒政策中的地方主义原则主要都是一个基于"空间"的概念，并且"常以该制作节目的地理起点来被定义"（Napoli，2005：248）。

前述基于地理区分的政策逻辑一直备受质疑与批判。因为在这一逻辑下，其实隐含着一个前提性的假设：发起于本地的节目理应是当地人所感兴趣的节目。但事实上，前人研究早已经揭示，"在地①产制的节目并非等同于能够服务在地利益和关心的节目"（Napoli，2005：252），而且"即使是在地产制的新闻，也在处理大量社区之外的议题"（Napoli，2005：256）。在伴随媒介融合而来的传媒平台、内容以及服务的全球化浪潮以及无边界的传播模式之下，本地主义原则的这种传统逻辑则受到了进一步的冲击，甚至已到了"需要彻底重组或到完全抛弃的地步"

---

① "在地"一词为台湾译法，即为本研究所指的"本地"概念。

（FCC，转引自 Napoli，2005：241）。因为在一个媒介融合的网络化社会，社会关系的形成早已不再"依附于地球上任一确定地点"（黄少华，2003），流动性成为新的社会关系的支配逻辑，"本地"也已不再是一种消极静止以及明晰确定的存在，而成为一个"流动空间（the space of flows）"① 和"地点空间（the space of place）"② 的合成。而且，随着以互联网为代表的媒介技术对人类社会结构和社会生活的日益渗透，"流动空间"在经济与社会组织中的重要性日益凸显，"地点空间"的重要性则大大减缩。在"流动空间"的理论框架下，"本地"这一概念与地理空间概念的关联已不再固定，而更多的是"一种取决于其特定使用语境的社会话语、经济话语甚至是时间话语（temporal discourse）"（Kirkpatrick，2006a：28—29）。在这种话语转向下，进入 21 世纪以来，以美国、英国、加拿大等为代表的多个欧美国家都对"什么是'本地的'，哪里是'本地'"等攸关本地主义原则的核心问题进行了系列的讨论与评估。首先是在辨析与区分"社区（community）""地方（local）""地区（regional）"等经常混用概念的基础上，将"本地"扩展为一个包含不同层面的复杂概念。例如，美国在 2011 年 6 月发布的《社区信息需求》（The Information Needs of Communities）（Waldman，2011：21）中将"本地"一词区分为"超本地（hyperlocal）""本地（local）""国家（nation）"以及"国际（international）"四种类型；而 Ofcom（2009：20）则进一步将"本地"这一概念区分为五种指向不同层面的类型：（1）超本地（ultra-local），即基于地理的且与个体直接相连的社区；（2）本地（local），即个体所生活的城市、城镇或者地方；（3）区域（regional），即与都市（metropolitan）、郡（county）等词语紧密相连的一个概念，意味着更广的范围；（4）民族（national），即与苏格兰、威尔士、北爱尔兰等自治民族（devolved nations）紧密关联的一个词语，更具文化认同的意味；（5）英国（UK），即英国作为一个整体，是与全球化相对的一个概念。尽管各

---

① "流动空间"是由著名社会学家卡斯特尔（Manuel Castells）所提出的一个概念。

② "地点空间"是一个与"流动空间"相对立的概念，指涉的正是前述基于地理划分的空间概念。

国都在努力对"本地"这一概念基于地理维度的含义作出区分，但它们最后都不得不承认，"本地"实际上是一个要比上述区分远为复杂的概念，而且在一个融合性的媒介生态系统下，"'地区（regional）'、'地方（local）'以及'超本地化（ultro 或者 hyper）'（这些概念）之间的界线也在渐趋模糊"（Ofcom，2009：20）。因此，近年来在欧美各国对于"本地"概念的讨论和认识中，有一个较为明显的转向，即：在地理或者空间维度之外引入一个基于"社会（social）"的维度。例如，FCC 在 2012年 6 月发布的一份名为《美国公众的关键信息需求》（Critical Information Needs of the American Public）的报告中，便将"社区（community）"一词理解为一个"兼具地理空间以及人口特征"的概念（geo-spatial and demographic term），认为在本地主义原则下理解人们对信息的需求，既要考虑人们所居住的地方，如邻居、城市、郊区等空间因素的影响，也要考虑他们的种族、信仰、职业、收入、性别、家庭地位、健康、能力以及个人爱好和品位等"社会"因素的影响。与之类似，英国在《社区广播法令》（Community Radio Order）中，对社区电台的定义也不仅包含运行于"特定地理区域之内"这个"空间"方面的规定，而且特别强调了诸如"不管其规模大小，即使规模最小的地方也包含许多（不同的）社区切面""一个从来没有在该地居住的人也可能对这个地方感兴趣"等更为复杂的特征——"社区"这一概念基于"社会"维度的复杂性。

尽管欧美各国已经普遍承认，"本地"其实是一个高度语境化、高度个人化的概念；同时，内容的本质即特定内容是否能够彰显所代表社区的利益以及在文化、价值和政治上所共享的兴趣和观念，也已经开始成为欧美各国相关传媒政策的一个重要的思考起点，但对于什么是本地的这一问题，欧美各国依然没有统一的答案；同时，在基于内容的维度下，"本地"概念定义的准确性和可操作性又成为欧美传媒政策制定与实施过程中的一个难题：一方面，在"社会"维度下，"本地"其实是一个包罗广泛但又含混不清的概念。例如，加拿大原住民电视网（Aboriginal Peoples Television Network，APTN）、美国的西班牙语电视网（Hispanic networks）、英国的威尔士第四台（Welsh-speaking S4C）等满足特定语言使用者需求的媒体，是否可以被纳入"本地"的范畴？另一方面，这种复杂的"本地"概念该如何测量以及评价也成为一个难题。因为在过往，有关的规管机构往往采取主摄影（录音）棚在地设置的数量、本地观众的数量、本地新闻和内容的数量等明确可测的指标来对本地主义原则的执行与实施情况进行测量和评价；而在"社会"维度下，类似利益、兴趣、市民对本地事务的参与程度等指标其实都是高度语境化、高度个人化的。因此，虽然各国都认为"在这个数字时代，本地主义原则的恰当定义可能不同于过往时代的定义"（FCC，转引自 Ali，2013），但最后在政策的应用中都还是落到了基于"空间"的定义上面。例如，FCC 最后还是根据 AC 尼尔逊的数据来对"本地"市场这一概念进行操作化的定义（Ali，2013），即往往把增加地方性电视台的本地观众数量等同于促进本地主义原则，而忽视了本地新闻和内容的数量和质量、本地观众内容需求等更为"社会"化的要求。

或许正如 CRTC 所说的："要为社区、本地、地区这些概念下一个令人满意的定义是困难的"（The Lincoln Report，2001：362）。因此，现在欧美传媒政策对于本地主义原则的讨论已更多地从认识论转向方法论——采取何种政策工具、何种政策路径来实现这一原则。而在有关方法论的讨论框架下，地方性媒体系统结构性的健康发展无疑是最基本也最核心的一个议题。在这一议题下，一种整体的审视视角——将地方媒体以及本地主义原则放置到整个媒体生态的发展与变化中去审视——开始得到重视；同时，"危机"成为欧美各国所共识的一个话语框架；而诸如地方报纸的生存困境、地方电视台的财务末路、本地新闻的数量缩减等现象或问题，则是它们讨论本地主义原则时必不可缺的一个前提。例如，美国《社区信息需求》（The Information Needs of Communities）这份报告中，就用了相当大的篇幅逐一回顾和讨论了各个媒体的发展现状及其所面临的困境，其中光是 2007—2010 年间关闭或取消纸质版报纸的名单就列了足足一页纸。与"危机"框架相对应，"如何化解"则成为各国在有关本地主义原则的政策讨论和议程中最为关注也争议最为激烈的一个议题。而在这一议题下，有三个问题的有关政策讨论和走向值得关注。

首先是哪一种类型的媒体——主要是基于传统媒体与互联网等新媒体比较的视角——可以担负起基于本地主义原则的政策使命的问题。一直以来，地方报纸和地方广播，尤其是地方无线电视网或频道都是欧美国家基于本地主义原则构建媒介系统的主导力量。但现在，随着互联网等媒体的普及以及受众的碎片化，各国担负本地服务使命的传统媒体都"正在遭遇结构性挑战"（Ofcom，2009：3）。例如，美国数十家地方性日报关闭，电视媒体中本地新闻的收入下降了56.3％，而在小型市场中这个下降的幅度甚至高达62.9％（Waldman，2011：40）；加拿大许多位于小型市场的电视台不得不关闭，而中型市场的许多服务本地市场的电视节目则被取消（Canada，2009）。在这种背景下，数字新媒体是否可以服务本地市场和需求的问题成为各国相关讨论的焦点，而以超本地新闻网站等为代表的许多小型数字新闻机构也纷纷致力于填补地方新闻的缺口。例如，专业调查机构皮尤研究中心针对2013年至2014年年初美国新闻业状况所做的一项最新调查显示，超过一半的受调查小型数字新闻机构（231个）认为自己是地方媒体（转引自张宸，2014）。但综观欧美各国最新出台的各项政策，落实本地主义原则的任务仍然主要落在无线电广播电视媒体身上。因为对于有线电视和卫星电视来说，它们要么以全国观众为目标，要么走的是分众化的路线，都对本地观众没有兴趣；对于互联网等新媒体而言，虽然以公民新闻等为代表的本地内容得到极大增长，但其商业模式的不成熟、财政的不稳定以及高速宽带对于很多家庭而言的非可负担性等诸多问题，显然还不可能完全取代传统媒体服务于"本地"的功能。同时，在对不同类型媒体的功能与可能性进行讨论的同时，欧美国家还关注另外一个问题，即该依赖于何种性质的媒体来"化解"这一"危机"。在这一问题下，欧美各国的政策其实具有一个共同的地方，即都是主要依赖于商业媒体。

最后，最为复杂、争论最激烈、争议也最大的是：该采取何种政策路径以及何种政策工具或手段来实现本地主义原则。对于这一问题，欧美传媒政策总的演进趋势至少呈现出两个较为明显的特点：其一是放松与干预的同步并进。即一方面，随着"本地"一词从一个基于"空间"的概念转向

135

一个基于"社会"的概念,主摄影棚(录音间)的设置规则、本地媒体的所有权限制等规则不断被松绑。例如,美国于 1998 年出台的《主摄影棚设置规定》(Main Studio Order)将主摄影棚或录音间的设置规定放松至不仅可以"设置在其任何一座电(视)台或者任何服务的主要社区范围之内",而且可以"设置在其原申请核发执照社区的 25 英里之内"(Ali, 2013)。同时,尽管大部分国家都认为"本地主义原则与传媒所有权是紧密联系在一起的"(Ali, 2013),但本地媒体的所有权限制政策依然在各种反对的声音中朝着放松的方向发展(详见后文论述)。另一方面,在互联网等新媒体冲击下地方新闻空间的压缩,以及伴随规制放松而来的日益严重的地方媒体集中,对一个地方性市场传媒多元化的影响作用等议题,也日益受到欧美各国政府的关注。在这种背景下,对本地主义媒体的公共干预与规制放松是同步进行的。例如,现阶段尽管并非所有的欧美国家都在实施内容配额制度,但近些年来,广电节目领域实行配额制度的国家不仅没有减少,反而在增加。例如,欧盟要求其成员国在指定的新闻、体育、游戏、广告、电信服务、电视购物等时间外,为欧洲内容预留足够的节目时间(一半以上的时间)。加拿大的广播法(Broadcasting Act)也有明确规定:广播电视系统要"推出一系列反映加拿大态度、观点、想法、价值和艺术创造力的节目,在娱乐节目中展示加拿大人的才智,以及基于加拿大的视角来提供加拿大或其他国家事务的相关信息和分析,以鼓励加拿大声音(canadian expression)的表达"。其二,过往欧美各国主要是通过频谱分配、执照许可、所有权限制、内容配额、资助补贴等政策工具来实现这一目标。但在伴随数字化而来的市场化导向以及伴随媒介融合而来的全球化和规模化效应之下,这些政策工具都在不同程度上受到了挑战。"自由竞争市场的力量被认为对于维护与促进在地议题和关切的节目,是较有效以及有影响的手段"(FCC, 1984,转引自 Napoli, 2005:253)。但在这种市场化的路径之下,本地主义原则的精神实际已发生变化,即从过往的民主言说范式转向一种市场原教旨主义(market fundamentalism)的言说范式。例如,批评者便曾指出(Ali, 2013),在 21 世纪初,美国便经常把促进本地主义原则等同于商业广播电台"地方附属台的权益"（affiliate rights）或者对地方附属台节目安排的保护，从而纵容了广播电视商们"在利润最大化目标下的节目和编辑决定权"，并使得本地主义原则蜕化为对广播电视商的经济刺激，而不是一种公共利益责任。同时，把增加地方性电视台的本地观众数量等同于促进本地主义原则的做法，实际上也是使得本地主义变成了一种"同质化的消费（a homogenous unit of consumption）"。因为在这样一种定义和操作下，地方其实只是众多同质消费者聚居的一个特定的空间。

第四节　本章小结

在媒介融合浪潮下，欧美传媒政策中的公共利益应该如何重新定义？虽然经过前文几近冗长的分析，但要确切地回答这一问题，依然并非易事。事实上，对于数字融合环境下传统公共利益标准的不适合性，欧美国家普遍已达成共识；但对于数字融合环境下的公共利益应该如何定义，欧美国家则普遍还没有找到一个广为认同的答案。在各国传媒政策的阐释和实践中，公共利益自始至终保持着极大的弹性。产业的发展、社会的正义与改革、消费者的兴趣、国家的利益……这一系列相异甚至矛盾的目标都被纳入了公共利益标准的范畴。不过，对于数字环境下媒体的公共利益是什么这一问题，欧美国家的政策讨论和实施其实始终围绕着以下几个问题在处理：

一　公民 vs. 消费者："公共"是谁？

"公共"是谁，这是欧美传媒政策在阐释与应用公共利益标准时共同关注的第一个关键问题。即这个"利益"到底是谁的利益，是公众抑或产业，或者国家。可以注意到，在欧美国家，虽然由于"规制俘虏"等问题的存在，政策的最后结果有些时候会将"公共利益"转变为"产业利益"或者"国家利益"，但在政策目标以及应用设计阶段，"公众"毫无疑问是其最主要的目标指向。因此，接下来的问题便是：这个"公众"是谁？对于这一问题，检视欧美传媒政策便可以发现它们对于"公众"

一词的阐述至少包含两种不同理论范式的解释：一是基于民主理论的"公民（citizen）"概念；二是基于经济理论的"消费者（consumer）"概念。因此，在很多时候，所谓的公共利益也就被分解为"公民的利益"和"消费者的利益"两大块。例如，英国出台于2000年的名为"传播业的新未来"的政府白皮书，在提出成立Ofcom的时候，开篇先是明确提出"未来针对公民（citizens）的公共服务应该作为此领域（传播领域）公共政策的中心任务"，紧接着后文又强调："我们希望新的监管机构（指Ofcom）能够清晰地认识到自己的目标是保护消费者（consumers）的利益和促进市场的开放与竞争"（转引自石力月，2010）。英国2003年出台的《传播法》更是在开篇便明确规定Ofcom的职责有二：一是增进公民在传播事务方面的利益；二是通过促进竞争的方式，增加消费者在相关市场①的利益。虽然美国的新电信法开篇即表明要"确保美国消费者以更低廉的价格获取更高质量的服务，同时鼓励新传播科技的迅速部署"，而并未明确使用"公民"概念，但在有关的政策讨论和修订中，"公民"一词亦是频频出现。同时，溯回近几年欧美国家对有关传媒政策的阐释和应用，也可以进一步发现，其对公共利益概念的理解和应用其实一直在"公民的利益"和"消费者的利益"这个概念间来回地较量与平衡。

对于两个概念在公共利益概念范畴下的关系，各级规制机构和政策的制定者或实施者普遍强调这是"一个整体"（Carter，2003a），是一个硬币的两面。但批评人士则通过分析欧美传媒政策的实际阐释和应用，揭示出了"公民的利益"和"消费者的利益"这两者之间的紧张对立关系。例如，英国学者利文斯敦（Livingstone）等人在追溯2003年传播法的制定过程中发现，英国2000年的《通信传播法白皮书》（the Communications White Paper）强调立法目的在于"保障消费者、公众和公民的利益（safeguarding the interests of consumers, the public and citizens）"，而到了2002年的"通信传播法草案"，"公民"和"公众"两词则全部以"顾客（customer）"一词代替，稍后又全部改采"消费者（consumers）"

---

① 即Ofcom管辖的所有服务、设施、设备或者directories市场。

一词。最后通过的 2003 年《传播法》是在面临各方压力下，才转而折中地同时采用"公民（citizens）"和"消费者（consumers）"两个词（Livingstone, etc., 2007a）。同时，利文斯敦等人进一步指出，虽然"公民"与"消费者"两词并置于 2003 年传播法之中，但 Ofcom 在执行与诠释法律时，实际上却有意无意地朝"消费者"一端倾斜，从而使得"公民"的利益在规制过程中被稀释，甚至被边缘化了（Livingstone, etc., 2007b）。对于 2003 年《传播法》中这种"消费者"胜过"公民"的政策倾向，另一学者艾里（Ali）同样有论述。根据艾里的词频统计，虽然 2003 年《传播法》在表述中把"公民"利益一词放置到了"消费者"利益一词之前，但在整篇法案中，公民一词出现了 51 次，而消费者一词则出现了 144 次（Ali, 2012d）。因此，正如 Ofcom 的前主席大卫·卡瑞（David Currie, 2003）在一场演讲中所指出的，在目前这种规制放松、以市场机制为主导的政策路径下，公共利益主要是消费者的利益，而"公民利益不过是市场在满足了消费者利益之后所剩下的东西"。

二 想要（want）vs. 必须要（need）：什么是"利益"？

在"公共"一词以及由之而来的"公民"与"消费者"两个概念间的紧张关系之外，"利益"一词也一直是导致欧美传媒政策中的公共利益标准模糊的又一根源。在资源稀缺且以线性传播为主的模拟时代，所谓的利益很多时候被界定为"无信号干扰""多姿多彩的节目""家庭所有成员都能找到自己感兴趣的问题""对地方公共事务的讨论""少儿以及弱势群体的保护"以及"公民知识或者共同知识（common knowledge）的获得"等诸如此类的条款。而在这些条款的表述中，选择权、知情权、表达权等概念无疑是"利益"一词的核心。在这个以丰富、互动、个性化等为特征的媒介融合世界，这些"利益"指向中的很多规定依然适用，但检视欧美国家近年来的有关传媒政策或者有关政策的讨论、征询文件便可以发现，数字时代所强调的"利益"已或多或少地发生改变，公众（或消费者）对媒介的近用权、近用能力以及互连、透明等内容亦被纳入。例如，在传播技术从模拟时代迈进数字时代之后，对于"利益"的强调更多地从过往的"无信号干扰""频谱的合理分配"等内容转向"降低市场准进门槛""网络中立""相同服务,相同规制"等主张,即一个公开、公平、透明的市场竞争环境。在实现从资源稀缺到资源极大丰富的跨越之后,"多姿多彩的节目""消费者的多样选择"等主张逐渐被"近用大众媒体的机会""公平而富有效率的竞争""消费者的信息筛选能力""公民的参与""规模经济与市场的公平竞争""所有权的控制与多元""地方性媒体系统结构性的健康发展"等主张和问题取代。在以个性化、定制、互动为特征的传播模式代替了过往的线性模式之后,"公众在充分告知下的自我治理能力""不同公民近用市场的能力"等"接受"面向的议题也逐渐被纳入"利益"的范畴。

总体而言,欧美传媒政策对于数字环境下什么是公众或者消费者的"利益"这一问题也存在两种对立的阐释方式:一种是把"利益"解读为兴趣,认为"公众的兴趣即定义出公共利益"(Fowler & Brenner,1982),"一个大多数听众感兴趣的节目就是这个节目公共利益的最好体现"(McLaren,2002);另一种则认为"公共利益并不总是等同于那些公众感兴趣的东西"(Information Commissioner's Office,2013)。例如,在2007年英国卫报集团和美国自由撰稿记者布鲁克诉英国信息委员会和BBC一案(Guardian Newspapers Ltd and Heather Brooke v the Information Commissioner and the British Broadcasting Corporation)中,英国资讯法庭(Information Tribunal)便曾明确指出,"对公众而言是有趣的与(那些)作为公共利益必须知道(东西)之间有很大的不同"(转引自Information Commissioner's Office,2013)。这两种截然不同的利益观经常交叉甚至同时出现在欧美国家的传媒政策中,但事实上前者主要是把"公共"理解成"消费者",而把消费者的利益理解为消费者想要拥有的(want)东西,其实质是消费者主权;而后者则更多地从"公民"这个视角来理解,因而所谓的"利益"就是公民必须拥有的(need),类似于一种"有益品(merit good)"。因此,正如Ofcom战略和市场发展部(Strategy & Market Developments)的理查兹(Richards,2004)所指出的:"消费者视角下的公共利益聚焦于消费者想要(want)的东西和个人的选择；而公民视角下的公共利益则主要指的是为社会长远发展所带来的好处，而不是个人的短期利益，如为民主、文化、认同、学习、参与等所带来的'更广泛的社会利益（broader social benefits）'"。

三　社会价值模式 vs. 市场模式：公共利益的两种表征模式

欧美国家很多时候都把公共利益视为一种"市场失灵"，即倾向于将之看成一个与"竞争""市场"等经济性概念相对立的价值性概念。例如，FCC成立的基本宗旨和使命便是"促进传播市场中竞争，并保护公共利益"（Napoli，2005：20）。从这个宗旨的表述来看，"公共利益"被认为是一个相异于"市场竞争"的目标，最主要的是"要为满足非市场化的公共政策的目标提供机会"（Raboy，2002）。那么，为什么在欧美传媒政策实施的过程中又往往主要依赖于市场机制来实现公共利益的目标呢？对于这一问题的回答，需要对欧美传媒政策中的公共利益标准有更深层的审视。

事实上，从有效政策建构和运用的理论基础及基本立场来看，欧美传媒政策中公共利益标准的这种混乱性事实上主要表现为两种不同甚至是相互矛盾的解释模式：以民主理论为基础的社会价值模式以及以经济理论为基础的市场模式。其中，在社会价值模式下，对于公共利益的探讨和关注其实隐含着一个前提：传媒产品与民主之间有着某种特殊的联系（Goodman，2004）。而公共利益作为一种公共善，是与传媒服务和民主政治的终极目标紧紧联系在一起的，其指涉的内容主要包括公民社会的形成、政治参与的促进以及教育、社会认同与整合等。而在市场模式下，公共利益则更多地意味着竞争、效率、创新以及消费者福利最大化等经济性概念。从认识论来看，社会价值模式下的公共利益观其实是一种"超越的观点（conception transcendante）"，即认为公共利益在本质上是一种不同于且优于私人利益的利益；市场模式下的公共利益则更多的是一种"内在的观点（conception immanent）"，即把公共利益理解为各种私人利益的加总，或者表现为内在于众多私人利益的一种共同利益。因此，在社会价值模式下，所谓的公共利益其实是一种"广义的市场失灵（broad market failures）"，即那些运转良好的市场也很难满足的目标。在市场模式下，所谓的公共利益其实只是一种"狭义的市场失灵（narrow market failures）"，所面对的挑战主要是作为私利的消费者的需求能否得到充分满足。

在社会价值模式下，或者说在一种超越的观点之下，公共利益反映的是一种超越个体的共享价值空间，属于一种保护性的范畴，其政策实现也必然要求一种超越个人控制且更具前瞻性的干预，即一种更为积极（proactive）的政策取向；在市场模式或者一种内在的观点之下，公共利益作为一种私利的集合，在本质上是受私利驱动的，因而在政策取向上也必然更多地诉求于个体利益以及经济理性，即将公共利益的实现建立在一种消极式的（reactive）、对个体或市场需求作出反应的机制之上，仅在市场秩序失范或者结构失调的时候才介入干预。因而在政策路径的设计上，超越的公共利益观偏好将公共利益和竞争分离开来，因为以私利为基础的市场不可能提供一个保护性的或者前瞻性的有效干预；内在的公共利益观则把确保"市场具有足够的竞争活力以保证所有的消费者都能得到充分满足"（Goodman，2004）作为主要的政策目标，并更多地依赖于规制放松、竞争等能够快速、有效激发市场活力以及释放需求的政策手段。

从以上分析可以看出，数字媒体环境下，欧美传媒政策中的公共利益标准更多地体现为一种"狭义的市场失灵"，即一种通过调和私利、满足需求便能解决的市场的暂时失范，并且主要诉求于一个规范的、更具活力的市场来获得解决。因此，这就不难解释前述问题，即为什么欧美传媒政策一方面把公共利益界定为"市场失灵"，一方面又主要依赖于市场机制来实现公共利益的目标。但需要注意的是，欧美传媒政策中的这两种利益观从来都不是一种非此即彼的选择。例如，不论是商业媒体根基深厚的美国，还是媒体公共服务传统历史悠久的欧洲国家，面对数字媒体以及媒介融合的挑战，都努力地在"超越私益的公益"和"内在于私益的公益"之间寻找一条"中间道路"，或者说求取一种适切的平衡。在这种背景下，"超越私益的公益"和"内在于私益的公益"作为欧美传媒政策目标的两种取向，有一种日益相连的趋势。这一趋势体现在公共利益标准内涵要件的构成上，表现为：以私利为基础的竞争原则成为公共利益的一个重要组成部分，传统的更具"超越"面向的传媒多元化、本地主义等原则也开始具有了更多的市场特征；体现在公共利益标准的政策实现路径的设计上，则表现为：在社会公义与经济效率间之间的平衡、在干预与市场之间的摇摆，以及在规制放松与再规制之间的反复。

四　小结

综上所述，公共利益概念在欧美传媒政策中的应用一直是非常混乱、复杂的。欧美传媒政策对于公共利益的讨论和政策设计，自始至终都是在各种矛盾、紧张关系中进行的，包括：在公民与消费者的紧张关系中定义"什么是公共利益"这一问题；在市场与干预的平衡与对立关系中设计公共利益的达成路径，等等。在一个日渐融合的数字媒体环境下，欧美传媒政策也一直希望在"公民的利益"和"消费者的利益"、"有趣的"和"必要的"、"超越私利的"和"内在于私利的"等矛盾关系间建立一种有效的平衡机制，其对于公共利益的定义也几乎同时存在明显的经济转向和公共转向。但事实上，面对信息技术、媒介融合等所带来的新"经济—技术"范式的挑战以及技术发展、市场发展、经济增长、产业效益、消费者福利、国家竞争力等技术资本主义的压力与诱惑，欧美传媒政策又不可避免地从一个保护性的范畴日益变成一个经济生产的范畴，即：更倾向于从"消费者"角度，而不是从"公民"的角度来定义"公共利益"；更倾向于将公共利益理解为一种在本质上和"市场"相连的私利的集合，是"一种通过市场力量就能够获取的东西"（陈映，2013b），而不是一种在市场之外、超越于私利的东西。

事实上，要简单地说清楚欧美传媒政策中的公共利益标准是什么，以及这一标准在数字化背景下将何去何从，本来就不是一件易事。或许，正如笔者原先所强调的，对于公共利益的理解要与对传媒在欧美民主社会的功能和角色定位的理解同步进行，"公共利益的这种模糊性其实根源于媒体自身的独特性质"（陈映，2013b），即"一方面是利润生产的机器以及推动经济发展、创造就业的产业，承担着制售信息以满足社会需求并获取利润的市场经济功能，另一方面又扮演着作为民主社会'看门狗'、'公共通道'以及'孵化器'的社会政治角色"（陈映，2013b）。因此，"当公共利益标准被应用于传媒政策领域，即是一个原本就难说清的不确定概念又遇上了一个复杂且矛盾的载体，其诠释的张力便有了无限的可能"（陈映，2013b）。

第五章 "第三条道路"的探寻:融合背景下欧美传媒政策规制范式的转型

政策并非一个简单的标签,而是它所描绘的过程的一部分。

——科尔巴奇,2005:2

正如科尔巴奇所说的,政策作为相关利益主体"角逐现存秩序和声音参与权利的工具"(科尔巴奇,2005:3),在价值层面反映了对不同理想结构和行为的集体追寻目标,在经验层面则表现为"规则制定(rulemaking)的可见部分"(科尔巴奇,2005:30)。同时,传播政策学者纳波里(Napoli)也强调,政策原则之诠释和运用,深受政策制定过程之影响(Napoli,2005:10)。因此,我们对于传媒政策范式的研究也必须最终落到过程这一环节,检讨相关的政策原则"是如何被实践者以及理论评家们所运用的"(科尔巴奇,2005:3)。有鉴于此,接下来本章将由政策过程来展开推导,探讨欧美传媒政策在媒介融合背景下发生的组织方式和机制的变革问题,即规制范式的转型问题。

规制作为政策实现的特定组织机制和方式,是一个与政策过程紧密关联的概念。在政策过程分析中,"行动"和"行动者"无疑是最基本的两个要素。其中,所谓"行动"指的是那些最终共同形塑政策过程的许多"次过程",包含一整套规则、工具、方法以及路径的组合运用;而所谓的"行动者"则是指在这些政策过程中具有一定能力、偏好、诉求以及相对自主性的政策主体。基于这样一种"行动—行动者"的二维分析框架,本章将从以下两个问题切入,进行规制范式转型的研究:

其一，政策问题是通过什么方式、方法以及工具获得解决的。即政策行动是如何组织和开展的。基于这一问题，接下来本研究将从政策工具和规制方法的视角出发，通过逐一检视所有权控制、基础设施规制、内容规制以及公共媒体制度等欧美国家主要的一些传媒规制工具和手段在新环境下所面临的问题以及发生的变化，进而总结和探讨欧美传媒政策因应媒介融合而发展出来的"规制放松"和"再规制"两种矛盾而共进的政策路径。

其二，谁参与了这些行动或过程的形塑。即政策过程是在哪些主体的推动下得以实现的。依照这一问题，本研究接下来将从政策行动主体的结构性变革这一命题出发，探讨媒介融合背景下国家/政府、市场、媒体以及社会等不同行动主体在传媒政策中的角色扮演和重构问题。

第一节　规制放松与再规制：欧美传媒政策的一种悖进路径

自20世纪80年代以来，"规制放松"（deregulation）一词频繁地出现在有关欧美传媒政策的各种讨论之中，并在实际上左右着欧美融合政策的走向。但与此同时，对于放松传媒规制政策的各种省思以及讨伐之声也不绝于耳。面对快速发展的传播技术以及日益融合的传媒生态大转型，欧美传媒政策到底采取了一种什么样的路径？同时，这种"规制放松"的路径到底是否是一种解除规制或者不要规制的主张？接下来，围绕"规制放松"与"再规制"两个关键词，力求勾勒出欧美融合政策的一种演进路径，并尝试对这种路径作出理论上的解释。

一　规制放松：政策的"自由化、市场化与减少规制"转型

长期以来，欧美国家在传媒政策实施路径的选择方面基本都是从结构和内容两个面向出发来建构公共利益的保障体系。但面对数字以及互联网技术的快速发展，这两种规制工具都在不同程度上遭遇了挑战。同时可以很明显地看到，欧美政府正在从那些涉及市场发展的规

制领域撤出。经济的发展在欧美传媒政策的构建中获得更多的优先权，经济利益被放置到社会文化和政治利益之上，自由化、市场化以及私有化成为传媒政策的主要基调，市场机制以及竞争政策成为政策的主要工具和手段。因此，在审视与解读欧美融合政策变革的时候，"规制放松"无疑是一个明显且无法忽略的特征。接下来，将从结构规制和内容政策两个角度入手，对欧美融合规制变革中的"规制放松"运动进行总结和解读。

（一）所有权控制的"哥白尼式"革命

一直以来，所有权控制，包括所有权分散结构的设置、所有权上限的设定以及对外资所有权的限制等，是欧美传媒政策中最重要的结构规制工具。过往，这一政策工具在欧美传媒政策中的使用非常普遍，甚至是屈指可数的可以将报刊媒体纳入的一种政策工具。但与此同时，这一工具由于直接限制了传媒企业决定自己投资和发展方向的经营能力，因而也一直面临着极大的争议。因此，面对媒介融合带来的传媒资源极大丰富、产业边界日渐模糊以及国家边界日渐消失等诸多挑战，所有权控制的合法性和有效性问题便首当其冲地受到了质疑甚至是攻击。

在欧美传媒政策的安排设计中，所有权控制主要用作传媒多元化、本地性、竞争等公共利益目标达成的最主要的保障手段。例如，在欧美传媒政策的设计中，传媒所有权的集中和垄断被认为是对传媒多元化和自由竞争最大的威胁；对于传媒多元化和竞争性市场的设计也主要从产权着手，通过设定所有权上限等政策工具和手段，来最大限度地减缓传媒的集中或垄断。正如贝克所强调的："所有权分散（政策）的主要目标和价值是它直接指向一个更公平、更民主的传播权力分配体系"（Baker，2007）。长久以来，一个多元、分散的传媒产权结构被认为将必然地带来自由的竞争以及权力的分散，并进而带来传媒产品和内容的多元，从而促成传媒多元化、竞争等公共利益目标的实现。但这种通过所有权控制来实现公共利益目标的政策路径一直备受批评和质疑。如早有研究者指出，媒体产权与媒体内容之间并没有显著的正向关系存在，一个竞争性的市场也并不能保证媒体内容的多样性（Grotta，1971；Hale，1988；McCombs，1988；McQuail，1992：116）。过往，反对者们总是拿所有权政策这种在结果有效性上的不确定性来企图推翻所有权控制的正当性基础；现在，随着传媒资源的极大丰富，这种建立在"产权—内容"假设之上的所有权政策的合法性基础显然更加不堪一击。例如，在作出放松《全国电视台所有权规则》（*National Television Station Ownership Rule*）决定时，美国 FCC 前主席肯纳德（William Kennard）给出的理由便是，随着各种媒体平台数量的不断增多，媒体市场已经变得越来越有活力并且充满竞争，美国民众比原来有了更多的选择。《全国电视台所有权规则》的存在会抑制市场竞争及媒体企业发挥它们的经济潜能（Labaton，转引自吴晓迪，2013）。英国工党政府媒体事务的前主管泰萨·乔韦尔（Tessa Jowell）在 2002 年大幅度解除媒体产权规制的传播法草案公布之际，也曾宣称：媒介融合时代谁拥有媒体产权已不再重要，重要的是拥有媒体的人必须在竞争环境下提供受众愿意付费或花时间接触的内容，重要的是政府维持鼓励自由化与竞争的媒体竞争（Brown，转引自罗世宏，2003）。

除此之外，所有权政策的反对者们显然还找到了另外一条更加令人难以辩驳的理由：所有权控制已是一个过时的玩意儿，它不适用于数字时代。因为在大多数国家，这一政策工具仅适用于无线电广播电视、报刊媒体等传统媒体领域，而没有涉及卫星电视、付费电视、IPTV 以及社交媒体等其他新兴媒体和服务。这一政策工具的内在设计缺陷已不可避免地带来了规制机会主义以及规制不公的问题。如在澳大利亚，已在报刊媒体领域占据逾七成市场份额的新闻集团便利用这一政策工具的缺陷收购了在付费电视领域占据主导地位的 Foxtel 的 25％股权。更让那些放松规制的主张显得有理有据的是，在这个媒介融合的新环境下，这一政策工具的这些缺陷似乎也很难得到完美的弥补或纠正。因为在一个媒介间界限日渐模糊且内容与网络日渐分离的世界，要准确地界定相关市场并进而合理地区分和分配对不同媒体的控制力量显然已是一件非常困难的事情。例如，即使一家电视媒体在受众份额上受到严格的控制，但它同样可以通过互联网不受任何限制地到达所有的受众。在这种情况下，所有权的控制显然已经失去了原有的效用和意义。例如，美国 FCC 前主席迈克尔·鲍威尔便曾明确表示，FCC 放松所有权规制的新规定是顺应潮流之举，其依据则是：现行的政策规则大多是在"二战"后制定的，并没有把互联网以及付费电视日益增长的影响考虑在内，过于陈旧、无法应对不断出现的法律挑战。

因此，面对所有权政策在新媒体环境下的种种不适应性以及来自新自由主义思潮的种种游说与冲击，放松对传媒所有权尤其是跨媒体所有权的限制，只在掌握反竞争行为的证据之后才对市场进行介入干预，已成为数字浪潮下欧美国家所有权政策的一个明显而普遍的变化（见表 9）。例如，美国自 20 世纪 80 年代以来便开始放开对多家媒体所有权（multiple-ownership），即拥有一个以上同一类型的媒体所有权的限制；20 世纪 90 年代以来，跨媒体所有权（cross-ownership），即同时拥有不同类型媒体所有权的限制也开始不断地被放松。自 2003 年以来，FCC 更是在民间反对浪潮迭起的情况下先后出台了多项放松所有权规制的措施。在美国，关于所有权最初的规定是，任何个人或团体不得拥有 3 家以上的电视台，并且拥有媒体的总数不能超过 25％的受众份额[①]；2007 年修正的所有权规则将这一份额放宽到了 39％[②]，同时还允许处于美国媒介行业领先地位的媒介公司或集团在全美 20 个城市同时拥有报纸和电视台。根据 FCC 在 2011 年底提出的最新媒体所有权修正案，未来 FCC 还将容许任意一家公司同时拥有地方媒体市占率前二十的电视台和报纸。同在北美地区的加拿大由于更倾向于依赖所有权集中所带来的规模经济与范围经济效应来发展传媒市场，因而在放松所有权规制方面走得更快，步子也更大。早在 1980 年，加拿大就取消了对"报纸—电视"的跨媒体所有权禁令。至 2000 年，加拿大已从跨媒体所有权融合发展到传媒业与其他行业间的跨

[①] 为了保护市场竞争和多样性，FCC 于 1941 年颁布了《全国电视台所有权规则》（the NTSO Rule），作出这一规定。

[②] 在 2003 年，FCC 曾将这一限额放宽到 45％，但由于遭到美国民众的强烈抵制，后被参议院判定无效。因而在 2007 年的时候，便将这一限额收回到 39％。

行业所有权融合。在这一年，加拿大最大的电信运营商贝尔（BCE）公司获得了电视和报纸资产，加西集团（Canwest Global）获得了《全国邮报》（*National Post*）和索瑟姆报业集团（Southam News）等纸媒资产①。当视线放到地处欧洲大陆的英国，这种放松所有权控制的"哥白尼式"革命依然在延续。自 20 世纪 90 年代以来，这个在媒体领域有着悠久公共服务传统的国家，也逐步走上了放松媒体所有权控制之路。其 1990 年《广播法案》（1990 *Broadcasting Act*）、1996 年《广播法》（1996 *Broadcasting Act*）、2003 年《传播法》（*Communication Act of* 2003）以及 2011 年通过的《媒体〈广播与跨媒体〉所有权规定》[*Media Ownership (Radio and Cross-media) Order* 2011] 等均是放松规制的产物。现在，英国在中央以及地方层级针对媒体并购的限制基本上已经全部自由化。这种放松所有权控制的做法同样蔓延到了其他的欧美国家。例如，澳大利亚于 2006 年出台的《广播服务补充法令》②（*Broadcasting Services Amendment Act*）亦破坏了 1992 年《广播服务法令》（*Broadcasting Services Act*）中很多有关所有权的规定。在 1992 年的《广播服务法令》中，既有商业广播电视的受众覆盖面在总量上不能超过 75％ 的规定，也有对不同地区最小媒体数量的规定，如在都会（metropolitan）市场独立媒体的数量不得少于 5 家，在区域性（regional）市场不得少于 4 家，即所谓的 "4/5 法则（the 4/5 rule）"；同时，在跨媒体所有权上严格执行所谓的 "2/3 法则（the 2/3 rule）"，即在同一地区，在商业电视、商业广播以及报纸三种传播媒介中，一个人或者团体不能拥有超过两种。但 2006 年出台的《广播服务补充法令》（*Broadcasting Services Amendment Act*）不仅解除了对外资所有权在商业电视和付费电视领域的限制，而且废除了商业广播电视以及报纸领域的大部分跨媒体所有权限制。只要通过传媒多元化的测试并确保拥有一定数量的独立媒体集团——这个最低数量在大都会市场是 5 家，而在区域市场是 4 家——媒体间的合并便

① 连串举动令加西债台高筑，导致集团于 2009 年进入破产保护，其报业项目亦被出售。
② 该法于 2006 年 11 月 4 日通过，2007 年 4 月 4 日正式生效。

欧美传媒政策的范式转型：以媒介融合为语境

可以获得许可。

表 9　　　近年来部分欧美国家放松传媒所有权规制的主要措施

国家	时间	放松所有权规制的法令或政策及其明细
美国	1985	将一家公司在全国可以拥有的广播台、电视台的数量上限，由 7 家提高到 12 家
	1992	放宽了对一家公司在同一城市所能拥有的广播台数量的限制
	1996	通过新《电信法》（Communication Act of 1996），相关措施包括：（1）撤销对一家公司在全美所能拥有的广播台数的上限，只要确保这家公司在这一市场中所拥有的广播不超过当地广播数量的 50%；（2）将一家公司在全美的电视受众覆盖率上限从原有的 25% 提高到 35%
	2001	放宽了针对美国四家主要的电视网络（即 ABC，CBS，NBC 和 Fox 公司）的有关规定：原先 1946 年通过的《二元电视网络规定》（Dual Television Network Rule）禁止这四家主要的电视网络之间的兼并，2001 年放宽规定后，允许它们同较新的电视网络如 WB 公司和 UPN 公司联合
	2002	FCC 通过新的媒体规制决议，拟放宽美国媒体公司其电视观众在全国家庭总数中占有率的上限，从原先的 35% 调高到 45%；也取消禁止媒体集团在同一地方市场同时拥有报纸和电视台的限制等。该政策一出台即遭到美国社会强烈抵制，后被推翻
	2007	（1）将市占率的上限降为 39%，同时在数量限制上规定：单一事业不能拥有超过一家电视台和一家广播电台，除非该市场已有 10 家以上的媒体；（2）允许处于美国领先地位的媒体公司或集团在全美 20 个城市同时拥有报纸和电视台；（3）取消了对媒体集团在涉足报业和广电行业问题上长达 32 年的跨媒体所有权的禁令，允许报社在全美前二十大城市购买电视台，条件是这家电视台不是前四大电视台之一，且当地还有八个独立新闻机构
	2011	FCC 提出一个新的媒体所有权规制修正案。新的修正案将放宽媒体所有权的法律限制。未来，FCC 将容许任意一家公司同时拥有地方媒体市占率前二十的电视台和报纸
澳大利亚	2006.07	通过《广播服务补充法令》（Broadcasting Services Amendment Act），该法于 2007 年 4 月生效。主要措施包括：（1）解除了对外资所有权在商业电视和付费电视领域的限制；（2）废除商业广播电视以及报纸领域的大部分的跨媒体所有权限制；（3）媒体合并的要求：通过传媒多元化的测试，确保拥有在大都会市场不少于 5 家、在区域市场不少于 4 家的独立媒体集团
加拿大	/	早在 1980 年，就取消了对"报纸—电视"的跨媒体所有权禁令。至 2000 年，已从跨媒体所有权融合，发展到传媒业与其他行业间的跨行业所有权融合

151

国家	时间	放松所有权规制的法令或政策及其明细
英国	1990	占据全国发行市场份额不超过20%的报纸所有人可以拥有任一独立电视频道（Independent Television，ITV）的不超过20%的产权
	1996	（1）第一次允许一家媒体公司同时拥有全英15%的广播市场份额（BBC听众除外，且不多于一个全国无线广播执照）、全英20%的报纸市场份额和全英15%的电视市场份额（包括BBC观众，但不能多于一个全国ITV执照或C5执照）；（2）除了不允许一家地方媒体同时拥有同一地区的地面电视和电台执照外，地区媒体市场拥有跨媒体所有权的上限被提高到媒体所有者拥有不超过目标市场50%的市场份额即可
	2003	通过媒体合并规则（Media Mergers Order 2003），同时废除了1973年《公平贸易法案》中关于报业合并的部分条款，并重新规定了报业合并的规章和程序
	2003	通过新的《传播法》，出台以下规定：（1）第一次允许非欧洲共同体居民、广告代理公司、宗教组织和地方政权拥有广播执照；（2）第一次允许媒体公司采取"二加一"模式拥有地方广播执照进行跨媒体经营，但规定拥有地方报纸市场50%以上份额或已经拥有与地方广播执照覆盖范围相同的ITV执照的公司不能再拥有地方广播执照；（3）允许在全英市场份额超过20%的报业所有者持有C5执照，但不允许他们持有任何ITV公司20%以上的股权，且不得单独拥有ITV执照；（4）允许外国企业收购英国商业电视台
	2011	通过《媒体（广播与跨媒体）所有权规定》［Media Ownership（Radio and Cross-media）Order 2011］，进一步废止在地方层级媒体累积符合某一比率的限制

资料来源：本研究自行整理绘制。

（二）频谱规制的市场化和自由化

欧美各国传媒规制（主要是对广电媒体的规制）的方式虽有极大差异，但"在规制商业广播电视媒体时，皆是以核发频谱执照为开端的"（Head，转引自洪贞玲，2006），并且"以核发执照来控制广电媒体（市场的）秩序，并进而实现传媒多元化的目的"（Hoffmann-Riem，转引自洪贞玲，2006）。其中，以商业媒体为主的美国、加拿大、澳大利亚等国家长期以来已积累出一套规则复杂而细密的频谱执照核发或换发的制度，而以英国为代表的欧陆国家在媒体自由化、市场化的改革中，也逐渐发展出了一套核发或换发的制度。如前所述，这种特许准进的频谱分配制度建立在频谱资源稀缺的特性上，而且以频谱作为大众传播载体会对内容产生压力和影响为前提条件。但现在，随着广播网、电信网与互联网的日渐融合，大众传播的管道也早已不限于广播、电视或者报纸等传统媒体形式，而媒体内容也逐渐从传统的网络平台上分离出来。一个基础设施（频谱）和传播内容分离、垂直分工的全新市场架构逐渐形成。一方面，大量经由宽带和智能手机等新型传播渠道的类广播、类电视服务得以涌现，它们甚至不再依赖于频谱资源；另一方面，同样的内容可以通过广播电台、有线电视、卫星电视或者网络被传递和消费（Thierer，2007），却由于经过不同的网络受到了不同的规制待遇。在这种背景下，过往将频谱与传媒执照紧密结合的思维便难以延续。因此近年来，在这种背景下，频谱与媒体执照之间的适度脱钩以及如何确保频谱使用的最大经济与技术效益等问题成为欧美传媒政策的重要议题。

在频谱与执照脱钩以及提高频谱使用效益等目标下，欧美国家近年来的频谱政策已经朝向市场机制与频谱自由化两种模式并行的方向调整。具体表现为以下三个方面：

第一，频谱规制中传统的命令与控制模式（command-and-control），即政府全程高度介入频谱分配过程的管理模式被大幅度修正，评审制①尤其是竞争性的拍卖制成为欧美国家主要的频谱分配方式②，频谱资源的管理日渐被纳入市场机制。一些国家甚至放宽了频谱的交易机制，让频谱资源得以进入次级市场进行交易，在增加频谱流动性的同时，也使得新服务的提供者不再受限于进入市场的时机。

第二，在不断完善频谱分配的市场机制的同时，各国执照更换的程序也不断被简化。举例来说，在美国，过去广电业者必须每三年更换执照，并且要提供完整的新闻和公共事务服务报告；现在，更换执照的期限放宽到了 8 年，并且公共服务政策的要求也大幅减少。同时，原执照换发程序中的比较听证环节也被取消了。在 1996 年电信法的新规定下，

①　评审制指的是主管机关会依照申请者所提供的企划书，审视其资源利用的能力，核发特许执照，取得执照者每一年需缴纳使用频谱之特许费用，故展延其特许执照时并非缴交执照许可费用即可，对得到频谱使用权之业者收取的费用，是基于业者因利用该频谱资源而产生之利润。一般而言，芬兰、挪威、葡萄牙、瑞典、波兰、法国等国家采评审制；英国、德国、荷兰、意大利、加拿大、美国等国家实行拍卖制。

②　还有部分国家如法国、西班牙、葡萄牙、瑞典、芬兰、卢森堡、爱尔兰仍然维持由行政主管机关决定的方式。

业者只要符合"已经履行'公共利益、便利与需要'原则规定的相关义务""没有重大违反电信法以及主管机关相关法令之事"等要求即可顺利换发执照。

第三，逐步放宽甚至解除对频谱用途的限制，建立弹性的频谱使用权制度。如英国 Ofcom 在 2006 年发表的"无线电波近用之技术与使用中立"的咨询文件，便明确提出，频谱使用应尽可能免除过去从设备和技术上做限制的做法。未来将直接在频谱的使用权中定义使用者可影响邻居的程度；只要低于此干扰水平，任何使用上或技术上的变更都可被允许（转引自蔡颖，2014）。

（三）内容规制体系的溃散

在欧美国家，对传媒的规制主要采用经由结构到内容的路径。例如，美国 1934 年《传播法》便有特别强调，FCC 没有内容审查权，不能指示任何电台播送或取消播送任何特定节目（埃默里等，1982：531）。不过，虽然结构规制可以在一定程度上影响传媒的内容生产，但并非所有的内容问题都能经由结构规制的方式加以解决。"在实现文化和语言多元、信息近用权、少数保护、维护尊严等公共利益目标下，以及在广告、电话销售等领域保护消费者权益时，有效的内容规制是必要的"（Kleinsteuber，2004）。因此，欧美国家在所有权控制、市场准入控制等结构规制手段之外，一般都有专门的内容规制来处理传媒内容及其外部性的问题。而且长期以来，这种基于节目内容的行为约束模式是欧美国家赖以界定并保障公共利益的一条主要规制路径。以美国为例，从 20 世纪 30 年代末开始，FCC 便开始试图将其公共利益标准延伸至节目规划的活动内。在1946 年发布的"蓝皮书"中，FCC 甚至尝试将节目内容纳入为测量广播商服务于公共利益的程度以及判断其许可是否续期的一个重要考虑标准。而在 1960 年的《节目政策声明》（通常称为"1960 Program Policy Statement"）中，FCC 也对电视媒体提出了类似要求，提醒它们通过调查和分析来了解本地节目的需求以服务于公共利益。

不过，一直以来这种从传媒内容入手来界定公共利益的思路实施起来都并不顺利。一方面，这种行为约束的模式只能主要通过规制机构对那些不符合要求的行为和内容进行惩罚来实现；另一方面，媒体对这种内容规制的路径普遍持抵触甚至反对的态度，相关的政策在施行过程中不仅面临标准如何量化等操作性的问题，而且面临着大量来自游说、诉讼等反对性力量的干扰与阻碍。现在，随着内容和网络的分离以及传播渠道的日渐融合，通过颁发许可证从而得以对受许方进行种种条件限制的内容规制的传统手段也受到了挑战。与此同时，随着传媒数量的增加以及市场竞争的日益激烈，欧美国家开始把公共利益的实现目标建立在自由竞争的市场机制以及形形色色的传媒得以自由生长的自由市场之上。在这种背景下，早先建立的内容规制体系纷纷被放松甚至遭遇瓦解。同样以美国为例，在近三十年间其放松内容规制的举措显然非常频繁：

• 1981 年，取消了广播商们对其节目和广告内容进行自我检查的自律机制；

• 1983 年，终止了已执行 13 年的儿童节目审查制度，并解除了对商业广播电台和电视台关于儿童节目的强制性要求；

• 1984 年，取消了 20 世纪 20 年代所确立了一条重要的责任条款：广播商必须达到广大公众，寻找并发现这些共同体的需求，在节目中反映这些需求；

• 1987 年，宣布著名的"公平原则（Fairness Doctrine）"违反宪法并予以废除。该原则自 1974 年以来一直被 FCC 视为广播电视执照更新的必要条件。

• 1995 年，几经调整的"财务利益与辛迪加规则（Fin-Syn rules）"被正式废除，这一规则自 1971 年以来限制电视网对节目的所有权，禁止电视网涉足辛迪加节目市场。

• 1996 年，"黄金时段准入规则（Prime-Time Access Rule，PTAR）"亦被废止。该规则规定美国三大电视网在周一至周六的晚间黄金时段之娱乐节目不得播出超过 3 小时，旨在增加新的节目供应来源，减少对三大电视网的依赖，借由来源的多样化，达到内容的多元化。

……

155

时至今日，以美国为代表的欧美国家在传统广播电视领域的内容规制已遭遇大规模的削减，仅仅剩下本地节目、儿童保护等为数不多的责任条款。如波顿基金会（Benton Foundation）在一份发表于 2005 年的研究报告中指出，现在美国传媒政策中保留下的内容方面的责任条款仅剩以下八个项目：1. 大量的非特定的本地节目；2. 每周三个小时的适于儿童观看的教育和信息节目；3. V-chip 分级系统（V-chip ratings system）；4. 禁止在儿童可以看到的时候播放不雅节目；5. 禁止所有的香烟广告以及在儿童节目时段限制广告的数量；6. 为政治候选人提供特别的近用；7. 在公民或团体受到攻击时，为他们提供捍卫自己权利的机会；8. 为听力或视力有障碍的人群提供近用权利（Benton Foundation，2005）。

（四）公共媒体的危机与市场化转向

欧美传媒规制的起点在很大程度上源于对传媒商业模式的不信任以及制约。在他们看来，传媒的很多问题根源于传媒的商业模式，因为商业媒体把经济利益目标置于其他目标之上，这便不可避免地影响了其生产内容的质量，从而带来了内容的同质化、低俗化等问题，那些需要投入大量资金并且耗费时日的调查报道、深度报道则被搁置（Free Press，2009）。因此一直以来，在确保"单一或少数的私人媒体企业不能主宰媒体市场"（魏玓，2006）的所有权控制之外，欧美国家还致力于发展另外一种结构控制工具——构建一个包含多种类、多形态媒体在内的传媒市场，以确保"并非所有的节目都是由商业规则来决定"（FCC，1981）以及"那些市场不愿生产的某些种类的内容能够得到生产"（Hitchen，2011），同时"避免同一运作逻辑（如商业营利）的媒体独占媒体生态"（魏玓，2006）。这一方面最著名的典范无疑是以英国 BBC 为代表的公共媒体系统的建立。BBC 是一家在 1927 年取得英国皇家特许状的公共广播电视。除此之外，美国 1967 年的《公共广播法案》（*Public Broadcasting Act*）也催生了一个以公共广播公司（Corporation for Public Broadcasting，CPB）、公共电视台（the Public Broadcasting Service，PBS）、公共广播电台（National Public Radio，NPR）为代表的"'纠偏补弊'的公共体系"（郭镇之，2006）。尽管各国的公共广播服务模式在法律地位、组织架构及财政来源方面各有不同①，但它们都具有一些共同特征，包括：普遍服务、独立于政府和既得利益者之外，致力于追求新闻和时事评论之公平公正、服务少数族群、反映国家文化与认同，制作有品质、不从众的节目等（Debrett，2009）。

不过，20 世纪 80 年代以来，随着有线电视和卫星电视的兴起以及传媒市场的逐步自由化，对公共媒体的各种讨伐便多了起来。批评者们认为，公共媒体在本质上是精英主义的统治思想，因为它假定公民不能够自己作出合适的选择。在时下这个多媒体时代，传媒市场可选的内容越来越多，因此已不再需要分配公共资源用于公共广播服务。因为跨媒体的生产"为社会上的每一个公民（提供了）从所有可能来源中获取个人化的信息组合（能力），而不需要专业组织的事先筛选"（Quandt & Singer，2009：132）。与此同时，正如一些商业媒体所宣称的"文化属于它们，受众属于我们"，面对商业媒体的攻城略地以及公众媒介使用的碎片化趋势，公共广电媒体收视率下降、市场占有率下滑②也已是不争之事实。在这种背景下，一方面，"政府特许公共广电媒体独占或介入无线广电服务的做法便失去了政策和法规的正当性"（Iosifidis，2007），公共广电系统是否还有存在的价值开始受到质疑。一些反对者宣称，"那些旨在捍卫社会价值内容的干预还不如直接资助内容的生产商，而不是公共媒体"（转引自 Kafle，N. D.）。另一方面，出现了关于公共广电媒体前景的各种悲观预测，甚至在有着悠久公共广电服务传统的英国，也出现了关于 BBC 的死亡预言。悲观者们不无戏谑地说："PSB（笔者注：公共广电媒体）可能要在 2020 年庆祝它的百岁生日，但前提是它要在那之前使自己重新焕发生命"（Thomass，转引自 Jakubowicz，2010）。这些挑战和动摇反映到传媒政策中，则主要体现为公共媒体运作体制的两个方面：国家在财源支持方面的撤退以及公共媒体更多地转向市场。

---

① 例如，英国的 BBC 和第四频道、加拿大广播公司和澳洲广播公司均是法定机构，由理事会监管；在法国、意大利和西班牙，国家级的公共广播机构是有限公司，由国家或公营财务团体所拥有。

② 例如，英国 BBC 在 1982 年的收视率为 38%，2003 年下滑至 23.3%。

在财源和经费方面，公共媒体在过往的收入主要可分为公共经费和商业经费两大块①。其中公共经费收入包括直接向民众收取的执照费/收视费、政府从税收中划拨的经费或者相关的赞助和捐赠等，商业经费则主要包括订阅服务的费用、广告、赞助、相关产品的销售收入等。虽然个别国家（如新西兰）公共媒体财源收入以广告为主，同时像BBC这样每年收取庞大收视费的公共媒体也会有部分来源于广告、产品销售、海外频道订阅服务等渠道的收入，但总体而言，以执照费和政府补助为主的公共经费是多数国家公共媒体的主要经费来源。不过，近年来随着传媒资源的增多以及广电频谱作为稀缺资源立论基础的动摇，公共媒体在经费上享有的这种特殊保障则备受争议。自20世纪80年代以来，西欧不少国家便开始允许公共电视台以商业广告来补充收入。进入21世纪以后，公共媒体公共经费的削减也提上了政策的议程。例如，自2010年起，BBC在未来六年的电视执照费将维持不变，这事实上意味着相当于16%的经费削减幅度。同时，英国外交部也表示不再提供BBC全球服务（World Service）的运转经费，这部分节目费用将由BBC自行承担。放眼未来，一种混合式的经费模式也渐渐成为各国公共媒体发展的支撑。例如，欧洲理事会便曾明确指出，未来公共媒体应该采取混合式的经费来源，包括执照费、国家捐赠补助、税收、广告、赞助，特别是随选频道的计次收费服务，或是销售书籍、光盘等（Bron，2010）。

伴随着财源紧缩而来的是公共媒体的市场化转向。例如，德倍礼（Debrett，2009）在分析英国、澳大利亚、新西兰、美国四个国家的六大公共媒体后发现，公共媒体已经越来越多地要依赖其成功的、国际化的商业服务。事实上，面对观众流失以及经费减少等重重压力，许多公共媒体已开始改变自己的节目策略和运营模式，如仿效商业媒体提供24小时服务，或者修改节目编排，增加流行的真人秀等娱乐节目，等等。这种市场的压力反映到传媒政策的安排中，则体现为欧美各国在市

---

① 在经费来源上，各国的公共媒体体制各有差异。如英国、瑞典、芬兰、丹麦、挪威等国家以电视家户缴纳的执照费为主，澳大利亚、加拿大等国家则以政府拨款为主，新西兰的公共电视财源收入以广告为主，等等。

场竞争公平的名义下对公共媒体与商业媒体利益的平衡以及在规制中更多地引入市场的工具。正如 2007 年欧盟视听媒体观测中心出版的《公共服务广电文化》（*The Public Service Broadcasting Culture*）一书①中所指出的，面对新科技和商业竞争的挑战，以及欧陆广电双元系统的版图形成，必须以竞争法等手段来维持 PSB 和商业广电媒体间的公平竞争（转引自陈雅萱，2011）。

二 再规制：新规则、新手段与新方法

在签署 1996 年电信法时，时任美国总统的克林顿（Bill Clinton）表示，"媒体所有权解禁政策将可带来市场的自由竞争，并让美国民众享有更多选择，而且费用会越来越低"。但事实是，随着传媒规制的一再放松，美国的媒体市场几乎完全被大型媒体财团垄断，相关的费率不仅没有越来越低，反而不断地上涨，同时传媒内容的多元化程度也没有得到提升。如在 1996 年电信法之前，一家公司在全美范围内只能拥有不超过 8 家电视台；而到了 2004 年，仅清晰频道的集团（Clear Channel）一家，就在美国控制了大大小小 1200 多家电视台。这种传媒市场的日益集中与垄断问题在其他放松规制的国家亦不难寻见。如在英国，全国性日报市场的近半壁江山由新闻集团（News Corporation）和三一镜报（Trinity Mirror）两家集团所掌控；在地方报纸市场，20 家公司控制着将近 1300 家报纸，其中更有超过 60％的份额是由三一镜报、新闻公众股份公司（Newsquest）、北岩报团（Northcliffe）以及约翰斯顿(Johnston)四个报业公司所掌握的。而有线电视市场也主要由 NTL 和 Telewest 两大巨头所瓜分。

这种传媒集中与垄断的问题及可能危害正在引起欧美社会的广泛关注。如站在这场规制放松运动最前列的美国，近年来就面临着一场场声势浩大的媒改运动的冲击。如早在 2002 年 FCC 同意 Comcast 并购

---

① 该书出版信息为：Nikoltchev, S. (Ed.). (2007). The public service broadcasting culture. Strasbourg：European Audiovisual Observatory.

AT&T一案时，民主党委员迈克尔·科普斯（Michael Copps）就曾公开质疑："大型企业合并所产生的经济势力，伴随而来滥用权力的机会，都比申请者或委员会里所声称可能带来的有限公共利益，要重要得多"（转引自张锦华，2013）。而在2003年5月中旬FCC提出放松媒体所有权新草案之际，高达75万人次的一般信件和电子邮件涌进FCC，表示对这种放松所有权控制的反对，甚至要求更严格的控制（转引自张锦华，2013）。但面对这个全新的传媒世界，传媒政策能否简单地回到过去呢？对于这一问题，传媒公共利益的倡导者即使再三强调一味地放松规制值得警醒，但亦不得不承认：在这个以互动、融合为特征的新媒体环境下，公共利益的实现需要新的方法和路径，因为传统的自上而下的传媒规制已变得缺乏弹性且容易产生副作用。因此，如何在市场与竞争以及在自由与规制之间寻得平衡，便成为新时期欧美国家在传媒政策领域普遍面对的一道难题。围绕这一难题，欧美国家近年来也展开了一场"再规制"的改革运动。具体而言，主要表现为以下几个方面。

（一）"网络中立"原则的广泛认可以及频谱管理的市场化和自由化：基础设施规制的创新

在媒体、电信与互联网等产业相互汇流、融合的过程中，内容与网络日渐分离，网络作为信息传播的基础设施，亦成为传媒业发展不可或缺的基础。传媒作为渠道、介质的技术特质也日渐反映出来，作为基础设施的网络的建设和使用问题获得了前所未有的重视。同时，随着平板电脑、智能手机的蓬勃发展，高速的无线网络已经成为传播技术的主流，从而带动了对频谱需求的日益增长。在这种背景下，传统广电媒体政策领域的频谱议题"逐渐由单纯的媒体频道规则，转化为通信网络结构中的最底层关键环节"（彭心仪，2010：245）。但过往在基础网络结构的规制中，各国基本实行一种基于技术分立的差异化规制体系，即不同网络受到不同的规制。例如，电信网络由于主要用于点对点传播，因而适用较为宽松的共同载体（common carriage）法规，主要规则为"先来先到"，不可有歧视（non-discrimination）；广电媒体主要采用一对多的传播方式，因而其赖以传递内容的频谱资源则在资源稀缺、公共利益等逻辑和原则下受到严格规制，广播商们"拿到特许执照及频谱资源的代价便是要通过许多方式服务公共利益"（Goodman，2009）。这种分而治之的基础设施规制体制在媒介融合的冲击下不可避免地受到了冲击。在这种背景下，确保"竞争者及潜在竞争者得以在无差别待遇的情况下，开放近用既有主导业者的传播通信基础设施"（罗世宏，2004）也成为各国传媒政策变革过程中的一个核心任务。例如，在英国、美国以及加拿大等国，作为主导业者的显著市场力量（significant market power）便被要求为竞争者提供非歧视性的重要设施互连服务，以确保新竞争者可以在不用大额投资基础设施的情况下进入市场，从而降低市场的准入门槛和增加市场的竞争活力。

在此基础上，"网络中立（net neutrality）"[①] 及其所包含的透明性、互连性和非歧视性等原则虽然在各国存在诸多争议[②]，但总体而言也已逐渐成为诸多欧美国家在网络基础设施规制方面的重要原则。如在北美地区，早在 2009 年加拿大 CRTC 便出台了几条"网络中立"的法则，2010 年底美国 FCC 通过的《开放互联网指令》（Open Internet Order，又称"网络中立指令"），也正式确立了网络基础设施规制过程中的透明度[③]（transparency）、禁止封锁[④]（no blocking）、禁止不合理差别待遇[⑤]（no

---

　　① 所谓"网络中立"，是指在法律允许范围内，所有互联网用户都可以按自己的选择访问网络内容、运行应用程序、接入设备、选择服务提供商。这一原则要求平等对待所有互联网内容和访问，防止不同平台的运营商从商业利益出发控制传输数据的优先级，保证网络数据传输的"中立性"。参见 http：//yuqing. sjtu. edu. cn/medialeaderscn/index. php？option＝com_content&view＝article & id＝2334；2012-07-25-00-54-41 & catid＝44；2010-10-14-10-42-48 & Itemid＝58。

　　② 网络中立并非只是个简单的技术性话题，其背后包含相关利益阵营在经济、政治方面的较量和角力。其支持者认为，网络是一种公共的基础设施，任何人都能平等地在网络上传输数据，运营商不应该对互联网数据流量进行任何歧视性限制或收费；而反对者则认为，自己在建设网络基础设施的同时，利益却被边缘化。总体而言，支持阵营包括各种消费者联盟、公众利益团体和以互联网企业为核心的高科技公司等；反对阵营则包括网络运营商和有线电视运营商，以及和这些运营商有着紧密利益关系的宽带服务提供商和设备提供商。

　　③ ISP 应公开揭露关于网络管理的信息，包含网络接取服务之管理措施、商业条款，提供消费者及上下游业者作出适当的选择。

　　④ 不得任意封锁用户及其他网络服务或内容提供商合法使用、接取网络的权利，凡是合法的内容、服务、应用等，皆不得被禁止。

　　⑤ 不得无故对于消费者接取网络之内容与流量进行差别待遇。

unreasonable discrimination）、界定合理的网络管理行为①（reasonable network management）以及区分无线移动网络与特殊服务②五项规制原则（转引自陈志宇，出版时间不详）。虽然这部《开放互联网指令》甫一出台便遭到了以美国大型电信运营商 Verizon 为代表的反对阵营的反击，并于 2014 年年初被美国联邦上诉法院哥伦比亚特区巡回法庭否决③，但美国显然并没有放弃"网络中立"原则的立法努力。例如，在《开放互联网指令》被否决后不久，FCC 主席汤姆·惠勒（Tom Wheeler）便宣称，FCC 已经起草了新版的"网络中立"法规，同时任何"通过限制互联网的开放而造成对消费者或是市场竞争不利影响的行为都会被禁止"（转引自晓镜，2014）。2015 年 2 月底，在经过漫长的"拉锯战"之后，FCC 终于以 3 票赞成、2 票反对，正式通过"网络中立"法案。在欧洲地区，欧盟在 2009 年年底出台的《普遍服务令》，其中便已包括了对"网络中立"原则的要素。如摒弃内容方面的考虑，用"电子通信网"一词来统一概括"广播与电视网以及有线电视网、卫星网络、固定（电路交换和分组交换）网络及互联网、移动地面网和电缆系统在内的电磁手段传输信号的其他资源"。2015 年 10 月 27 日，"网络中立"原则正式获得了欧洲议会的通过，这意味着该原则已在欧盟层面以法律形式确立。事实上，欧盟的部分成员国在立法上还走在了前面。例如，荷兰在 2012 年便通过了欧洲第一部"网络中立"法；法国自欧盟《普遍服务指令》完成后，也已开始推动国内的立法进程，并于 2010 年 9 月公布了"网络中立"的十条意见。而英国虽然还在观望，但也已提出相关的网络透明和无阻断规则。

---

① 合理的网络管理包括：确保网络的安全与完整、解决网络拥塞的状况、基于消费者自愿的控制与过滤机制。

② 考虑无线移动网络在速度、容量上与固定网络的差异，FCC 对两者施以不同的管制密度。这也是网络中立原则中争议最多的部分。因为这一规则给无线提供商提供了更大的管理自己网络的自由。

③ 2010 年 12 月 21 日，FCC 以 3∶2 的票数通过了"网络中立指令"，但由于没有在《联邦公报（Federal Register）》上公示而一直未能生效。2011 年 9 月 23 日，该条例正式公布，并计划于 2011 年 11 月正式生效。但仅一周后，Verizon 公司即将《开放互联网指令》连同 FCC 一并告上了美国联邦上诉法院哥伦比亚特区巡回法庭，要求判决《开放互联网指令》无效。

除此之外，随着智能终端、移动互联网的飞速发展，频谱资源的稀缺不仅没有消失，反而日益突出。正如 FCC 主席朱利叶斯·格纳考斯基（Julius Genachowski）早前所警告的："移动通信的爆炸性增长已经超越了我们的步伐。如果我们不采取行动以更新我们的 21 世纪频谱政策，就将碰壁"（转引自蒋均牧，2010）。现在，"异构网络的叠加和用户需求的猛增，使频谱短板频现"（赵经纬，2011），频谱危机正日渐成为一个迫在眉睫的严重挑战。例如，美国将在 2013 年彻底耗尽频谱资源（赵经纬，2011）；如果英国不能再增加约 300 MHz 蜂窝和 350 MHz 的 Wi-Fi 频谱，那么也有可能在 2020 年前后遭遇频谱危机（文慧，2013）。面临这些即将爆发的频谱危机，"如何最大化频谱之利用效率，促进市场竞争及科技创新，便成为各国规制机关之重要议题"（陈志宇，2008）。总体而言，欧美国家在解决频谱资源短缺这一问题上，最主要的做法有二：一是通过建立频谱交易制度、实行频谱交易的市场化，发挥频谱的最大经济与技术效益；二是通过频谱使用的自由化，提高频谱使用的效率和效益。其中，在频谱交易市场化方面，各国采取的政策主要包括：建立并且创新频谱资源的拍卖制度、探索建立频谱租借和共享①机制以及结合使用"事前同意""登记制度"和一般竞争法等多种政策手段，同时更多地依赖于作为事后规制机制的竞争法，等等。而在频谱使用的自由化方面，则是一方面尽可能免除频谱资源绑定特定业务的规定，实行频谱执照与业务相脱离的办法，并且允许执照者改变原许可设定的技术、应用限制，甚至将所获许可的频谱资源进行租借或转售；另一方面，建立闲置频谱资源回收机制，促使部分执照尚未到期但目前闲置未用的频段能够回收重新分配给其他业者。例如，自 2012 年起，FCC 启动了奖励拍卖机制（incentive auctions），便曾经从包括电视广播行业在内的公司手中回收它们未能充分使用的无线频谱，再将这些频谱进行重新拍卖，然后将部分拍卖所得在主动上交频谱的广播业者之间进行分配。

---

① 频谱共享机制指的是不同机构、服务及技术共同运作于相同的频段中，借以提高频谱使用效率。

（二）创新所有权控制手段与丰富反垄断措施

尽管放松所有权控制的政策饱受批评与指责，同时对于所有权的控制在各个欧美国家仍然存在，但所有权政策本身所存在的问题及其对于新媒体环境的不适应性正在得到越来越多的关注。正如一些所有权放松政策支持者所指出的，所有权集中其实有其经济上的可欲性。比如，对于公共利益标准中普遍存在的"权威、准确的新闻报道"这一条，拥有大量资源的媒体显然能够做得更好（Collins & Murroni, 1996：58—59）。同时，在这个日渐融合的媒体世界及其带来的"网络效应（net-work effects）"之下，媒体生产的边际成本得以大大降低，这也进一步加强了所有权集中的可欲性。那么，在所有权集中势头愈发强烈而传统的所有权控制又无法简单"回笼"的情况下，如何在单一市场中保证足够的独立声音？面对这一严峻问题，欧美传媒政策有以下几个动向值得关注：

首先，所有权规制的必要性虽然获得共识，但所有权规制的手段必须创新获得普遍认可。如 FCC 曾经表示，宽带网络确实使消费者转向网络或移动平台接收新内容与影音节目，也连带使媒体市场结构发生大幅变化。但在宽带网络仍未普及，还有大量人口无法接取宽带基础设施的情况下，新媒体目前尚未如传统媒体般无所不在。因此，在维护竞争、在地化、多样性，保障少数族群、身心障碍者和女性的传媒政策目标上，媒体的所有权限制仍有存在的必要（转引自王牧寰，2012）。如前所述，过往所有权规制的方式和手段在如今这个日益融合的世界已不再合适。在放松所有权（尤其是跨媒体所有权）规制的同时，近些年来欧美国家的传媒所有权规制还有以下两点变化值得关注：一是面对不断加剧的集中和垄断趋势对于市场竞争的威胁，欧美各国的基本立场由过往的严格限制甚至是禁止转为不禁止这些（集中）行为，但为这些集中行为设置严格的条件。二是从事前的"媒体所有权规则（media owner-ship rule）"，即预先对于媒体的执照张数、持股比例等设定门槛，转向事后的反垄断控制，更多地依赖于竞争法。例如，自 1999 年竞争法实施以来，英国传媒政策的重点便已从产权控制等结构规制转向事后对违反竞争行为的补救（Doyle，2002a：34，转引自罗世宏，2003）。同时，针对竞争法在确保传媒多元化以及传媒服务于公共利益等方面的不足，引进逐案审查的公共利益测试（public interest test）作为竞争法的补充。例如，英国在2003年放松所有权规制之后，便在竞争法中引进公共利益测试。澳大利亚在2006年废除多种所有权限制的同时，也规定传媒产权的兼并和集中必须经受"多元化的测试"，以确保大都会市场的媒体所有人不少于5人（家），区域性市场不少于4人（家）。同时，为了实施这种公共利益测试，澳大利亚在进行融合评估时（convergence review）还推荐成立一个新的独立部门。三是在媒体相关市场的界定也难再援用过去方法的情况下，改变对市场显著力量的计算和判定标准。例如，欧盟从20世纪90年代开始，尝试以受众份额为计算标准，而在2002年的时候，又转向将广告市场份额（advertising market）作为计算一个公司市场力量的依据。

（三）技术过滤与分类规制的新逻辑：内容规制的回潮与转向

尽管欧美各国一直在努力地完善所有权政策以及市场结构，但事实上，市场结构以及所有权"只是系列相关政策问题中的一个"（Collins & Murroni，1996：59）。新闻生产的专业价值和实践、新闻工作者的独立程度以及传媒和消息来源之间的关系等都将对传媒的最后表现产生不可忽视的影响。因此，"高效的竞争机制、公平且准确的信息供应，以及传媒的多样和多元等目标并不仅仅依靠所有权的规制来实现"（Collins & Murroni，1996：59）。在媒介融合下，内容规制同样有其必要性。正如欧洲理事会所指出的，在这个日益复杂的传媒环境中，"所有权限制已不足以保护传媒多元化，（对传媒的规制）需要采取配额、编辑协议（editorial agreements）等其他手段"（转引自CCMR，2011）。因此，在进入20世纪90年代后期以来，面对日益复杂的传媒环境，面对全球化和网络化的压力以及对内容失控的恐惧，欧美传媒政策又呈现出一股较为明显的"内容再管制"（刘昌德，2006）的回潮。从积极内容规制来看，欧美国家"普遍拓展和延续了公共广播电视服务和补贴政策等"，"目前大多数欧洲国家不仅支持公共广播电视执照费模式，而且允许和鼓励公共广播电视台开发互联网等新媒体内容和服务"（李继东，2013）。从消极内容规制来看，欧美国家也一直没有停止拓展惩治淫秽下流等不良内容规制的努力。例如，自 20 世纪 90 年代后期以来，美国曾先后出台《儿童电视法》[①]（*Children's Television Act*，1990）、《传播净化法案》（*Communication Decency Act*，1996）、《广播电视净化执行法案》[②]（*Broadcast Decency Enforcement Act*，2005）、《关于规制广播电视淫秽、下流和猥亵内容的指导方针》（*Obscenity, Indecency, and Profanity: Guideline for Broadcasters*，2006）、《加强信息披露法令》[③]（*Enhanced Disclosure Order*，2008）等多部以内容规制为主要手段的法案。同时，《1992 年有线电视法》和《1996 年电信法》也同样包含对节目的控制和限制条款。同时，英国在 2003 年的传播法案颁布以后，也专门成立了一个内容委员会（Content Board），负责处理广播电视媒体中有关伤害、侵犯、准确、公正、公平、隐私等消极内容的规制，独立电视频道、地方电视频道以及欧盟和英国原创内容等内容配额的规制，以及 BBC 等公共频道的内容设置等内容政策问题，以保证"那些竞争和市场力量无法达成的公共利益品质"（Ofcom，About）。

在面对媒介融合以及随之而来的市场结构、传播方式的改变，内容规制的实施显然变得更加困难。首先，随着传播渠道的大大增多，传媒资源获得了极大丰富，内容规制在正当性方面面临更严峻的挑战；其次，随着有线、卫星以及数字等新的传播方式的兴起，更具互动特征甚至基于订阅的服务开始盛行，传播由过往的"推"转向"拉"（Wheeler，1999），过往基于集权方式的内容控制手段面临极大压力和挑战；最后，面对网络与内容的分离以及大量类媒体服务的涌现，将频谱与传媒执照

---

① 自从 1990 年开始施行"儿童电视法（the Children's Television Act of 1990）"，该法要求在白天播放时间段的儿童电视节目中有相当程度的教育内容。

② 该法对广播电视机构播放淫秽、下流和猥亵内容设定了明确的经济惩罚额度。按照规定，FCC 可以对触犯本法的个案处以 325000 美元，最高可达 300 万美元的罚款。

③ 该法令规定媒体需要按季度在网上披露以下信息：反映本地公民事务的节目、本地选举事务的节目、公共服务声明、付费的公共服务声明以及独立制作的节目，等等。详见：https://apps.fcc.gov/edocs_public/attachmatch/FCC-07-205A1.pdf。

紧密结合的思维已难以延续，而在过往欧美国家对于内容的控制很大程度上都是经由对频谱受许方的附加责任条款来实现的。因此，在频谱与执照日渐脱离的情况下，"国家透过传媒结构规范协助生产合宜内容组合的能力及正当性受到挑战"（冯建三，2007），而国家对于内容的控制能力则毫无疑问地受到了削弱。在这种背景下，欧美国家出台的多项内容规制政策或法令均遭遇了前所未有的质疑与抵制。例如，美国于 1996 年出台的《传播净化法案》最终以美国最高法院作出的违宪判决告终[①]；美国随后出台的《儿童色情保护法》[②]（*Child Pornography Prevention Act*）、《儿童网络隐私法》（*Child Online Privacy Act*）和《儿童在线保护法》[③]（*Child On-Line Protection Act*）等多部以互联网内容为规制对象的法案，也无一例外地都受到依据第一修正案的质询和挑战。这些法案的遭遇显示，传统带有明显干预色彩的内容规制路径已不能适应这个以自由、互动、平权为特征的传媒新环境的发展。

过去那种"集中化（centralised）、强制性（coercive）和强有力的（forceful）的内容规制在新的时代已经不再适用"（Iosifidis，2002）。正如雷宁特等所指出的，在数字时代"政策制定者应该考虑其他选择，以让广播商们在获得继续使其这些珍贵的公共频谱资源（的权利）之前，需要更多地考虑公众，而不是继续维持这样一个虚弱且没有效率的节目和内容责任系统"（Lennett & Glaisyer & Sascha，2012）。因此，进入新世纪以来，欧美国家开始探索从直接的内容监控转向建立一种基于技术以及行业自律的内容规制体系。例如，在《儿童在线保护法》（COPA）被判无效之后，美国国会又于 2001 年出台《儿童互联网保护法》（The

---

① 《传播净化法案》出台后，美国公民自由联盟以该案侵犯了成年人自由传递信息的权利为由向美国费城法院提出诉讼。当年 6 月 12 日，费城法院由 3 名联邦法官组成的小组作出判决：该案违反宪法第一修正案。美国政府不服判决，随后上诉至最高法院。经过长达一年的艰难辩论和审理，1997 年 6 月 26 日，美国最高法院最终以 7∶2 的多数，作出了否决《传播净化法案》的历史性判决。

② 该法于 1996 年出台。其主要内容是禁止传播以青少年性行为为描述对象的内容，并将其范围扩大至计算机合成等所谓"虚拟青少年色情（virtual child vomography）"领域。

③ 该法于 1998 年 1 月出台。其主要内容是要求商业网站对未成年人屏蔽掉所有色情内容，违者将面临 6 个月监禁和每天 15 万美元的罚款。

Children's Internet Protection Act，CIPA），强调通过过滤软件来屏蔽属于淫秽或儿童色情的图像，并且防止未成年人获取对其有害的材料。因此，在价值逻辑和市场逻辑之外，技术逻辑也正在成为重塑公共利益标准的一股重要力量。

（四）非商业力量：一种超越"所有权—内容"路径的整体思路

媒介融合不仅是一场技术革命，也是一场媒体商业模式的革命。而在传媒市场和商业模式的变迁过程中，商业媒体在面临诸多机遇的同时，也正在经历一场前所未有的生存危机：一方面，过往新闻业所倚重的重要舞台——报业、广播电视业等传统媒体均面临着受众、广告等节节下滑的严重挑战；另一方面，数字新媒体的商业模式仍不明朗，像《华尔街日报》这样成功通过网络"付费墙"来盈利的仍然只是极为个别的案例，大多数新闻媒体依然在免费的网络"泥沼"中难以突围。同时，虽然数字化、互联网以及随之而来的基于媒介融合的多平台协同生产模式带来了新闻与信息内容的充实与更新，但新传播技术对于规模经济的偏向又不可避免地隐藏着新闻同质化的风险。同时，媒介融合虽然极大地丰富了传媒资源，但也助长了传媒所有权的集中。因此，媒介融合其实让公共媒体更具有了合法性，因为"在大型的跨国媒体集团纵横于市场上且不需要对投资国家的文化遗产负责时，公共媒体供给一种独特、有利的资源来平衡竞争所带来的负面发展，刺激一种频道间、节目间的健全竞争，达到正面的外部性"（陈雅萱，2011）。从这种认识出发，公共媒体的重要性重新得到确认，但公共媒体的角色以及功能也被重新界定甚至是"再造"。以公共广电媒体历史最为悠久的欧洲为例，早在2003年讨论公共广电媒体的数字化转向时，欧洲理事会的部长委员会（Committee of Ministers of the Council of Europe）便认为公共广电媒体应该在合乎法律、经济、科技及其他条件下，往数字多平台发展，并且扮演数字电视发展的领头羊，提供新频道与互动服务，包括电子节目表单（electronic programme guides）或与节目相关的线上服务等，同时还应该在数字环境中保障民众能普及近用的服务（转引自陈雅萱，2011）。2004年的欧洲理事会议会大会（Council of Europe, Parliamentary assembly，2004a）在检讨公共广电媒体这一议题时同样延续了类似的观点。例如，大会明确指出："如果公共广电媒体落后于现代化（的步伐），那么它将成为过去时代的遗物。"因此，各成员国政府"维护一个强有力、充满生气且独立的公共广播系统的职责要获得重新确认"，同时要积极缓解数字化发展给公共广电系统带来的冲击，"界定一个合适的法律制度、机构组织和财政框架，以使公共广电系统的运作更加现代化，从而得以满足受众需求以及这个数字时代的要求"（Jakubowicz，2010）。而到了 2006 年最新的《皇家宪章》，数字服务便已明确地被列为 BBC 的使命任务。除此之外，2007 年的欧洲理事会的部长委员会则进一步强调公共媒体"可以考虑使用者的习惯、提供普遍或小众的内容与服务，以及个人化的互动和随选服务"（转引自陈雅萱，2011）。公共媒体的重要性以及转型的必要性在欧洲以外的国家也获得了确认。如在美国，也有不少声音开始乐观地认为，类似 CPB、PBS、NPR 的模式也许可能拯救新闻业。

总体而言，尽管各国的公共媒体各有差异，但面对媒介融合所带来的多媒体、多频道以及碎片化的挑战，欧美传媒政策中的公共媒体角色已渐渐开始从原来的"公共广电媒体（Public Service Broadcasting，PSB)"扩展至"公共服务媒体（Public Service Media，PSM)"或者"公共服务传播（Public Service Communication，PSC)"，即"由既有的广电服务延伸至多平台、互动式的多媒体服务"（陈雅萱，2011）。例如，英国 BBC 于 2000 年后分别成立了新媒体部与未来媒体部，澳大利亚特别节目广播事业局（Special Broadcasting Service，SBS）于 2006 年成立了电视暨网络内容部，德国 ARD（Arbeitsgemeinschaft Rundfunk Deutschland）和 ZDF（Zweites Deutsches Fernsehen）也开拓了在线影音新闻服务，等等。与此同时，在这个由 PSB 到 PSM 的数字化转向以及前述的市场化转向过程中，欧美国家对公共媒体的"公共服务"范畴的认定以及监管机制也开始发生变化。例如，每一项大大小小的新服务，都必须经过公共利益的测量或评估，以确保其服务对公共利益有所贡献。在欧盟普遍法院（General Court）的判例中，公共媒体"可以提供广泛的服务与从事任何商业活动，包括卖广告时段，但是各会员国政府要能建立监管机制，确认这些服务符合公共服务价值，而且要对公共服务价值有明确的定义指标"（转引自陈雅萱，2011）。

在大力促成传统公共媒体转型的同时，欧美各国也正在将公共媒体的概念逐步扩展至包括社区媒体、低功率 FM 广播以及其他的非营利媒体等多种类型媒体在内的一个更广的范畴。因为面对商业媒体的种种危机与困境，欧美国家已逐渐认识到"单靠市场或科技本身已不能解救新闻业……零碎的努力或渐进式的改革已不能挽救新闻业"，新闻业危机的化解"需要结构性的干预以及制度性的改革"（Clement，2009）。在这种超越现有媒体结构和体制的思路下，一些有识之士开始省思过去的传媒政策思路。他们发现，"虽然各种商业模式不断被开发和实验，但大多无法根治一百多年来财团模式新闻业所累积的沉疴——为政治或商业利益服务"（胡元辉、罗世宏，2010）。因此，新闻业改革的根本之道应该是重新理解和认识新闻业，将新闻业重新定义为"民主生活的重要组成部分"，让新闻报道回归其作为公共服务的属性。在这样一种认识下，一种超越"结构—内容"路径以及现有媒体结构和制度的更加整体的政策思路开始日渐清晰。对传媒市场的结构规制开始从商业媒体内部的结构平衡问题转向整个传媒生态结构的构思与调整问题。而在这一转向下，"商业媒体和非商业媒体这'价值生产'的两端之间关系的重构"（Bollier，2002），开始成为思考"公共利益如何达成"这一问题时的重要抓手。

在非商业媒体这一端，除了传统的公共媒体，近年来在欧美传媒市场中大量涌现的以"去商业化"为特征的各种非营利新闻模式尤其值得关注。这些非营利新闻媒体包括慈善基金资助、社会捐赠、低利润有限责任公司（low-profit limited liability corporation，L3C）、传媒雇员所有制（worker-owned media）、市政新闻模式（municipal models）、社区媒体（community-based projects）等多种形式，它们中的大多数都没有复制主流媒体的发展道路，而是将自己的笔触伸向了那些传统媒体忽视或者不愿意报道的"小生境"领域。这些非营利模式虽然还没有找到一种稳定且值得信赖的财源模式，并且在结构上往往难以有效摆脱或者弥补商业媒体的种种问题或缺陷，却看到了当前欧美新闻业所面临的许多根本性问题，并在促使媒体回归和服务公共利益、关注社会问题等方面发挥了重要作用（陈映，2014）。因此近年来，非营利新闻模式在促使媒体回归和服务公共利益方面能够发挥多大的作用，以及非营利媒体是否可以像公共广播或者其他非营利事业一样，在广告和订阅所得、所获取的捐款等收入上享受税收减免的优惠，诸如此类的问题也开始成为政策的重要议题。例如，在 2009 年 3 月 24 日提交的《报纸复兴法案》（Newspaper Revitalization Act）中，美国参议院民主党参议员本贾明（Benjamin Cardin）便要求美国政府允许报纸按照非营利的模式进行重组，对广告进行限额但同时可享受税收的减免政策。虽然这种基于非营利模式的报业复兴之路甫一提出便备受争议，批评者甚至斥之为"以慈善的名义扼杀创新"（Windsor，2009），最后白宫也否决了这种由政府资助媒体的提议，但这种非营利新闻模式作为在公共媒体之外对商业媒体的一种补充或纠偏的重要角色在欧美政府中已渐受认可。

虽然时至今日非营利新闻模式基本还处于一个脆弱的境地，但已有一些非营利模式获得了政策的许可和支持。如作为一种介于营利与非营利之间的商业模式，低利润有限责任公司便已在美国获得包括佛蒙特州、密歇根州、伊利诺斯州等在内的多个州法律的许可。同时，美国、加拿大、澳大利亚、英国等国家也都将社区媒体作为"传媒产制的第三部门"纳入制度和政策的议程，成为其传媒体制的一部分。例如，澳大利亚在 1976 年即引入了新的广播立法，率先将社区广播建立为广播体系的合法部分，其 1992 年的《广播电视服务法案》（Broadcasting Services Act 1992）也将社区媒体写入了联邦法律，并将其界定为广播电视体系的"第三层级"。同时，澳大利亚还设立了一个独立的基金实体"社区广播基金"（Community Broadcasting Foundation），为社区媒体的发展提供财政支持。在加拿大，1991 年颁布的《广播电视法案》也将社区广播和社区电视认可为一个独特的广播电视部门，与另外两个部门——公共部门和私有部门并列。在美国，虽然并未形成一个紧凑的社区媒体政策，同时也没有专门的社区媒体基金供社区媒体申请，但在教育电台、低功率电台等概念下，也建立了一套社区媒体的政策体系。而且，自20世纪70年代以来，美国联邦政府也提供了多个基金可供社区电台申请，如公共电信设备计划（Public Telecommunications Facilities Program）PTFP基金等，另外，社区广播业者有的还可以从联邦或州的艺术部门获得艺术支持的基金，或积极申请公共广播公司（Corporation for Public Broadcasting）的基金（李艳红，2009）。

三 本节小结：自由与规制的结合

从"规制"到"放松规制"，再到"再规制"，这基本勾画了欧美传媒政策因应媒介融合发展的转型轨迹。要理解这一转型，要注意把握以下几点。

其一，自20世纪80年代以来，具有明显市场经济取向并且主要依赖于市场机制的"规制放松"一词左右着欧美传媒政策转型的整个过程。具体而言，这一概念在欧美传媒政策转型过程中主要包含两个方面的含义：一是市场化，即以市场机制为主要规制工具；二是减少规制，主要是"政府在媒介经济管制中角色的减淡"（郑瑞城，1993：11—12），以及更多地依赖一般竞争法和行业的自治。

其二，"规制放松"其实是一个容易产生误解的名词。很多时候，我们把规制放松等同于不要规制，认为欧美传媒政策因应媒介融合的转型实质上就是对媒体采取一种完全自由放任的态度。但事实上，通过回溯欧美传媒政策有关政策工具和行为的转型过程可以发现，各国政府在放松规制以及引入竞争的同时，都相应地制定了一些配套的规范和规则，以保证竞争的有序展开。因此，所谓的规制放松"并不表示国家的介入就此消失，或规范性机制就此撤离"（洪贞玲，2006），其实质通过对国家、政府角色的重新定位以及市场机制的产生，"让市场产生竞争，取代过去由政府独占的现象"（胡至沛，2006）。

其三，把规制放松理解为公共利益的完全撤退，是"代表强有力的利己主义者利益的一种不加掩饰的和无人承认的规制"（Chesney，转引自 Holmes，2014），这是对于规制放松的另外一点误解。对此需要指出两点：一是规制放松只是整个政策改革与转型过程的一种手段，或者说，规制放松在本质上是一种再规制的概念，其最终目的还在于达成更具效率的政府规制，即"利用良好的管制法规，简化管制法规的数量，产生更有效的再管制，形成管理市场竞争的新规则"（胡至沛，2006）；二是在规制放松与再规制之间，其实隐含着一种企图，即要"在市场经济论与社会价值论中间寻求一个平衡点，以复位游戏规则"（郑瑞城，1993：11—12）。因此，并不能简单地把规制放松与私人利益取向等同起来。

其四，欧美传媒政策转型其实包含两个面向：一是规制放松或者更准确地说是减少规制；二是改良既有政策体系的品质，或在必要时去制定新的规则和措施，即"再规制"的范畴。因此，欧美传媒政策转型并不是在规制与放松规制之间的两者取一，而是一个规制放松与再规制共同演进与成长的过程，其改革的重点不仅包括"如何减少阻碍竞争的限制，创造更具公平性的竞争条件"，而且"包含原本没有意图停止管制的领域，希望经由再管制的方式以产生更公平与竞争的体制"（Button & Swan，转引自胡至沛，2006）。

简而言之，规制放松实际只是整个欧美传媒政策转型过程中的一种配套措施，主要目的在于减少政府以及有关规管部门的直接介入。欧美国家因应媒介融合而变革传媒政策的一个重要经验即是以各种方式将"自由和规制创造性地结合起来"，以"为传媒和传播领域的公共利益保护提供最坚实的基础"（Collins & Murroni，1996：16）。因此，对于这个因应媒介融合而构建的欧美传媒政策的评估，"真正的问题并不在于规制与自由意见市场之间的对立，而在于这种规制是为公共利益而进行的规制（regulation in the public interest），还是为纯粹的私人利益而进行的规制（regulation to serve purely private interests）"（Chesney，转引自 Holmes，2014）。同时，虽然我们常常把规制放松理解为私人利益对公共利益的侵占与覆盖，但事实并不是这么简单和粗暴的。欧美传媒政策改革与转型的过程，其实是公共利益与私人利益（包括产业利益、企业利益等）之间较量、协商以及平衡的过程。其间，传统的公共利益空间不

173

可避免地受到了挤压甚至侵占，但这并不能简单地归咎于规制放松。因此，对于欧美传媒政策转型过程中这样一种"规制—放松规制—再规制"政策路径和行为的理解，应该有更复杂的理论和视角，结合公共利益标准的演变无疑是其中非常核心的内容，而结合政策背后的意识形态演变、政治角力以及利益集团的较量等因素的分析，则能够带给我们更完整、更准确的认识。

第二节 "市场—国家—社会—媒体"协同治理模式：政策行动主体的结构性变革

在解释政策产出时，有能力形塑政策过程的各种政策主体的自主性、偏好以及相互间的互动关系，一直是学者研究的焦点。同时，政策行动主体作为政策活动中的能动因素，无疑也是政策转型中的重要甚至是决定性的因素。因此，接下来将从政策行动主体的结构性变革这一命题出发，探讨媒介融合背景下国家、市场、媒体以及社会等不同行动主体在传媒政策中的角色重构问题。

一 欧美传媒政策中逻辑与主体的双重困境

从政策行为的视角来看，政策的制定与实施至少牵涉政府/国家（government/state）、市场（market）与社会（society）三个行动主体。它们关系相当密切，但又各有偏好和目的，并且会在政策的制定和实施过程中追求自身最大的权力和利益。因此，对传媒政策行动范式的分析也离不开这三个主体互动关系的形塑。下面将在溯源欧美传媒政策的规制逻辑的基础上，梳理与阐述欧美传媒政策在制定与实施过程中所面临的逻辑与主体的双重困境。

（一）经济自由主义 vs. 国家干预主义：欧美传媒政策的两大规制逻辑

如前所述，面对新技术以及新环境的挑战，欧美国家的传媒政策一直处于市场与公共利益、公民与消费者、规制与规制放松等各种摇摆与平衡之中。在这些摇摆与平衡之中，尤其是在规制放松与再规制齐头并进的政策路径之下，其实隐藏着欧美传媒政策领域长期存在的经济性与非经济性的利益之争。从这种"经济利益—非经济利益"区分的传媒规制依据出发，美国的恩特曼（Entman）和沃德曼（Wildman）（1992）两位教授曾经把欧美传媒政策概括为两种模式：市场经济模式和社会价值模式。在政策目标上，这两种模式拥有许多共享的内容，如民主、传媒多元化等；但在如何实现这些政策目标的问题上，这两种模式所依赖的路径、方法和手段是不一样的。其中，市场经济模式"主张开放竞争，让媒介谋取最大经济效益"，并把"技术的经济效益、竞争以及利润"等经济性的利益（McCann，2013）等同于公共利益；社会价值模式则主张政府对媒体的积极干预，认为公共利益是"传媒在社会文化利益名义下对社会所产生的影响"（McCann，2013）。

溯回政策产生的思想原点，欧美传媒政策中的市场经济模式和社会价值模式其实深深扎根于多年来在欧美经济领域相互纠缠的两种思潮或者规制逻辑：经济自由主义和国家干预主义。其中，经济自由主义范式以古典经济学和新古典经济学为依据，认为市场机制足以保证资源的最优配置，政府不需干预经济生活。具体到传媒政策的设计，则是一方面把传媒视为经济产物，把传媒资源的分配交给市场决定，强调传媒经济效率和价值的实现；另一方面认为传媒属于"公共领域"的范畴，唯有言论自由，公民方得以行使民主的权力，因此要将传媒规制的重要议题交由"自由意见市场"来处理，真理在意见的交锋中必定胜出。国家干预主义范式，则主要以凯恩斯主义经济学为依据，认为市场并不能解决所有的资源配置问题，唯有借助国家的力量，才能矫正市场失灵，维持国民经济的稳定增长。因此，国家干预主义的传媒政策主张政府扮演积极、主动的角色。为了寻求国家干预的正当性，这一政策范式强调传媒的社会价值和公共利益，认为"传媒如同交通、能源与钱币，是社会的下层结构，使得社区、社会与国家得以整合运作"（王敏利，2002）。

在近现代的欧美经济发展史上，经济自由主义与国家干预主义两种思潮此消彼长。与之对应，传媒领域关于自由与干预的争论也从未停止，欧美传媒政策经常在市场与政府之间游离。进入近现代社会以来，自由市场政策形塑了欧美传媒业的基本结构和形态，新闻自由作为最高价值标准也获得普遍认同。但广播、电视等电子媒介在 20 世纪初的大量出现，一方面导致传播媒介对国家和社会的战略意义不断加强，媒介产业不断壮大；另一方面又带来了市场竞争的无序性和混乱性。在这种背景下，国家对于媒介的介入和干预成为必要。与此同时，自由市场在 20 世纪初期造成的垄断等经济恶果，也破坏了欧美经济发展中自由市场的基础，让经济自由主义所标榜的民主自由徒有虚名，使企业和国家的利益都受到威胁。在这场自由市场所引发的危机中，经济自由主义的消极国家观受到了严重冲击，国家主义的干预思想上升为政策基础，并从而使得对媒介进行干预和规制的思想获得了进一步强化。从 20 世纪 20 年代到 30 年代，美国先后通过了《无线电广播法》（Radio Act of 1927）、《1934 年传播法》（Communication Act of 1934）等一系列传媒法律、法规，欧洲也建立了不同形式的公有制度和政府控制制度。"二战"以后，面对复兴经济、重建秩序的社会需求，这种强调国家干预的思想进一步得到强化，一个近乎全能的"大政府"在各国迅速成长；同时，鉴于"二战"宣传的巨大力量以及战后"冷战"的持续升级，欧美各国纷纷将媒体纳入冷战宣传的机制。在这种背景下，欧美各国均不同程度加大了新闻内容审查、所有权分化等传媒规制的力度。在欧洲大陆，甚至"一度'不可侵犯的'的印刷媒介也被合法地纳入政策范围"（Cuilenburg & McQuail, 2003）。但是，在传媒自由即民主基础的欧美社会政治文化传统之下，这种积极的传媒政策一直受到争议。因此，到了 20 世纪六七十年代，当欧美经济陷入"滞胀"危机而国家干预主义束手无策之时，新自由主义以及新保守主义席卷而来，"市场至上"以及"规制放松"再次成为欧美传媒政策的主要思路。各国对媒体所有权和广告的限制、对公共广播的补贴以及美国广播的公平原则（fairness doctrine），在这股市场化的浪潮中都被削弱甚至遭到废止。经济利益超越公共利益，成为传媒政策制定中至关重要的考虑因素，而此后持续 20 余年的"高增长、低通胀"的经济周期，也让不少学者为这种市场机制和自由主义高唱赞歌。进入 21 世纪，随着互联网等新媒体影响的日益扩大以及全球竞争压力的不断增大，特别是金融危机和经济滞胀的直接推动，国家干预的思想随着新国家主义的抬头又在以美国为代表的欧美社会复燃。

从无规制到规制，从放松规制到再规制，欧美传媒政策犹如一只钟摆在经济自由主义与国家干预主义之间摇摆。事实上，自由与干预之间并非总是截然对立。在当代欧美经济的发展过程中，经济自由主义与国家干预主义已渐趋融合：经济自由主义走出无政府主义的危险，确认了部分干预的作用；而国家干预主义在强调干预的同时，也承认市场的基础作用。这种自由与干预并存的思潮，对应到欧美传媒政策领域，形成了一种基于自由主义的"双轨理论（the two-track theory）"：一方面，奉行"自由意见市场"，最大限度地节制传媒内容规制；另一方面，在传媒结构规制方面赋予较大权限，实施积极的传媒政策（林子仪，1997）。但自 20 世纪后半期以来，随着欧美经济与政治思潮的转向，这种内容与结构分立规制的思路开始发生微妙变化。一方面，新自由主义及其背后的垄断资本主义回归市场、重建秩序的主张，带来了"规制放松"运动，从而使得传媒产业结构方面的限制日趋放开；另一方面，面对全球化和网络化的压力和挑战，欧美社会对共产主义、社会主义等所谓"异端"思想的敌意，以及新自由主义"重建统治阶级力量"（哈维，2010）的政治保守性，又给欧美各国政府带来了思想和内容失控的恐惧。因此正如前述，在结构去规制的同时，欧美不少国家的传媒政策也出现了"内容再管制"的现象。

（二）市场与国家/政府作为传媒政策的两端：对立与统一的演进

市场还是国家/政府，这是经济自由主义与国家干预主义分歧的关键（见表10）。因此，国家与市场，或者是政府与企业，作为利益既相关又对立的两大行动主体，是传媒政策制定的两端。经济自由主义推崇自由市场，认为市场"看不见的手"能够自行调节，政府只需扮演好"守夜人"的角色，不管的政府才是最好的政府。而在国家干预主义的社会价值论之下，市场本身是不完善和非均衡的，国家被当成了社会公共利益的代理人。

表 10　　　　　经济自由主义范式与国家干预主义范式的主要区别

	经济主义范式	国家主义范式
国家/政府	国家和政府扮演消极、被动的角色	唯有借助国家的力量，才能矫正市场经济运行所产生的失衡，维持国民经济的稳定增长
市场	在一般的商品市场，市场机制足以保证资源达到最佳配置；在自由意见市场，真理在观点的交锋中必定胜出	市场并不能解决所有的资源配置问题
传媒	在经济上属于经济产物，在政治上归入公共领域范畴	传媒是如同交通、能源、钱币，是社会的下层结构

资料来源：本研究自行整理绘制。

　　在过去一百多年里，欧美传媒政策的轮回与演进，很大程度上可以归因为对这两大行动主体角色和边界的不同认知和理解。按照库仑伯格（Cuilenburg）和麦奎尔（McQuail）的说法，传播与媒介政策的出现"始于追求国家利益与工商业企业利益之间的互动"，是"政府和产业界通过特权、法规和一些限制来追求共同利益"的产物，并且其目的主要在于"保护政府和国家利益、通过国家和个人投资行为促进传播系统发展"（Cuilenburg & McQuail，2003）。早期，对于国家而言，传媒的意义则主要体现在经济和军事两个方面，政治、社会和文化的意义还不是当时政策的主要关注点。因此，一直到 20 世纪 20 年代广播出现之前，欧美国家的传媒政策基本上都没有出现有关内容方面的议题；同时在很多国家，传媒政策的问题（甚至包括早期阶段的广播）甚至都没有出现在公共讨论和政治辩论的议题范围之中（Cuilenburg & McQuail，2003）。在这种"非政治化的"传媒政策路径下，媒体被视为"具有战略意义的一个产业（branches of industry with strategic importance）"，市场和国家/政府作为传媒政策的两大政策主体显然是一种"利益共同体"，它们对于传媒政策有一个共同的目标——紧密控制这个具有战略意义的传媒业。因此，早期传媒政策的目标，既包括"有效的公共服务"，也包括"媒介基础设施和传输网络在技术和经济上的发展"（Cuilenburg & McQuail，2003）。其中，前者由国家来界定和监控，后者实际上是由企业来界定的企业的商业利益，而在整个政策体系中，这两者——政府/国家的利益与传媒企业的商业利益——是作为公共利益标准的两个并行分支而存在的。

"二战"以后，随着欧美社会对于宣传和媒体角色、功能的反思以及欧美社会政治的变化，市场和国家/政府的这种利益同一性也开始发生改变。在这一时期，欧美传媒政策所根植的土壤也已开始发生变化：一是传媒产业在欧美的很多国家已经成为利润丰厚的产业，各传媒企业在利润的驱使下进行了一系列的兼并与整合工作，从而使得多元化的言论公开市场日益萎缩；二是"二战"以后，欧美民主政治渐趋成熟和稳定；三是战后重建的任务也使得国家对于媒体角色的期待发生了变化，媒体的战略意义已不再是经济和军事方面，而是被期许于能够在提供社会服务、推动社会改革等方面发挥更积极的作用。在这种背景下，欧美的传媒政策超越了技术方面的考虑，表现出了强烈的社会政治属性，其关注的焦点不再是经济和技术的发展，而是"更多地追求国家认同和稳定"（Cuilenburg & McQuail，2003），即以本国控制为目标。在本国控制的目标下，传媒政策更多地演变成为一个规范性和政治性的概念，对传媒内容的规制开始成为传媒政策的重要议题，"独立于政府和私人垄断""对社会负责以及对受众负责""保持政治、社会的多元化"等以民主为最终指向的目标也成为公共利益标准的主要内容。为了确保这些目标的实现，一个强有力的国家/政府成为必要，国家/政府的角色被转换为公共利益的代理人，追求商业利益的企业则被视为公共利益和民主的威胁者甚至是侵害者，在传媒政策的公共利益标准中日益被边缘化甚至被排除在外而成为一种对立的事物。

进入 20 世纪 80 年代以来，美国开始大规模地放松对传媒的规制；而欧洲也掀起了一股媒体自由化、私有化的改革运动。在媒体自由化、市场化以及规制放松的运动下，在新传播技术可能带来的经济利益的驱动下，在传播数字化所带来的受众多元化和碎片化的影响下，"二战以后形成的规范性政策范式尽管还有一定的合法性和流行度，但其权威性在下降，影响范围在缩小，而且（政策）目标达成的手段也在发生变化"（Cuilenburg & McQuail，2003）。国家/政府对于媒体的控制力减弱了，竞争规则以及市场机制成为传媒政策的基本规制手段。同时，面对快速发展的技术和市场以及日益激烈的全球化竞争，传媒企业希望拓展国际市场以及新的国内市场，而国家／政府也希望能够在这场传媒变革中获取利益。在这种背景下，经济利益，如竞争、效率、就业率、技术的发展以及市场的开拓和发展等，重新进入公共利益标准的场域，并取得了相对于政治、文化目标而言优先的位置，甚至在一定程度上成为公共利益的代名词，而市场作为经济利益的代理人又在一定程度上与国家／政府寻得了利益的同构性。不过，在新阶段的传媒政策中，"媒介作为民主守护者"的思想已根深蒂固，传媒政策也承载着更多的政治（例如，自由、使用权、多样性、信息、控制／责任等议题）、文化（例如，选择、身份、互动、质量、凝聚等议题）价值和目标。因此，在国家／政府与市场之间，又不可避免地存在着公民／消费者利益的考虑。所谓的公共利益，成为一种在国家／政府利益、企业利益以及公民／消费者利益之间协调与平衡的产物；而国家／政府与市场之间则形成了一种既对立又统一的复杂关系。

（三）市场 vs. 国家／政府：传媒政策中的主体性困境

市场，还是国家／政府？欧美传媒政策一直希望在这两端间取得平衡，却又经常陷入两难境地。经济自由主义以自由的市场竞争作为政策的主要工具，这种逻辑的缺陷在于把商业市场跟意见市场画上等号，并且把传媒产业视同其他产业，而忽略了意见或媒体产品作为公共物品的性质以及外部性特征（王婷玉，1999）。同时，经济自由主义对于所有权集中、接近权、弱势保护、消费至上等问题的无力性以及其所隐藏的政治风险，备受诟病。批评者认为，经济自由主义的市场模式"忽视了传媒在文化和政治方面的重要性"（Croteau & Hoynes，2006：30），"把人们视为消费者，而不是公民"，从而将"公民权利窄化为一系列经济的权利"（Murdock & Golding，1977）。同时，这种将传媒资源的分配交由市场决定的做法，不可避免地将传媒交给少数具有资本实力的利益主体；而所谓的"自由市场"其实是将自由化等同于民主化，也不可避免地将政策制定的权力交给社会上一些充分掌握资讯、拥有专业能力及具政治使命感的成员。

在经济自由主义陷入困境的同时，国家干预主义也经常被敌意包围。

在欧美的历史文化中，国家经常被视为言论自由的主要敌人。国家对传媒的介入——即使是以公共利益为名——常常遭遇敌意的警惕甚至是攻击。在经济自由主义面临"市场失灵"痼疾的同时，国家干预主义将传媒资源托付给国家机器的做法，也一直以来面临规制寻租、规制俘获等诸多诘难。现在，不断一体化的全球经济和政治，正在逐渐侵蚀国家主义的根基。而传播科技瞬息万变的发展以及市场和社会结构的日益复杂，也使得过去通过政府进行的"命令—控制式规制"（command-and-control regulation）难以为继。

因此，无论是市场，还是国家/政府，都不可能全部解决传播市场和媒体生态所面临的种种问题。如何走出经济自由主义与国家干预主义的两难境地？自 20 世纪后期以来，对这一问题的思考与探索已成为包括传媒政策在内的欧美国家经济社会政策革新的一项核心议题。

二 迈向一个"市场—国家—社会—媒体"合作治理的"多中心治理结构"

自 20 世纪后半期以来，欧美经济社会的发展以及形形色色的"公民复权运动"[①] 和"结社革命"带来了公民自主、自治意识的觉醒。而不断发展的传播技术以及日益汇流、融合的传播媒介和市场，不仅降低了信息准入门槛、增加了信息传播的渠道以及信息容量、减少了信息传播的成本，而且使得小范围的、去中心化的传播更容易进行，从而使得亚文化与另类文化获得了更多的表现机会。在这种背景下，欧美国家的社会结构和政治生态获得极大改变：一方面，政府的角色与功能受到民主化的影响，自主性逐渐降低，甚至政府的合法性也受到挑战，政府可控制的资源相对减少；另一方面，"公民社会"（civil society）的概念逐渐融入欧美的主流话语体系，公民以及作为"中间结构"的公民社团、NGO

---

① 从 20 世纪 60 年代中期开始，欧美国家爆发了形形色色的社会运动。这些社会运动，包括民权运动、黑人运动、学生运动、反核运动、反堕胎运动、同性恋运动、城市运动（urban movements）、环境运动、妇女运动、消费运动、和平运动、新左派运动、宗教运动、种族—民族主义运动，等等。

等非政府力量在秩序构建中的作用不断上升，并逐渐脱离国家而成为一个独立的社会空间。随着"公共行政重构运动"在欧美的展开，欧美传媒政策领域也经历了一场逻辑与主体重构的变革。总的表现为：经济自由主义和国家干预主义基于"中心—边缘"二元框架的单一中心治理结构遭遇普遍抗争，一个"市场—国家—社会—媒体"合作治理的"多中心治理结构"成为传媒政策的理想。接下来，将围绕"自律"和"共同规制"两个关键词，来阐述欧美传媒政策这种转向"多中心治理结构"的变革。

（一）媒体自律的价值重估和机制再造

面对媒介融合的挑战，政府主导的规制方式已经显得越来越不合时宜。例如，面对传播技术的快速发展，政府决策的僵化、缓慢以及规制的滞后性问题已经越来越明显；面对 VOD 等大量非线性服务和内容的涌现，过往基于时间的分级制度等传统规制手段已难再胜任；面对日益错综复杂的传媒业务，政府规制在专业性方面所受到的挑战也越来越大；面对大量涌现的自媒体以及用户生产内容，政府规制面临"心有余而力不足"的问题，诸如此类的问题给政府规制带来了日益高昂的行政成本、日见低下的决策效率以及难见成效的规制效果，并进而导致了技术创新受阻、行业活力和市场竞争受损以及消费者权益难以得到有效保障等诸多不良后果。在这种背景下，媒体自律以其更具弹性、更为专业、更富效率、更低成本以及更能及时了解和把握行业发展动态等优势，重新成为欧美革新传媒政策的重要一环。例如，英国在构建融合政策框架的时候便一再强调要减少政府直接规制，更多地依赖于媒体自律。其 2003 年《传播法》第 3 条第 4 项（c）款有明确规定，Ofcom 应该"促进有效的自律方式的发展和应用"。在 2004 年和 2008 年分别出台的"促进有效共同规制和自我规制的标准（Criteria for Promoting Effective co-and-self Regulation）"和"找出合适的规制方案：自律与共同规制的分析原则（Identifying Appropriate Regulatory Solutions：Principles for Analyzing Self and Co-regulation）"两份征询文件中，Ofcom 也明确表示，要优先采取不规制、自律与共同规制的政策，政府的直接规制是最后的选择。

欧盟的"视听媒体服务指令"虽然并未强制要求成员国采取自律的政策路径，但该文在前言部分便明确提出，在立法和司法这两种传统的规制部门之间，有效率的自律可以扮演一种补充的角色。

所谓的媒体自律，也称为媒体自我规制或者新闻自律，指的是"新闻业者自身，运用新闻道德准则及严格的专业标准，对其职业行为进行理性的自我约束和自我管理"（王怡红，1994）。在欧美传媒规制的历史中，这种以新闻媒体业者本身为主体的规范制度，并非一种新创事物。从瑞典"报业公会（Newspaper Publishers Association)"与"记者工会（Union of Journalists)"在1916年建立世界上第一个新闻评议会开始，媒体自律在欧美已有将近百年的发展历史。其中，美国于1922年成立了"美国报纸编辑协会"（American Society of Newspaper Editor)，并于次年提出了世界上第一个新闻自律协约——《报业守则》（Codes of Press)，而欧洲国家的新闻自律规范则一直到"二战"之后才出现（刘昌德，2007；王怡红，1994）。进入20年世纪50年代以来，社会责任论的提出激起了欧美各国建立自律机制的风潮。因为面对黄色新闻泛滥、媒体垄断日渐严重、媒体社会公信力不断下滑等新闻业的诸多危机，尽管以哈钦斯为代表的新闻自由委员会在著名的《一个自由而负责的新闻界》报告中措辞谨慎，但他们"还是隐讳地教促社会、公众、政府出面干预新闻业的种种问题"，而各国政府及法院彼时对插手干预新闻界也已是跃跃欲试（王怡红，1994）。为了消除社会对于新闻业的信任危机以及防止政府插手干预新闻业，欧美媒体祭出了自律的武器，纷纷发表"充满道德与责任的自我规制宣言来拯救自己"（王怡红，1994）。因此，自20世纪50年代以来，欧美各国陆续开始了媒体自律的建制化。

到了20世纪后期，欧美国家基本已经发展出建立专业规范（code of ethics)、成立新闻评议会（press councils）以及设立新闻监察员（ombudsmen）等多种形式的自律制度。而且，一些国家的媒体还通过主动引入公众监督等外部力量，如美国于20世纪六七十年代建立了新闻监察员制度，过去一直反对设立外部监察人的《纽约时报》也在2003年杰森·布莱尔Jayson Blair假新闻的丑闻之后，设立了一个"公共编辑（public editor)"的职位；瑞典的新闻评议会于 1969 年引入"公众代表（Members for the Public)"并建立"外部监察人室"；英国于 1991 年将原来的新闻评议会改组为"新闻申诉委员会（The Press Complaints Commission)"并大幅增加非业者代表名额等。这种在自律机制内引入公众力量的做法进一步完善了媒体自律制度。但一直以来，除了在市场力量较弱、公共力量较强的北欧，新闻自律较具强制力，也比较有效之外，其他国家的新闻自律都在社会经济的制约下，普遍面临缺乏强制力，功效有限的问题。如在美国，成立于 1973 年的"全国新闻评议会（National News Council)"一直无法发挥力量，并由于缺乏经费、公众支持度低以及管辖范围仅有全国性的报纸与广电媒体等问题，最终在运作 11 年后于 1984 年解散。而在媒体日益市场化以及新闻记者自主性日益下降的背景下，各种新闻专业规范也"日渐成为媒体的卸责与公关策略"（Iggers, 1999：75—85)，而新闻监察员也最终沦为公关窗口的花瓶角色。

尽管媒体的自律制度有着各种各样的问题的缺陷，但正如巴特尔（Bartle）和瓦斯（Vass）所指出的，相较于政府规制和无规制，自律制度更为专业和更富有效率，在处理行业事务方面也比政府官员更专业，更富有技能和责任感、自豪感、忠诚度，同时获取相关信息的成本也要低得多，能够有效地降低政府规制的成本（Bartle & Vass, 2005)。因此，如前所述，面对媒介融合的发展和挑战，欧美国家普遍认为一种有效的自律体系是必要的。但值得注意的是，欧美国家在新的时期重新呼唤媒体自律，并不是要简单地重返 20 世纪放任自由的自律，而是进行了一种改良甚至是再造。

通过前面溯回媒体自律的发生和发展历史，我们可得出一个认识：过往的媒体自律制度不过是新闻业"迫于新闻职业化要求，迫于社会对新闻业的道德要求，迫于新闻业的商业化倾向对新闻自由的侵蚀，迫于调整新闻业、公众、政府三者之间的利益关系"（王怡红，1994)……也就是在被逼得无路可走时的灵魂觉醒，或者更准确地说是一种自救；同时，在运作中也主要遵循一种市场的逻辑，强调业者的自主和参与，并且是以媒体和产业自身的利益为据点来考虑的。但在新时期媒体自律制度倡导和建立的过程中，已不难发现政府的声音和推动力量。例如，在新的媒体自律体系的建立过程中，虽然市场业者所共同建立的规则和规制机制仍是主要的运行架构，但国家/政府往往会介入，一是设定好媒体自律必须达到的公共目标，并建立起业界自律得以运行的条件和法定架构；二是在自律成效不彰、业界利益与公共利益发生冲突或者矛盾等情况下，依法介入进行协调甚至是强制处理。因此，新时期的媒体自律已不再是行业的一种自发和自救行为，而是一种政府引导模式的自律体系或者"受到规制的自律（regulated self-regulation）"，即一种"适应法律框架或者以法律为基础而构建的自律体系"（Schulz & Held，转引自Lievens, etc.，2005）。在这种"受到规制的自律"体系中，所谓的媒体自律在运作机制上也发生了一些变化。例如，过往媒体自律屡被诟病的一点是由于其规则不具法律效力而导致的无效性，但这种受到"规制的自律体系"由于是由政府设定相关的法定架构或者是"由自律规制机构发布相关规定"，但"经过政府部门核准的法定体制"（廖义铭，2006），因而已是一种具有一定法定约束力的制度。同时，构建一个"面向所有不同介质媒体的业务规则变得越来越重要"（Bartle & Vass，2005），规则的制定也要求更多地考虑消费者和公众的权益，业者要为消费者提供必要的、及时的决策帮助，等等。

（二）公民和"第三部门"的参与

早有研究者指出，早期欧美新闻评议制度等自律制度的失败，是因为它们只从媒体自律出发，而缺乏公众、其他社会组织等其他社会力量的监督和制衡。因此如前所述，在后期媒体自律制度的改进过程中，作为利害相关人的公众力量的引入便是一个重要的方向。同样，过往在以国家/政府为主体的传媒政策和规制框架的设计中，也并"没有公众参与的空间，没有非政府机构和公民团体的代表……规制只是专家，大部分时候是行业内部专家，有时候包括专业机构的研究人员说了算的事情"（Kleinsteuber，2004）。

在早期政策中公众以及其他非政府机构和公民团体的缺位，是因为当时欧美政府并"没有把公民和公民社会视为一种拥有独立能力的自治主体"（Kleinsteuber，2004）。例如，美国传媒政策研究专家纳波里（Napoli，2005：267—299）便曾指出，在过往美国 FCC 的决策过程中，曾屡屡出现业者居于关键位置，一般公民与相关团体难以使得上力，或者仅能在少数的内容议题上发挥作用的情形。但进入 20 世纪后期以来，情势发生了显著变化：一方面，面对市场经济的高度发展、后工业社会的到来以及日益复杂的社会分层和社会结构，国家/政府的有限性和市场的无力性日益彰显；另一方面，以非政府组织（Non-Governmental Organizations，NGO）和非营利组织（Non-Profit Organizations，NPO）等为代表的"第三部门（Third Sector）"力量再度兴盛，并取得了作为政府平等合作伙伴的治理主体的地位。在这种背景下，仅以媒体自律作为政府规制补充或者在国家/政府与市场之间调整强弱关系的政策思路已难以为继。国家—社会关系的重构以及社会对于政治的参与成为欧美传媒政策重构的一个重要方向。因此，新兴起的多元主义、法团主义①、公民社会、国家限度理论、协商民主、新共和主义等理论，纵使指向不一、路径各异，但无一不是要突破国家与社会的二元对立，建立起一条超越经济自由主义与国家干预主义的"第三条道路"。而在它们共同指向的"第三条道路"上，国家、市场与公民社会之间将建立一种互动、协商的新型社会关系，社会作为介于国家与经济之间的一个领域的地位获得了确认，而社会对于国家的作用也获得了强调。

　　媒介融合的发展进一步加强了欧美公民社会的基础，因此在传媒政策的转型过程中，对于公民社会的思考也被重新唤起。"第三部门"如何能被整合进政治制度并进而"影响政治制度的效力"（王建生，2010），成为融合政策构建过程中的一个重要问题。传媒的公共服务原则获得确定，传媒接近权、传播权、公民的媒介素养等一系列面向公民权利的概念开始进入欧美传媒政策的议程和实践，传媒行业的自治获得极大发展，而社区广播等另类媒体（alternative media）也取得长足发展，并在英美等多个国家获得了政策承认。具体而言，在如何保证社会参与这一问题

———————

　　① 又译为社团主义、合作主义、统合主义。

上，欧美传媒政策在设计和实施的过程中有以下一些做法值得关注：

一是确保政策制定和实施的信息透明性，既要求有关主管部门为公众提供政策参与的管道，在规制程序上做到公开和尊重公众意见，又规定了媒体企业有公开披露有关信息的义务，从而保证公众切实能够且有能力参与政策执行过程。例如，在执照核发及换发环节，美国虽然取消了比较听证程序，但还是明确要求业者备齐一种包括业者基本数据、申请执照及换发执照资料、遭人提出异议资料、年度所有权报告、与员工签订的管理合约、年度雇佣报告、每季节目报告等在内的公共检视文档（public inspection file），以昭公众。英国将观众对于节目的意见视为是否吊销执照的重要依据，并会及时在网上公开申请、审核进度、政策法规、会议记录等相关政策信息，同时在相关政策正式出台之前也会经过一个公民意见征询的环节。加拿大对于重大的听证程序会至少提前三个月公告，并提供详细的公众参与听证的申请与流程说明（洪贞玲、刘昌德，2007）。

二是建立有效的消费者申诉和保护通道和机制。例如，FCC 设立消费者保护申诉机制，及时处理公众申诉，并在网站上及时公告相关处理信息；Ofcom 也设立了一个独立运作的消费者委员会（Consumer Panel），代表消费者利益，为 Ofcom 提出政策建言。而按照相关法律的规定，这个消费者委员会的委员必须具备英国各地的地方代表性，并要特别顾及城乡居民、小企业、低收入者、残障人士及老人等弱势群体的利益（洪贞玲、刘昌德，2007）。

三是在相关的政府规制部门引入非官方代表。例如，Ofcom 下的"内容委员会（Content Board)"是一个专门负责各种有关内容规范制定的附属机构。这一机构的 13 个委员多数是非专任委员，并且既包括媒体工作者，也包括代表一般公民的非专业背景者。

四是在媒体和普通公众之外，设立独立的"第三部门"协助规管。例如，德国将阻止少儿接触违规内容的权责授予"少儿媒体保护委员会（Kommission fur Jugend Medienshutz, KJM)"及经其认证之民间组织 FSF（Freiwillige Selbstkontrolle Fernsehen）和 FSM（Freiwillige Selbstkontrolle Multimedia Diensteanbieter)，将酒类饮料广告规范制定以及违规处理等的管理权责授予广告联盟 ZAW（Zentralverband der Deutschen Werbewirtschaft）（简旭征，2012）。Ofcom也将广告和移动增值服务（mobile services）的规管权责交由 ASA（Advertising Standards Authority）和 IMCB（the Independent Mobile Classification Body）。澳大利亚将电视节目分级规划和制定商业电视工作规范（The Commercial Television Code of Practice）的权责交给了商业电视台联盟（FACTS）。

（三）共同规制：一种新的政策路径

在信息化社会，尤其是在媒介融合的环境下，公私领域之间界限的模糊已是一个备受关注的问题。因此，在工业时代，公民社会的兴起是"公共领域与私人领域分化的标志"，但在一个日渐融合的信息时代，以"第三部门"力量兴起为标志的公民社会则是"作为融合公共领域与私人领域的力量出现的"，它们"不是服务于社会分化条件下的治理，而是直接地打破公共领域与私人领域界限的行动"（张康之，2006），必然要试图寻求与政府之间建立一种合作关系。同时，随着传播技术的日益发展和不同媒体的日益交融和汇流，整个传媒市场和生态环境的复杂性已经达到了前所未有的地步，媒体自律的效力显著下降，而重新介入的政府也是力不从心。在这种背景下，欧美国家逐渐认识到，如果还是继续维持过往那种以国家/政府为中心，媒体、公民为补充的规制模式，那么将会导致规制无法跟上市场发展和社会需求的问题。因此，在融合政策的构建过程中，欧美传媒政策的一个明显变化便如前所述：建立一个"有规制的媒体自律"体系，并积极地引导公众和"第三部门"等社会力量参与政策过程。同时，突破原来自律体系中政府和媒体之间形成的"中心—边缘"关系的二元框架，不再仅仅是以政府为中心来调整政府与其他力量之间的强弱关系，而是强调媒体、公民以及各种"第三部门"等利益相关方在政策过程中的主体地位以及各主体之间的互动、合作和协商的关系。

正如英国企业部部长福斯特（Arlene Foster）所指出的，"在一个迥异（于过往）并更加融合的世界……我们作为规制者和政策的制定者必须快速转变我们对待传播领域的方式……我们要学会比以前更多地依赖于市场，更多地依赖于个体消费者以及企业来履行对这些市场的责任，同时更加强调自律与共同规制的手段"。现在，欧美融合政策的规制框架结构还存在许多的不确定因素。但其中有一点是比较明朗的，即未来的传媒规制会包括多方的行动主体。例如，英国在对手机涉黄等不良内容的规制中，除了要求所有电信运营商都以自律的方式对有关内容进行分级规制之外，还建立了一个非营利的民间组织——"独立移动通信分级组织（Independent Mobile Classification Body，IMCB)"，专门负责调查消费者对于内容提供商所提供内容的投诉，以避免基于行业自律的分级机制流于形式，并且通过网络扫黄等行动①加大了政府介入的程度。荷兰在将商营广电业者的广告规范管理交由广告业者共同成立的广告规范基金会（Stichting Reclame Code，SRC）执行的同时，也另设了由消费者、广告商、媒体等各方代表组成的广播传播协会（Radio Communications Commitee，RCC）机构负责监督广播刊播并处理有关申诉。

传媒规制主体的这种多元化发展反映的正是当代欧美传媒政策的转型方向：一个"市场—国家—社会—媒体"等多元主体合作治理的"多中心治理结构"，或者一种被称为"共同规制（co-regulation)"或"合作治理"的规管模式。这种模式的特点在于鼓励公私部门的合作，更多地赋权媒体、公众以及"第三部门"等主体，而国家/政府则更多地以间接而非直接的方式介入传媒的规制，同时强调规制过程中各主体的合作、对话以及责任的分摊。事实上，一直以来那种纯粹意义上的自律，即政府和国家没有任何介入的自律体系，是很少见的（ACMA，2010)。类似"共同规制"的模式过去在具有社会民主传统的北欧国家也有存在。例如，在丹麦，新闻评议会虽然没有获得判决与罚款的正式法律授权，但依据《媒体责任法案》(Media Liability Act) 却仍可强制媒体刊登其裁决结果。同时，澳大利亚于 1992 年出台的《广播电视服务法案》(Broad-

---

① 如在 2014 年，英国首相戴维·卡梅伦便宣布了一项庞大的网络扫黄计划，不仅要求互联网运营商们自动屏蔽掉互联网上的色情内容，而且要求所有新增互联网用户都默认安装色情内容过滤器，以进一步加强对不良内容的搜寻和规管。

casting Services Act）在弱势群体保护、广告内容规范等方面也具有"共同规制"的色彩，其操作大致如下：政府依据《广播电视服务法案》订立业界自律的政策目标；业界制定明文规范，并且将这些规范送至广电局备查（be registered），如果业界自律规范无法满足既定政策目标，广电局会以纳入未来执照换发考核、建议修改等方式介入重新规范；同时，设立消费者申诉部门，监督媒体自律的执行（刘昌德，2007）。现在，欧美国家开始越来越多地在传媒规制领域采用这一种"共同规制"的模式。例如，德国汉堡大学的汉斯·布里多媒介研究中心（Hans-Bredow-Institute for Media Research，HBI）在梳理和研究欧盟 25 个成员国以及加拿大、澳大利亚等其他三个非成员国家的有关传媒政策后也指出，大部分的国家在报纸、广电以及互联网等领域都有引入共同规制的制度。其中，在弱势群体保护以及广告规制等内容规制领域，共同规制的路径尤为普遍（HBI，2006）。

作为对长期以来市场与国家/政府之间反复摇摆局面的一种破解之道，这种"共同规制"的政策模式被认为是一种"整合了自律和正式的法制系统功能"的"双重规制（two-tiered regulation）"（Monroe Price & Stefaan Verhulst，转引自 Lievens etc.，2005）。同时，作为"对'规制框架必须快速调整并且持续优化以在快速变化市场不至于脱节和失效'这一共识的一种实用主义式的应对"（Christopher Marsden，转引自 Lievens etc.，2005），这种规制模式在应对公共需求或者市场和政策失灵方面"更有弹性、适应性更强，也有更效率"（European Commission，2003），尤其适用于类似传媒内容那样的复杂、跨国产业和领域的规制。例如，欧盟委员会在 2007 年 2 月发布的一份声明中便强调，在媒介融合持续发展、媒体类型倍增的今天，媒体的自律和共同规制为降低风险、有效治理的管理模式（转引自简旭征，2000）。

在实际的操作中，这种共同规制的路径有两种实现方式：一种是自上而下的整合方式，即"公共权威机构针对自律构架制定一个法律基础"；一种是自下而上的整合方式，即"公共权威机构将既存的自律系统整合进一个公共权威框架"（Carmen Palzer，转引自 Lievens etc.，2005）。

例如，在保护未成年人免受媒体色情、暴力等侵害方面，过滤技术的引入即是通过"提升了父母管制这种自下而上的方式，而不是增进自上而下的政府机构的审查"这种办法来建构规制机制的，其实质也就是"把各级政府、管制机构和监督机构的控制和责任转变为终端使用者即主要是未成年人父母的责任"（邹焕聪，2013）。但不管是哪一种实现方式，要建立一个有效的共同规制的机制，"通过政府、产业和消费者等不同参与者的平等参与建立一个更加平衡的合作机制"（Lievens etc.，2005）都是必要的。因此，在"共同规制"模式下，国家/政府的角色首先发生了变化，从基于"控制—命令"的"规制者"转变为一个"协调整合者"（Schultz & Held，2004：5—7），或者是从过去的"主权国家（the sovereign state）"转变为"统合协商国家（a corporate bargaining state）"（刘昌德，2007），具体表现为鼓励业界发展自律体系，但又保留国家/政府依法介入协调、进行处分或者调整自律架构的权力。例如，将频谱资源的分配更多地交给市场机制，而国家/政府则负责建立闲置频谱资源回收等事后干预机制，以防止市场的失灵；国家/政府更多地放开对所有权的限制，但负责建立一个标准更加多元的"公共利益标准测试"体系，以防止市场在所有权放开后的过度集中，等等。

第三节　本章小结

综上所述，在面向媒介融合所带来的市场和生态变化的挑战时，欧美传媒政策的转型有两股思想潮流值得关注：一是经济自由主义与国家干预主义的调和，表现在政策过程中的一个明显迹象即是规制放松与再规制两种路径的齐头并进；二是随着公民复权运动的兴起以新的社会组织的不断出现，公民社会概念得到"复活"并逐渐进入欧美主流知识话语体系之中，具体表现为政策在实施过程中更多地依赖于自律和共同规制这两种手段。这两股潮流实际上反映了欧美传媒政策在转型过程中从不同方向探寻一种超越经济自由主义与国家干预主义的传媒规制的"第三条道路（the third way）"的趋势。在这种转型过程中，美国主要是修正经济自由主义的模式，欧洲各国则是"左右出击，两面作战"，从而寻求一种在规制与自由之间、在经济利益与公共利益之间、在国家/政府与社会之间以及在市场与社会之间的平衡。

一 建立一个弹性、多元的政策路径

在欧美民主政治中，"第三条道路"并非一个新的概念。在过去几十年中，人们曾经把介入资本主义与社会主义之间的政治选择称为"第三条道路"，也曾把介入自由竞争式的资本主义与国家垄断式的资本主义之间的选择称为"第三条道路"（陈亦信，1999）。从前述政策路径和主体的演进来看，欧美传媒政策转型所指向的这"第三条道路"其实主要不是一种左右之争，而是一种介入方式以及主体角色定位的改变。

首先，在融合政策的构建过程中，欧美国家/政府并没有因为资源的丰富、市场的全球化和自由化，而放弃或者减少对于传媒的介入和规范。前述规制放松与再规制并进的政策演进路径，说明介入是一直存在的，改变的只是介入的方法、工具以及政策的路径。即"从过去的控制，转换成更多的自主权，从过去的官僚机制，转换成管制的工具使用"，同时"越来越注重正式法令和由自主机构来监督"（郑春发、郑国泰，2009）。具体表现主要有三点：

第一，在政策的执行过程，混合采用多种政策工具和手段。例如，面向传媒多元化这一政策目标，既有必要的所有权限制的事前规范，也有一般竞争法结合逐案检视的公共利益测试手段对于传媒集中和垄断的事后检视和纠正，同时还有内容配额等内容规制手段的保障。在多手段构建法定规制体系的同时，还进一步制度化和优化既存的媒体自律制度，并积极发展"第三部门"和公民社会，改变过去"边缘—中心"、强弱补充的规制模式，适度让渡权力和赋权社会，建立了一个多中心、分权化的规制主体框架。

第二，以经济自由主义为据点，出现了经济自由主义与国家干预主义的调和，国家/政府和市场的角色和作用机制发生了两点明显变化：一是市场机制在资源配置中的作用获得了极大强调，市场失灵成为国家/政府介入的必要前提。在融合政策的构建过程中，与市场相对立的公共利益标准成为新时期传媒政策的正当性基础，同时国家/政府更多地从所有权、频谱分配等经济性规制中撤退，而想方设法地加强弱势保护、隐私保护、不良信息传布等内容规制以及普遍服务、传媒服务于地方需求等社会性的规制，这些都是国家/政府和市场之间这种关系重置的表现。二是国家/政府也加强了对市场的引导，但这种引导更多的不是直接介入，而是通过设立价值目标、设定法制框架和行为准则等方式来间接实现的，其中典型的做法即是前面提到过的"有规制的媒体自律"体系的建立。

第三，强调建立一个有规范、有节制、有引导以及互相平衡制约的多维的责任架构。例如，在"媒体责任制度（media accountability system）"的建设方面，一是通过一般竞争法、多种结构和内容规制手段等多种政策工具，构建起一个以国家/政府为主体的"权威规范机制"；二是通过降低市场进入门槛、鼓励竞争、激活市场活力等做法，建立起一个以市场机制为主体的"市场自我过滤机制"；三是通过对媒体自律的赋权和建制化，建立起一个以媒体及相关协会、组织为主体的"专业责任机制"；四是通过建立媒体信息公开制度、媒介批评制度以及消费者申诉机制等手段，建立起一个以社会力量为主体的"公共监督机制"。

二 朝向一个更积极、更智能的国家/政府

回溯过去的几十年，从新自由主义到新保守主义，从多元主义到法团主义，从新共和主义到协商民主理论，再从社会主义、民主社会主义到市场社会主义……各种"主义话语"在欧美政治经济的思想旋涡中陆续出场、喧哗激荡，冲刷并形塑着欧美的传媒政策。但不管在哪一种"主义话语"中，国家/政府角色的定位都是一个核心的问题。

"二战"以后，面对经济自由主义和国家干预主义的"民主危机"以及日趋多元分化的社会，多元主义①（pluralism）理论曾经盛极一时。在

---

① 多元主义至少有两种含义：一种是近代在欧美发展起来的、尊重社会意识和政治文化多样性的观念和学说，即一般意义上的多元主义；另一种是"二战"以后在以美国为代表的欧美国家发展起来的多元主义民主理论。这里指涉的是后一种概念，即多元主义的民主理论。

多元主义的政治设计中，公共决策的过程是多重竞争性利益集团无休止地讨价还价的过程，最终政策的形成是国家试图调和这些利益集团之需要的结果；国家内部的权力中心是分散的、多元的，政府与其他利益集团没有实质性的区别，其作用就是接受各种利益集团的压力性要求，并使之转换成政策输出。由于契合美国的现实国情，这种强调权力分散的政治思想对"二战"以后美国的政治体制和传媒政策模式的形成尤其起到了决定性的作用。到 20 世纪六七十年代，随着经济危机的到来以及政府依附公司利益的政治丑闻的增多，这种将国家视为"中立仲裁者"的政治思想陷入危机。随后出现的新多元主义虽然在一定程度上修正了多元主义的缺陷，注意到利益集团在资源上的不平等性，并将国家视为一种特殊利益集团，但仍然"未能赋予国家更积极的角色"（赖祥蔚，2003：27）。在 20 世纪 70 年代以后，强调以国家为中心建立社会统一有机体的法团主义（corporatism，又译为社团主义、合作主义、统合主义）兴起了。作为多元主义的替代理论，法团主义重新强调国家的独立和权威，主张在社会与国家之间建立制度化的沟通渠道，从而使每一种利益都有平等有效的表达机制。法团主义以控制、统一和稳定为核心的政治安排，由于更加契合欧洲的社会文化传统，并且符合新欧洲势力崛起后"去美国化"的政治需要，在 20 世纪 80 年代以后成为欧洲大陆国家传媒政策过程的主要模式。在这一模式下，传媒的公共服务原则获得确定，传媒行业的自治获得极大发展，但政府等公共部门对传媒领域的介入也变得越来越普遍。

多元主义和法团主义代表着近几十年来欧美社会重组"国家—社会"关系的两种路径，也在一定程度上体现了欧美各国在制度倾向和政策发展脉络上的些许差异。但无论是哪一种路径，也无论是在自由主义传统深厚的美国，还是在国家干预主义传统更加坚实的欧洲，其传媒政策的转型都有一个明显的趋向，即要弥合国家与市场以及国家与社会之间的二元对立，朝向建立一种多主体、多中心互动、对话、合作的新型主体结构。面对媒介融合背景下日益原子化的社会以及日益严峻的全球化挑战，国家/政府权威的重塑以及社会秩序的重组已成为一种必要。但在一种多主体、多中心互动、对话、合作的新型主体结构之下，或者在欧美媒体的市场化、自由化、私人化以及规制放松的变革中，在自律和共同规制等新型规制路径大行其道之时，国家/政府必须适度地让渡权力给产业、市场和社会是一个不争的事实。因此，如此在让渡权力的同时保证甚至是加强国家/政府的权威，这毫无疑问是欧美传媒政策转型必须处理好的一个关键问题。

近几十年来，随着媒体市场化、自由化、私人化改革运动的推动以及规制放松革新运动的推进，欧美国家/政府的权威性似乎一直在减少。但事实上，这种权力的让渡，并不意味着国家/政府权威的退让或者丧失，其实只是国家/政府角色的一种重塑——从过去国家对社会负有"履行及结果的责任"，即国家有责任为社会完成特定结果或自行提供给付，转向国家只负有"担保责任"，即给社会和市场适当的信任空间，并通过建立法律框架、监督机制、纠错机制等办法，来保障制度功能的发挥。因此，融合政策转型指向的其实是一个更积极、更智能的国家/政府角色。市场化、自由化、私有化与相应的规管是一起发展的；虽然政府越来越少介入，但政府依然主导着市场的发展，并且其规制的权威和效力在相当程度上还得到了增强，因为在放松规制的过程中要实现原先预定的规制目标就"意味着政府必须有更好的管制治理能力，也就是必须进行更有效的再管制"（胡至沛，2006）。

三 公民角色的勘界与实现

在"第三条道路"以及"规制型国家"的政治理想下，"民主""责任""多元"与"对话"等理念成为传媒政策的核心精神，公民以及"第三部门"等公民社会的参与则成为政策过程的重要内容，而公民角色和身份的建构与实现则成为传媒政策范式重建的核心问题。不过，在这场已持续了三分之一世纪的"政策革命"中，对于公民以及"第三部门"的角色如何勘界，公民的自治和主权如何实现等关键问题，欧美一直没有找到一条有效的路径。例如，新共和主义①对"公民政治"的召唤和对

---

① 在欧美社会，共和主义是与自由主义相并列的一种政治传统，以"强调平等、政治参与和公共精神"为特征。所谓新共和主义是指 20 世纪五六十年代以来兴起的、以复兴古典共和主义为理念的政治思潮。其政治思想主要是针对当代自由主义在理论和现实中的诸多弊端，从自由观、美德观、国家观、公民观等角度提出自己的看法和主张。

"积极公民"（active citizenship）身份的诉求，以及 20 世纪 80 年代以来兴起的协商民主理论提出的多层次对话和参与的政治主张，即"让利益分殊的多元主体直接、充分地参与到讨论和决策的过程中来，并在自由、平等的条件下进行对话和协商，从而形成最终的决策"，都在"公民身份"的界定和实现这一问题上作出了有益的思考。不过，在如何塑造积极公民、公民身份如何在现实中落脚等关键问题上，各种主义都不可避免地遇到了可欲性或可行性的困境，或是陷入了公民"唯私主义综合征"和"政治参与冷漠症"如何克服的主体性困境，或是陷入了公民个体表达与代理参与之间如何抉择的结构性困境，或是陷入了社会资本不平等条件下如何实现平等对话与协商的机制性困境。

在政策实践中，积极公民的塑造以及公民身份实现的问题同样不容乐观。首先，正如本书在价值范式转型一章中所提到的，虽然新媒介融合时代的传媒政策一再强调公共利益作为政策标准的价值，但面对快速发展的技术和市场所带来的挑战以及各个国家要在这些技术和市场变化中获取经济和战略利益的觊觎，最终也往往使经济利益凌驾于公共利益。在市场大于一切的政策倾向中，消费者的身份和利益被过分强调，公民的身份和利益则日益被边缘化。其次，虽然各国政府都积极地为公民提供参与政策过程的机会，但实际上"一般的公民没有能力这么频繁地参与各种专业议题的讨论"（Collins，转引自洪贞玲、刘昌德，2007）。最后的结果往往是公民参与的程度没有得到提高，但那些利益攸关、拥有资源的业者则获得了更多提高自己对政策影响力的机会。最后，正如美国学者麦克切斯尼（McChesney）和麦奎尔（McQuail）所担忧的那样，即使公民的积极性得到了充分的培养和激化，"如何避免（公民参与政策）在官僚机制下徒然无功"（McChesney，2004，转引自罗世宏等译，2005：47，269—321），以及如何避免代表主流意识形态的强势利益团体压迫另类观点（McQuail，转引自陈芸芸、刘慧雯译，2003），这些问题都还是巨大的挑战。

第六章 政策边界及政策问题图式：融合背景下欧美传媒政策认知范式的嬗变

一个政策问题如何被认知是一个政治性的（问题）。

——桑德拉·布拉曼（Sandra Braman，2004）

在库恩后期的补充解释中，"范式"一词更具本质性的意义是作为共同体成员共有的"认识和理解世界的工具"（陈俊，2007）。因此，基于范式研究的内在逻辑，要理解欧美传媒政策的范式转型与嬗变问题，一种认识论层次的探究与分析无疑是不可缺失的。同时，依据政策科学的理论，政策作为一种社会和政治建构，"并不是由某一个或者少部分政策主体掌握的'价值中立'的社会改革过程"（刘兆鑫，2011），而是具有极强的主观性。它既是一个复杂的社会互动过程，又是一个复杂的思维认知过程和话语过程，是一种认识的对象或者一种知识的对象。每一个政策框架的设计以及过程的展开其实都隐含着政策主体对于有关概念、问题的定义和理解，并且不可避免地要受到政策主体的知识结构、利益关系以及价值取向等诸多因素的影响；政策主体对于这些问题所持的知识立场以及解释方式，也将影响到对"政策是为了什么""制定什么样的政策"以及"政策应该如何执行"等重要问题的判断。因此，"发掘产生特定政策理解的认知方式及其逻辑有益于揭示政策规范的基本范畴"（刘兆鑫，2011）。同时，正如国际传播协会（International Communication Association，ICA）传播法律和政策部门前主席桑德拉·布拉曼（Sandra

Braman，2004）所指出的，对于政策问题的确认和认知"不仅决定了谁可以参与（政策）决策的制定过程，而且（规定着）（政策应用中的）修辞框架、操作性定义、政策讨论中的分析技巧和模式以及哪些相关的资源和目标（可以被纳入进来）"（Sandra Braman，2004）等诸多关键性的内容。因此在一定程度上可以说，政策过程中"重要的是一个人或一个群体是如何认识环境的，而不仅仅是环境到底是什么"（Sprout，H. H. & Sprout，M. T.，1965：224）。有鉴于此，在"价值—过程"这两个政策分析框架之外，即在探讨完"为何规制"以及"如何规制"这两个问题之后，我们接下来还有必要进一步上升到认识论层面来探讨一下前述价值论判断和方法论判断是如何形成的这一问题。

溯回政策科学的研究历史，自20世纪50年代以来，一种认知的研究路径，即从认知思维的层面来探究政策问题的形成和界定，便已在政策决策分析（尤其是在国家对外政策分析）中愈发受到重视。这种基于认知的政策分析路径致力于通过决策者信仰与个性，以及认识过程和信息处理方式等个体心理层次上的干预变量来打开政策决策与执行过程中的"黑匣子"。但对于笔者而言，这种认知心理学的路径面临着相关材料难以获得、认知心理分析手段缺乏，以及信仰、认知等变量的无形和难测等诸多方面的困难，在现阶段显然不具有可行性。因此，在充分考虑研究目标以及研究可行性的基础上，本书将采取一种实践主义认识论的研究取径，围绕"提供政策所需的智力体系"（H. Lasswell & D. Lerner，转引自刘兆鑫，2011），即关于"政策问题实质的知识"的分析，来探讨欧美传媒政策的认知范式转型问题。具体操作是：选取政策过程中两个关键性概念——"传媒政策"和"媒体"，发展出"什么是传媒政策""什么是媒体"两个研究问题；通过对两个问题的梳理，试图挖掘出欧美国家在媒介融合背景下建构传媒政策新框架和体系时的"解释性的认知图式"，即政策背后的思维根基和知识经验。

第一节 范畴扩张与逻辑转换："传媒政策"概念的重新界定

"传媒政策"是什么，或者说传媒政策的边界或涵盖范围和领域应该如何界定，即什么应该被纳入、什么不应该被纳入传媒政策的问题，无疑是传媒政策的制定者首先要解决的一大前提性认知问题。接下来，本书将围绕"传媒政策是什么"这一问题，来梳理媒介融合背景下欧美传媒政策对象范畴以及内在逻辑的转换问题。

一　从传媒政策到传播政策：政策对象范畴的扩张

（一）日益模糊的边界：传媒政策范畴的界定困难

自 20 世纪 30 年代以来，随着欧美广电媒体政策体系的逐渐建立，"media"一词便已从一个用以指代所有信息传播工具的总称逐渐演化为广播与电视媒体，尤其是无线电广播电视媒体的概称。因为在很多欧美国家，无线电广播电视和有线电视也是分开进行规制的。有线电视更多地被认为是一种"私人的、基于订阅的服务"（Bloom，2006），所受到的规制明显少于无线电广播电视。因此，在欧美传统的差异化规制体系下，过往的传媒政策事实上更多的是有关无线电广播电视①的政策。即使是在一个更宽广的意义上，从政策目标是否和"民主""自由""多元"等政治、社会和文化价值相关联来看，传媒政策的目标对象也一般只包括无线电广播电视以及报刊媒体和有线电视、卫星电视等传统媒体。因此总的来说，传媒政策在过去主要是一个与邻近的电信政策（telecommunication policy）相区分的概念，它的边界或者对象范畴相对清晰。例如，在过往传媒政策是一个与电信政策相互区分的概念，它们拥有不同的政策目标，不同的政策逻辑以及不同的政策工具。在政策目标上，传媒政策

---

① 广播电视的播送手段涵盖有线电和无线电，然而国际上惯称之"Broadcast"通常仅指利用无线电之播送，而利用有线电者则另外以"Cable"区别之。但本书所指，既包括"Broadcast"，也包括"Cable"。

主要受传播自由的理念驱动，是一个与民主政治紧密关联的概念，需要考虑"保护和推广本地文化""减少商业或政治对传媒的影响""保障客观性和多元性"等社会文化价值的问题；而电信政策则更多地追求经济利益，以"推动普及服务""促进市场竞争"以及"保障消费者的个人隐私权"等为政策目标（详见表11）。在规制对象和内容上，传媒政策"主要聚焦于报刊、广播电视等传统信息服务"，虽然包括"内容规制、结构规制以及基础设施规制"三个方面的内容，但实际上是以信息内容或服务的规制为主要指向，即使是结构性的规制最终也是指向内容；而电信政策则主要是一种采用"共同载体"模式的"渠道规制（regulation of the conduit）"（Blackman，1998），其规制内容主要包括物理基础设施和网络的供应和运营、市场准入、服务价格、网络的非歧视近用以及基于互联需求的技术标准规制等，即主要是直接地指向基础设施和传输服务的规制（Cuilenburg & Slaa，1993）。在对传播内容的态度上，传媒政策一方面"基于'言论自由'的权利，（强调）原则上自由制播节目"（刘柏立、魏裕昌，2005），但另一方面又在公共利益等标准下，对媒体的结构以及内容等进行一定的规范和限制；而电信政策则将经由电信网络传播的内容视为私人内容，并且本着"人们有秘密通信之自由"的原则，被课以严守通话内容秘密的义务，基本不对内容作任何规范。

表11 传媒政策（无线电广播政策）与电信政策在政策目标上的不同之处

传媒政策目标	电信政策目标
推动本地生产以及新的硬件设施	推动普及服务
保护和推广本地文化	促进市场竞争
减少商业或政治对传媒的影响	推动互操作性
保障客观性和多元性	确保无线电频谱这个稀有资源得到最好的利用
防止意识不良节目	保障消费者的个人隐私权

资料来源：Levy, D.，2001：38。

这种传媒政策区分于电信政策，以及无线电广播电视和有线电视相区分的规制体系得以成立的主要因由有二：其一，过往的传播媒体之间的界限是分明的。例如，无线电视是典型的一对多（one-to-many）传播，传受双方很难有直接的反馈和互动，且全部受众对于信息的接受是同步的，就理所当然地被划归到传媒政策的范畴之中，要受到重度规制；而电话则是一对一（one-to-one）的传播，传受双方可以很方便地进行实时的反馈和互动，因而就属于电信政策的范畴，所受规制比较轻。其二，过去的传播服务是依据各自所提供的服务分别建立传输网络的，且网络与服务采取一对一的对应形态，如无线电广播电视节目通过无线电频谱来进行传输，而语音通话服务则通过电信网络来传输。与之相应，传媒政策和电信政策其实也是采取一种服务与基础设施一一对应"捆绑"规制的"垂直型"构建逻辑，彼此之间是相互区隔、自成体系的。但现在，由于传播内容的数字化以及网络的 IP 化，媒介间的界限日益模糊，各网络之间的区隔逐渐消失，不同服务可以运行于同一网络，而同一服务也得以在不同网络同时运行。在这种背景下，报刊媒体、无线电广播媒体以及有线电视等传统传媒政策领域的对象都在不同程度上与电信网络发生交叠，并衍生出了一系列横跨两大领域的融合性业务。而这些交叠、融合的业务领域则使得传统的相互区分和独立的传媒政策和电信政策两大政策领域面临着严重的边界冲突问题（Cuilenburg & Slaa, 1993）。例如，利用电视信号来传送图文和数据信息的图文电视服务（teletext serv-ices）以及利用公用电信网来传输信息的交互型电信新业务——可视图文服务（audiotex services）使得无线电广播电视网与电信网之间的边界变得模糊；基于有线电视网络的宽带服务以及通过有线电视网络传输的交互式信息服务（interactive tele-information services via CATV networks）等服务的出现，不可避免地带来了有线电视网络与电信网络之间的冲突；而手机报等新型媒体业务的出现，也使得报刊媒体与电信这两大原本风马牛不相及的领域开始交集。与此同时，伴随着信息内容的数字化以及以 TCP/IP 为协定和以层级为架构的互联网作为传输渠道的发展，传统的垂直传播系统逐渐被水平化的传播系统取代，整体传播产业被重塑为信息和内容服务、传输服务以及基础设施三大领域，不同的网络平台也具备了传输相同服务的能力。在这种背景下，对于传媒政策目标和对象范围的界定便变得非常困难。

（二）"传播政策"概念下政策范围的扩张

如前所述，随着媒介融合的日益推进，传媒政策这一概念首先面临的变化便是，它与电信政策原本泾渭分明的界限日渐模糊。传媒政策与电信政策等邻近政策领域之间基于传播方式、网络设施等特性而进行的区分变得不再可行，甚至传媒政策和电信政策两个原本相互区分的政策领域开始日益汇流，而应用日益狭义化的"media"一词显然也已不能适应媒介融合的发展潮流。在这种背景下，"媒体（media）"一词虽然仍然是一个具有高度显著性的概念，但在媒介融合以及信息社会的话语范畴下所使用的"media"一词显然已经不能等同于过往我们所熟悉的"mass media"一词了。同时，欧美各国也开始越来越多地使用传播政策（communications policy）一词。而无论是传媒政策，还是电信政策都正在日益被纳入"传播政策（communications policy）"① 这一名词的范畴之下。

当"传媒（media）"一词被替换为"传播（communications）"一词，"媒体直接的传播功能（便）只不过是信息科技全部社会功能中的一小部分"（Sandra Braman，2004）。传媒政策所指涉的对象便不再局限于无线电广播电视等传统大众传播媒体上，而体现出一种较宽广的视野，既包括"媒体（media）"服务也包括"电信（telecommunications）"服务，既包括电子媒体也包括非电子媒体②，既包括新媒体也包括传统媒体，既包括公共媒体也包括非公共媒体，同时信息发送和服务传输的基础设施也一并被纳入其中，即指向了"社会的整个传播系统"（Van Cuilenburg，2009），其范围甚至"拓展到整个信息传播、文化娱乐乃至消费领域"（李继东，2013a）。例如，欧盟于 2002 年确立的新的规制架构，便统一使用一个"电子通信（Electronic Communications）"的概念来管理包含广播电视等所有通信网络基础设施（即"电子通信网络"）和在该网络上所提供的服务（即"电子通信服务"）。其中，根据欧盟于 2002 年通过的《电子通信网络与服务共同管制架构指令》（Framework Directive）第二

---

① 需要注意的是，此处使用复数，而不是 communication policy。
② 将过往的报刊媒体，即"press"也纳入其中。

条的定义，所谓"电子通信网络"，泛指不管传输信息的种类，"凡利用有线、无线、光学或其他电磁手段传输信号的系统"。在这个概念下，不仅广播电视专用网络、有线电视网络被纳入其中，而且卫星网络、固定网络（线路交换，并包含网际网络的分封交换）、移动网络、电力有线系统等交换机或路由设备或其他设备等也被纳入，即"只要能进行信息传递的实体网络均称为电子通信网路"（高凯声、刘柏立，2005）。同时，欧盟于2007年开始实施的《视听媒体服务指令》，也将规制范围从传统的电视媒体拓展至包括视频点播、移动电视等类电视服务在内的整个视听领域。与欧盟做法类似，美国1996年的电信法也把无线电广播电视服务（broadcast services）和有线电视服务（cable services）明确定位为广义的电信服务。

与此同时，随着传播系统的水平化，一种层级架构（layered model）逐渐成为众多欧美国家构建融合政策的一个主要走向。"层级（layer）"这一个概念源自互联网通信协定的技术分层，在传媒政策领域引入这一概念，即是希望摒弃现行电信、广播电视、有线电视等产业之间原本基于技术特性而区分的界限，而改以功能的不同为规制区分标准，意在打造一个跨平台的规制框架。据考证，这种借鉴技术分层来思考规制问题的路径，滥觞于20世纪80年代美国FCC将通信技术区分为基本服务（basic services）[1]与增值服务（enhanced services）[2]的做法（杨双睿，2012）。随着媒介融合的发展以及跨平台规制迫切需求的产生，这种层级模式获得了更多的关注甚至是认可。例如，在美国，1996年《电信法》，虽然被认为是打通电信和广播电视产业樊篱的融合大法，但其在处理IPTV和手机电视等新兴融合业务方面的不足近年来也备受批评。因此，进入21世纪以来，美国学界和政界都在思考和讨论"是否要建立一个基于层级模式的新型规制架构"的问题。欧盟的《共同管制架构指令》（2002）也采取一种内容与传输网络分离的层级模式框架，将主要规制对象区分

---

[1] 指传统电信业提供的共同载具服务。
[2] 指为使用者提供的终端应用服务。

为电子通信服务（electronic communications services）和电子通信网络（electronic communications networks）两大类别。英国1996年《广播电视法》（Broadcasting Act 1996）同样采用了这种传输与内容分离的架构。在该法中，对无线数字电视的规制被区分为多任务平台商（multiplex services）、数字节目服务供应商（digital program services）以及其他数字服务供应商①（digital additional services）三个层级，每一层级根据其功能特性分别进行规制。

从层级的划分来看，既有两层分法，也有三层分法和四层分法。例如，美国FCC计划和政策办公室（FCC's Office of Plans and Policy）的新技术政策顾问凯文·韦巴赫（Kevin Werbach）倡导一种四层分法，即将整个传播系统分为物理网络层②（physical network layer）、逻辑网络层③（logical network layer）、应用或服务网络层④（applications or services network layer）以及内容网络层⑤（content network layer）四个层级（转引自刘幼俐，2011）；Sicker（2002）提出了一个包括内容层（content）、应用层（applications）、传输层（transport）、接取层（access）在内的四层式模型；Fransman（2002）则认为层级模式大致包括管线（pipes）、软件/中介软件（software/middleware）以及内容、应用和服务（content，applications，services）三个层级（转引自程致刚，出版时间不详）。

尽管各方对于水平层级规制模式的设计仍有不同意见，而且这种层级模式是否适宜作为规制框架的问题也受到质疑⑥，但在这种层级导向的政策架构思路以及这样一个强调整体性且包容性极强的"communications"概念

---

① 提供数据或资讯服务，而不是节目服务。

② 主要指传输信息的实体架构，包括基础网络设施所需的线路、频谱等。该层是传播系统的最底层。

③ 逻辑层是让资讯得以顺畅在物理网络层上流动的管理和传输系统，如互联网的域名系统（domain name system，DNS）即属于逻辑层。由于逻辑层和物理层主要是工程技术上的概念区分，因此在过往的政策中，逻辑层通常被视为物理层的一部分，但在融合背景下，逻辑层的独特性和重要正日益凸显出来。

④ 指出现在终端用户面前的功能，如语音电话、电子邮件、影音播放等。

⑤ 指使用者在应用服务中传递或接送的信息。

⑥ 例如，有反对者认为，这种层级的切割，可能造成经济活动的不能贯穿，从而减损原有的经济效益，并导致齐头式的假平等。

下，传媒政策所涉及的范畴已明显获得扩张。以三个层次的架构为例来看（如图6所示），一般处于最底层的是信息传送和服务传输的基础设施（communications infrastucture），包括所有的相关硬件和软件设施；第二个层次是整合了报刊出版、有线和无线电视、电信等在内的传输服务（distribution service）网络；最上层则是各种类型的内容和传播服务（content and communication service）。这样一种传播内容和载体相分离的水平层级式的规制路径使得规制者得以在不影响传播内容、产业结构等高层次问题的情况下，能够更多地关注底层基础设施（如宽带）的建设和运行问题。由此，在媒介融合背景下，传媒政策不仅规制对象的范围从传统的内容和结构扩展至了基础设施环节，而且所关注的议题也不再限于传媒多元化、传媒的集中与垄断等内容与结构上的议题。信息基础设施的技术标准、互联网的域名管理等议题被纳入传媒政策的领域（Sandra Braman，2004），同时像网络的开放接取和对等互连、网络中立、知识产权保护等议题也成为传媒政策重构中备受争论的议题。

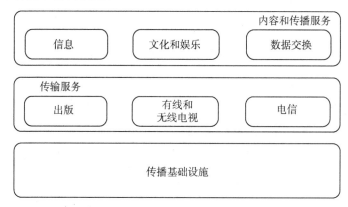

图6 三个层级的传播系统

资料来源：Sandra Braman，2004。

二 从传媒政策到传媒治理：政策手段、主体以及逻辑的多重转换

在传媒政策对象的范围获得扩张的同时，传媒政策的基本逻辑也发生了改变。如前所述，在媒介融合背景下，欧美国家越来越强调自律和

共同规制的手段，"媒介融合时代规制的形成愈来愈成为一种多元协商、参与互动和开放透明的政策的制定和实施"（肖赞军，2010）。在这种背景下，过去以国家/政府为主导的传媒政策体系越来越转向于"传媒治理（media governance）"的概念。

"治理"（governance）一词源于拉丁文和古希腊语的"操舵"一词，原意是控制、引导和操作，其作为一个专门术语的正式提出，可以追溯到 1989 年世界银行在讨论非洲发展时首次提出的"治理危机"这一概念（俞可平，2001；2002）。自 20 世纪 90 年代以来，为了应对社会发展和国内外政经环境急剧变化的挑战，以及基于资源配置方面政府的非效率和市场失灵的双重困境，欧美国家进行了各类的政府精简和革新工作。在这一背景下，"治理"这一概念在社会经济各领域尤其是经济学、政治学、管理学以及组织研究等领域流行开来，被认为是对当代世界大变革的一种新概括。例如，俞可平（2002）便曾指出，以克林顿、布莱尔、施罗德、若斯潘等人为代表的"第三条道路"或"新中派"便明确地把"少一些统治，多一些治理（less government, more governance）"当作其新的政治目标，而这一目标则构成了"第三条道路"的重要内容。与这股政府改革浪潮一脉相承，自 20 世纪后期以来，欧美在传媒的规制和政策领域也掀起了一股"治理"革命。

从概念的理论内涵来看，"治理"（governance）与"统治"（government）一词长期交叉使用，但事实上"governance"的含义与"government"相去甚远。正如治理研究专家罗斯德所指出的，"治理"意味着"统治的含义有了变化，意味着一种新的统治过程，意味着统治的条件已经不同于前，或是以新的方法来统治社会"（罗德斯，1996[①]：652—653，转引自斯托克，1999）。因此，"治理"这一概念进入传媒政策领域，首先便意味着传媒政策转向了一种新的规制形式，即在方法上从主要依赖于正式手段转向更多地依赖非正式手段。例如，面对媒介融合所带来的

---

① 该引证文献在斯托克一文（中文版）中，作者名称译为罗德斯，同时正文处标示为 1992 年出版，但后面行文以及参考文献处又标为 1996 年。特此说明和更正。

不良信息泛滥以及少儿保护难度加大等内容规制问题，欧美国家近年来一直在努力加强相应的法律、制度建设，但在屡屡遇阻的情况下，也开始更多地诉求于建设消费者投诉机制、技术过滤、媒介素养教育等非正式手段和机制。因此，正如曼纽尔·帕皮斯（Manuel Puppis）等人所指出的，"传媒治理"这一概念事实上"囊括了旨在构建传媒体系的种种规则，并允许发现传媒政策和传媒规制所忽视的一些方面"（Puppis，2010），即不仅包括种种正式的、法定的规则，而且包括其他更多的"虽未得到正式授权，却能有效发挥作用"（转引自俞可平，2002）的非正式规则，是"种种用以组织媒体系统的机制的总和"（Freedman，2008：14）。

在主体上超越了传统的国家/政府范畴，或者说政府职能与角色的重新定位，是传媒治理这一概念相较于传媒政策概念而言的第二个突破。对于政策主体的这种变革问题或者权力分散问题，本书在前章曾有论及。简而言之，传媒治理这一概念的提出实际上便意味着要将国家权力之外的各种力量和主体都纳入其中。具体而言，就这一点的理解，则应该要注意以下三个问题：其一，治理虽然也需要权威，但它并不限于政府的发号施令或者权力、权威的运用，而是强调协商、合作以及上下的互动，其"权力向度是多元的、相互的"（俞可平，2002），这是它与传统自上而下的"政策"概念非常重要的一点区别。其二，治理也并不是简单地将问题推向市场或者其他的主体，而是一方面强调建立一个国家、市场的互动架构，一方面在政府和市场之外引进各种形式的私部门的力量，并在各方力量之间建立一种协商、互动以及平衡的关系。因此，"治理作为一种独特的协调机制，其逻辑同市场和自上而下发布命令的协调相区别"（鲍勃·杰索普，1999），其实质是"建立在市场原则、公共利益和认同之上的合作"（俞可平，2002）。其三，从传媒政策转向传媒治理，核心的问题其实是"如何重新认识和定位国家及其政府在国际和本土传媒政策中的作用和角色"（李继东，2013b）。其中，在对国家角色和作用的认知这一问题上，虽然相当一部分规制的责任被转移给了企业、市场和社会，但"治理"这一概念的提出并不意味着国家在传媒政策领域的主体地位被弱化或者被取代，也不意味着政府干预角色的退出和权力的萎缩，而更多的只是国家职能和作用的"一种更新、优化和提升"（李继东，2013b）。如前所述，欧美传媒政策转型走的是一条规制放松与再规制齐头悖进的路径，即一方面通过适度放权给企业和市场来激活市场的竞争活力，另一方面又通过建立一个"有规制的自律体系"来维持一个良好的市场秩序；一方面通过各种途径加大不良内容规制、弱势保护等社会性规范的力度，另一方面又适当赋权公民、"第三部门"等公民社会。而在这放松与再规制的过程中，政府对传媒的干预看似减少了，但实际上减少的是直接介入，而其他形式的干预则反而更多了，同时政府规制的效力也有提高。

在谈到"传媒治理"这一概念时，卡里·卡皮和莫尹（Karppinen & Moe，2010）两位学者曾经概括出了从"传媒政策"演进到"传媒治理"时的两种延伸（如图7所示）：一是水平维度的延伸；一是垂直维度的延伸。其中，垂直维度的延伸指的是从基于国家的传媒政策转向全球传媒治理的发展趋势。即过往的传媒政策是一个以国家/民族为中心的概念，一般情况下一个国家的政府是传媒规制唯一合法的主体，而在治理概念下，"超越国家政府范畴的各种层次的全球和地区合作"（Puppis，2010）也成为传媒规制的重要主体力量。水平维度的延伸反映的则是本书在前章所讨论的政策在行为和主体方面的变化情况。即，过往的传媒政策更多地指向以政府为主体的权力控制，而治理概念则既包括以国家/政府为主体的法定规制（statutory regulation）行为，也包括各种自律和共同规制。在媒介融合背景下，欧美传媒政策的转型在两个维度上的延伸都是比较明显的。例如，在隐私权保护、版权保护以及不良内容防治等问题的规制上，走的都是一条由国际组织、国家、地方政府、公民、"第三部门"和企业等多层次、多领域主体共同规制的路径。

传媒治理这一概念对于传媒政策概念的超越不仅仅是经验层面的。事实上，它还为传媒政策提供了一个新的视角，意味着传媒规制在理念上和路径上的创新。如前所述，传媒治理概念为传媒规制带来了一种整体性的思维和视角，它不再将对传媒的规制局限在政府以及法律等正式手段之上，而是认为传媒系统的形成可以是多种途径的，让我们去关注

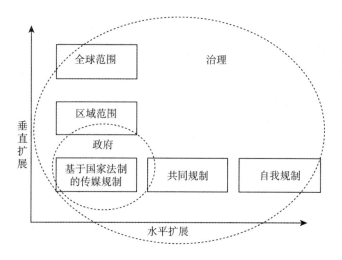

图中文字：

垂直扩展

全球范围　　　　　　治理

区域范围

政府

基于国家法制
的传媒规制　　共同规制　　自我规制

水平扩展

图 7　从传媒政策到传媒治理延伸示意

资料来源：Karppinen & Moe，2010。

正在形塑传媒系统的各种各样的实践、规则和制度。除此之外，正如一些学者所指出的，传媒治理还"既是一种积极（positive）的规制路径，又是一种规范的（normative）路径"（Benz，2004）。所谓的作为一种"积极"的规制路径，指的是传媒治理概念对于这个因应快速发展的技术而快速变化的传媒系统的"变化"特性的强调，其所提出的规制框架和路径相较于传媒政策，显然更加灵活和富于弹性。从欧美国家的融合政策走向来看，这种政策的灵活性和弹性确实也是他们非常注重的一点，如从事前规制转向事后规制、层级模式的设计等政策变化和创新均体现了这一点。而所谓的作为一种"规范"路径，则意味着两个方面：一是传媒治理"承认规则和规制设计的缺陷，并且致力于提出改进的意见"（Puppis，2010）；二是传媒治理这一概念更加强调"问题的解决"（Puppis，2010），而比较少去关注不同意识形态的对抗问题或者权力之间的不平等关系（Karppinen & Moe，2010）。在这个"规范"的层面，欧美融合政策也表现出了相当的开放性。具体而言，有以下两点经验值得关注：一是"多谈原则，少定规则"，即尽可能地廓清传媒政策的目标，建立一个持续的、具有弹性的以及适用于跨平台的政策原则或者标准体系。例如，在欧美各界人士探讨融合政策的时候，关于公共利益标准的问题始终是一个核心、焦点的议题。二是做好政策的事前征询和事后评估工作，重点考察政策是否能够实现前述确定的目标和原则。这种事前征询和事后评估的办法，在确保政策具有足够弹性的基础上，也能够保证恰当的方向和效力。

三　小结

规制对象范围、规制逻辑的转换以及规制手段和工具的变化，都会对政策过程中资源和权力的配置产生很大的影响，同时也意味着我们需要重新审视"什么是传媒政策"这一问题。

过去，以政府为主体并且主要依赖于法规、规则等正式规制手段的传媒政策往往被认为是一个与自由相对立的概念。但新时期的传媒政策显然已成为一个更具弹性的概念。它不再被简单地等同于政府的规制或者规则的强制执行。国家、市场、社会等因素都被纳入主体框架，它们彼此支持、相互作用。因此，新时期的传媒政策可以被视为"新自由市场改革的一个关键部分"（郑国泰，2007），是企业、消费者、第三部门、政府等各种与媒体关联的社会部分之间的一种调整机制。

在作为"一种调整机制"的概念下，以公民和"第三部门"为代表的公民社会则经历了一种"从被动排斥到主动参与的变化"（郑国泰，2007），而政府的角色则从"划桨"转向"掌舵"，从"控制"转向"协调"，即政府在搭建良好的制度、法律框架以及对核心问题进行规制的同时，或是把其他的事务剥离出来，转交给公民社会；或者通过公开透明的规制方式，充分发挥公民社会的效率和效能。其中的各主体要素相互作用、相互合作，共同朝向一开始设定的目标。因此，从这个意义上说，传媒政策也就变成了"一种以公共利益为目标的社会合作过程"（郑国泰，2007）。

在国家/政府、媒体、市场、社会等诸多要素的相互作用下，传媒政策还变成了一个无所不包的概念。在这个概念下，一些基本的理念得到了确认和凸显：首先，在公民社会成长起来的情况下，政策的正当性和合法性问题变得非常重要。这也是关于公共利益标准的讨论在融合政策构建过程中会受到如此重视的重要原因。其次，政策成为一个具有协同性的概念，即它强调的是一种国家/政府、媒体、市场、社会等多元主体共享权力的民主的、合作的治理模式；再次，在多元主体共同合作治理的过程中，政策的可问责性便变得非常重要，即规制主体对公共利益负责以及对自己的行为负责，成为政策实施的一个基本逻辑。最后，效力、效果和影响的评估成为政策实施过程中非常重要的一个问题，即政策的实施必须能够确实保证公共利益的实现。

第二节　政策视角下"媒体"概念的表征演变

桑德拉·布莱曼（2006：9）在《国家的变化：信息、政策和权力》（Change of State：Information，Policy and Power）一书中强调，"任何对于信息政策的研究都必须从'什么是信息'这一个问题开始"。我国台湾政治大学教授彭芸（2012：前言）则表示："21 世纪谈媒介政策（media policy），第一句要问的通常都是：何谓媒介。"同样，我国台湾另一学者须文蔚也曾经指出，在探讨各种传媒政策取向以及兴革意见时，必须"回到媒介管制的原点，探讨因为不同媒介角色厘定，所造成传播政策差异的缘由"（须文蔚，2006）。因此，对于传媒政策的分析和研究，也必须从"什么是媒体"这一问题开始。在厘清传媒政策的范畴和逻辑变化之后，我们接下来将继续探讨政策制定者和决策者们对于"什么是媒体"这一问题的认知图式。

一　早期传媒政策中的"媒体"概念

十六七世纪的威权主义时期，最早的我们今天所谓的大众媒体——报刊被认为是"国家的公仆，任何时候它的内容都应该对政府当权者负责"，而权力部门则对之"保有制定和更改政策的权力、颁发许可证的权力以及某些情况下实施新闻审查的权力"（西伯特等，2008：引言，3）。而自 17 世纪晚期以来，"政治民主和宗教自由的发展，自由贸易和旅行的扩展，自由放任经济学思想的采纳，以及启蒙运动中总的哲学氛围"（西伯特等，2008：引言，3）逐渐削弱了威权主义理论的根基。在这种背景下，自由至上主义理论开始成为欧美传媒政策的主要思想。而在自由至上主义理论下，传媒的政治功能和教育功能获得了强调，传媒不再被视为政府的工具，而是"一个呈现论据和争辩的机构"（西伯特等，2008：引言，3）；而在这样一种民主政治的框架下，"政府鼓励传媒成为政治管理中的'第四等级（Fourth Estate）'"，而立法、司法系统以及意见的自我修正过程、市场自由竞争等非正式手段则成为传媒控制的主要力量。

从前述可知，欧美对于媒体的规制也是古已有之。但严格来说，16—18世纪的媒体指的其实仅仅是报刊（press）。而自由至上主义理论所奠定的规制逻辑最早也是针对报刊媒体而言的。现代意义上的欧美传媒政策是在19世纪中期电子传媒技术出现①以及传媒事业开始成为一种商业以后才开始形成的（Cuilenburg & McQuail，2003）。当时，一方面19世纪中期"便士报"的出现和兴起，使得报刊成为一个商业媒介（commercial medium），新闻则成为一种"大众消费品"（转引自 Schejter & Han，2011）。同时，19世纪后期报业印花税的取消以及各国教育的普及，进一步推动了传媒市场的迅猛发展。另一方面，电报、电话、无线电等技术的出现和发展也使得传媒成为国家战略的一部分，并带来了技术垄断与国家利益、公共利益之间的矛盾。面对具有巨大战略意义以及商业价值的新兴传媒事业，政府和企业共同生发了建立秩序和规范的需求，传媒政策作为规制的手段开始得到发展。但在这个新兴的传媒政策体系下，报刊媒体和新兴的电子媒体是分而治之的。其中，传播的政治和教育功能被认为是报刊媒体的事情，而报刊媒体也据此得以享有免于审查的自由。但新兴的电报、电话，尤其是无线电技术，则一开始并没有被纳入我们今天所谓的"媒体"范畴之下。

事实上，对于这些新兴的电子传播技术，早期的欧美传媒政策也是有认识分歧的。美国一开始对采用无线电技术的广播基本采取不管政

---

① 库伦伯格与麦奎尔认为，在19世纪中期电话发明以来，直到一系列电子媒介出现之前，没有传媒政策。本书在对欧美传媒政策历史变迁路径的梳理上，参照了这两位教授的研究。

策。虽然 1912 年泰坦尼克号的沉没直接催生了 1912 年《广播法》（Radio Act of 1912），但这部《广播法》也是将广播视为一种为船只发送信号的技术或者一种双向交流的工具，其规制的内容仅限于"对运营商进行许可（规制）、为广播电台编码、将干预减至最少并且推动广播的传播（工作），尤其是赋予政府播放危难、危险或其他重要信息的权利"（Zollmann，1927）。同时如前所述，美国商务部和劳工部作为当时的管理部门，即使在许可颁发上也没有裁断权，只扮演着类似于"登记处"的角色。一直到 20 世纪 20 年代，美国才开始使用"media"一词来指代这些新兴的传播技术。1927 年的《广播法》虽然"承认广播是一种负载内容、需要服务于'公共利益、便利和需要'（原则）的媒介"（Schejter & Han，2011），并成立了一个专门的管理组织——无线电广播委员会（FRC，Federal Radio Commission）来负责广播的规制工作，但在这部法律中，广播同样是主要作为一种技术而受到规制的，是与电报和电话等新兴技术类似的东西。所不同的只是，广播的商业意义开始得到重视，它被拿来与铁路、轮船、公共汽车、卡车等交通设施和工具相提并论，被视为"商业的机构（istrumentalities of commerce）"（Zollmann，1927）。正如前文所指出的，彼时的"公共利益"标准指向的其实也不过是"一个有序竞争的商业广播体制"。随着传媒市场的快速发展，这种将媒体视为商业或经济事物的逻辑在后续的传媒规制与政策中得到了发展。如在 1934 年，美国最高法院受理了对于报刊媒体垄断的投诉，并且做出决定：报刊媒体在反垄断审查方面不具有豁免权（Schejter & Han，2011）。对报刊媒体这种态度转变的背后，其实反映的正是报刊媒体从民主政治工具转向经济产业的一种角色转换。在 1934 年修订的传播法中，这种经济逻辑则更加明显。这部法虽然把有线电视也纳入了规制范围，并新设立了 FCC 替代 FRC，但在这部法规中，FCC 依然"不直接审查广播节目，而是通过三年一度的电台营业执照审查向电台施加压力，完成监管任务"（陈宪奎，2002），所有权控制以及促进竞争成为该法的主要议题。FCC 也被认为与同期成立的证券交易委员会（Securities and Exchange Commission）、州际商务委员会（Interstate Commerce Commission）等机构一样，是一个经济规制机构（economic regulator）（Yandle，2011）。

不同于美国，在英、德、法等欧洲国家以及新西兰等国家，这些新兴的传播技术一开始便被认为和邮政服务一样，是对国家和产业而言都具有重要战略意义的"发动机（engineering）""基础设施（infrastructure）"和"公共事业（public utility）"乃至"政府的一个分支（a branch of government）"，不能交给具有很大不确定性的自由市场来处理（Cuilenburg & McQuail，2003）。因此，在欧洲早期的传媒政策中，国家垄断、公共控制是最主要的一种政策路径。尽管广播等新媒体一开始即被纳入了国家体系，但在欧洲早期的政策中，广播媒体主要还是一种非政治化的事物，其"传播的政治功能还普遍没有被认识到"。因此，有关广播规制的相关讨论基本未被纳入民主政治的范畴，是一个"需要由专家、律师以及行政官员来解决的技术问题"，而不是一种"民主政治的选择（democratic political choice）"（Cuilenburg & McQuail，2003）。

总体而言，在欧美早期传媒政策中，面对蓬勃发展的新传媒技术以及商业化媒体，各国均将私人所有制的规制作为政策的重心，以促进竞争、反对垄断。同时，广播媒体及其传播所需要的载体——频谱资源的技术特性，也使得当时规制者将关注点主要放在"如何应对技术挑战"等技术性议题之上。从19世纪中期一直到"二战"前后，欧美传媒政策都很少涉及传媒内容的规制。库伦伯格与麦奎尔两位教授将这些政策统称为"新兴传播业政策（emerging communications industry policy）"（Cuilenburg & McQuail，2003），认为它们以政府和企业的经济利益作为规制标准，缺乏社会文化和政治方面的考虑，并不是为公共利益服务的。因此，早期传媒政策中的"媒体"主要是一个技术和市场方面的概念。

二 "公共服务政策"范式下的"媒体"概念

这种将传媒视为技术和市场问题的政策思路，在"二战"以后开始发生变化。"二战"的爆发让欧美各国见识了传媒的力量，而广播电视等媒体的出现，使传媒的社会影响力进一步扩大。传媒之于政治与"大众民主"的重要性获得重新评价,政府对传媒业的介入有了更多的正当性基础。与此同时,经济恢复、民主发展、社会稳定等一系列战后重建的目标以及世界两极化所带来的诸多不稳定因素,也提出了发展积极传媒政策的要求。在这种背景下,欧美各国均不同程度加大了新闻审查、所有权分化等传媒规制的力度。在欧洲大陆,政府不仅不愿意放弃战时对传媒的控制权力,而且将"一度'不可侵犯的'的印刷媒介也合法地纳入政策范围"(Cuilenburg & McQuail,2003),例如,"为了解决政府内部、各政治党派之间,以及社会其他团体之间人们所普遍担忧的20世纪平面媒体的责任感和信任感衰退问题"(诸葛蔚东,2013),英国于1947年成立了第一届皇家报刊委员会(Royal Commissions on the Press,1947—1949),专事报刊监督工作;并于1953年成立了报业总评议会(Press Council),以加强报业自律。与"二战"前的传媒政策相比较,这些新的传媒政策"更多的是规范的和政治的,而不是技术方面的考虑,它追求的是国家的认同和稳定"(Cuilenburg & McQuail,2003),其关注的焦点不再是国家战略发展、产业经济发展等经济方面的利益,而是国内控制和社会政治的发展。"民主、多元、社会责任、独立"成为政策的主要价值标准,而普遍服务、传媒多元化、本地主义等原则则成为公共利益标准的核心内容。因此,在库伦伯格与麦奎尔的学术话语中,这些积极的传媒政策也被称为"公共服务政策(public service media policy)"(Cuilenburg & McQuail,2003)。

在"公共服务政策"范式下,媒体被视为公共物品(public good)甚至是有益品(merit good),是一个重要的政治组织和文化、价值生产组织以及民主生活不可缺少的一部分。在这个"公共物品"的概念下,"社会雷达""社会皮肤"和"公共通道"等词语都被用来形容媒体之于社会的功能和重要性,传媒产业被视为一种与其他产业在本质上有所不同的产业,而传播则被认为是使人们"得以拥有共同事物的方法"(杜威,1958:5)。具体而言,媒体作为"公共物品"或者"有益品"的政策隐喻其实隐含着对媒体功能的两种指向:政治指向和社会文化指向。其中,在政治指向下,媒体被视为"提供民主的公共领域"(Yandle,2011)和代议民主制度良好运转的重要一部分，是"高度政治化的组织以及政治活动的报道者"（Blumler，转引自 Schejter & Han，2011），是一个与多元、自由、平等、公平等价值相连的概念；而在社会文化指向下，媒体产品被认为具有"传达其内含期间的'生活形态'"（雷蒙德·威廉斯，转引自时统宇、吕强，2008）的文化功能，而传媒则被视为"文化侍者（servant of culture）"（Ang，1991：101），常常与多元、引导、保护、教育、认同等概念紧密相连。无论是作为一个与民主相连的概念，还是作为一个与社会文化相连的概念，媒体都被认为不宜再全部交给自由市场。因此，这一时期积极的传媒政策并不仅仅是战时政策的一种延留或者对于战后混乱状况的一种刺激性反应，其背后反映的其实是欧美国家对于"媒体作为被规制对象"这一问题在认识论上的提升。

媒体的这些政治和社会文化功能被认为是非商业化甚至是反商业化的。因此在这一时期，一些非商业性的媒体开始得到发展。如在美国，于1952年4月出台的《第六号报告与命令》（the Sixth Report and Order）中便将242个频道——其中包括80个甚高频和162个超高频频道——分配给非商业性电视台①。自此，"非商业性的教育广播电视台（noncommercial educational broadcasting）"便开始在美国缓慢地发展起来，直至1965年增长到了100家（王纬，2000：113—114）。这种公益类的教育广播电视台于同期在加拿大等国家也得到了发展。与此同时，被认为"特别具备政治性、社会性与文化性目的"（Graham & Davies，1999）的公共媒体制度在欧美各国得到了广泛的认同和快速的发展。到了20世纪中期，美国、加拿大、澳大利亚等国家也都相继建立了公共广播电视制度。而在英国，到了20世纪50年代，BBC已经拥有完全垄断的地位。同时，在商业广播电视媒体的规制上，公共信托模式也获得了发展。公共信托模式的产生虽然最直接的根由是频谱资源无法为人人所有的稀缺性，但其实背后也反映了欧美政府基于媒体重要性而对商业公司的一种不信任以及制约。因此，借助这一模式，获得许可的广播电视媒体被转化为"公

---

① 当时是暂时分配。但次年，FCC便确立了这次频道分配的永久性。

共信托人"，并继而被苛以服务于公共利益的责任。

在这个媒体"去商业化"的过程中，媒体作为国家发展"发动机"的战略意义也让位于媒体的社会价值功能。公共利益标准从过去强调产业发展、市场秩序的经济性概念转为强调社会价值的概念。"多元化""普遍服务"等明显具有民主政治指向的政策原则也被提了出来，并成为公共利益标准的核心组成要素。同时，"传播权""媒介近用权"等概念被提了出来，并成为学界探讨和政策界思虑的重要议题。"本地主义"一词在当时虽然还没有被纳入政策话语之中，但其精神也已开始深刻地影响着很多政策的出台。例如，在美国，新兴的公共电视被视为"与报纸一样，是一种应由地方小区拥有和控制的事业"（庄克仁，1984）。

在媒体角色更多地转向政治和文化的基础上，媒体被纳入了"家长监护式"的规管体系，它们被要求扮演好"守门人（gatekeeper）"的角色，并且要"为了公共目的而处理公共事务"，"在预期能够形成民意的议题上"向广泛的社会负责（McQuail，2000；陈芸芸、刘慧雯译，2001：19）。例如，英国第一届皇家报刊委员会（1947—1949）便曾表示，报刊媒体首先应被视为"导引公众认知每天所发生事情的重点的主管机构"（Berelson & Janowitz，1966，535—536），而它在1949年发布的结任报告中对当时报刊媒体的一个批评即是，"报刊媒体倾向于提供过于简化的事件报道，而不是努力去教育它们的读者（educate their readers）"（HMSO，1949：152）。于是乎，直接对传媒内容进行规制开始成为传媒政策的一项重要内容。如在美国，从1949年公平原则的建立，到1959年国会在修订1934年《传播法》第315款时"免除电台在新闻节目中，要为竞争公职的候选人提供平等时间的要求"[①]（希利亚德、基思，2012：161）的决定，到1946年"蓝皮书"[②]和1960年《节目政策声明》的出台，都是直接以内容为规制对象的。而这些对内容的规制措施基本上都有一个明确的指向：传媒在服务于公共利益，或者更确切地说是在

[①] 只是废除了新闻节目中平等时间的要求，并没放宽电台对有争议事务提供不同意见的责任。

[②] 即《广播受许者的公共服务责任》（Public Service Responsibilities of Broadcast Licensees）。

服务民主和社会文化方面应该扮演一个重要的角色。在内容规制上，"媒体—政治"关系以及"媒体—社会文化"关系成为两个最主要的问题。其中，在前者，各国政府纷纷出台了各种针对政治报道、政治广告等政治性内容的法规条文，如在美国的公平原则之外，英国、澳大利亚、加拿大等国也纷纷针对选举期间的政治广告出台了相应的规定；① 在后者，弱势保护以及另类声音表达的问题成为政策的重要议题。

在被赋予种种社会责任的同时，这一时期的媒体还与"权力"这一词语紧密相关。因为在这一时期，随着媒体经济、社会影响力的增加以及新闻专业主义的发展，"媒体"作为"守门人"的角色也得到了极大发展。媒体被视为一种"半官方性质的政府第四部门（quasiofficial fourth branch of government）"（Carter，1959：13）甚至是"影子政府（shadow government）"（Luberda，2008），它们不仅可以监督权力，而且经常影响政治议程的设定。而在这种"第四权"的职能下，媒体相对于"国家"和"市场"也获得了一定的自主权，并被视为可以"'自足自治'的主体（self-developed-and-managed entity）"（Merrill，转引自 Luberda，2008）。作为政策上的一种回应，在这一时期虽然对于媒体社会责任的要求愈增，但一种基于行业自律的路径而不是更大规模、更严格的政府介入，成为政策的选择。因此，自 20 世纪 50 年代以来，欧美各国陆续开始了媒体自律的建制化。

总体而言，这一时期的媒体被赋予了强烈的使命感和责任感，其政策的很多价值都来源于表达自由、公平、团结等（Cuilenburg & McQuail，2003）政治和社会文化价值。例如，"公共物品""公共领域""文化侍者""公共信托人""守门人""看门狗""第四部门"等词语和隐喻的使用，便从不同角度阐明了媒体之于社会文化、之于民主政治的重要性。

欧美传媒政策的范式转型：以媒介融合为语境

---

① 例如，英国要求广播电视媒体在政治选举期间必须遵守"平衡报道（impartiality）"原则，即在政治选举期间，英国的政党及其支持团体不能像美国那样，花钱在电视上购买广告时间来宣传政纲。同时，为抵消各政党之间在吸引竞选经费的能力方面的差距，政党的竞选广告，只能在每天 3 分钟的"政党竞选广播（party election broadcast，PEB）"上播出，而各广播电视媒体也不能产生对某一党派的偏向。

因此，在这一时期的传媒政策中，"媒体"一词主要与政治和社会文化目标相连。

三 新时期传媒政策下的"媒体"概念

20世纪中期以来，欧美国家的传媒景观发生了剧烈变化。首先是有线电视、卫星电视、有线网络、无线网络……各种传播技术日新月异，各种新兴媒体接连登场。然后到了20世纪80年代，在经历70年代的经济衰退之后，欧美国家的经济逐步走出低谷，呈现回升与增长趋势，传媒市场的规模与范围也随之得到空前扩大。

在这种背景下，媒体首先变成了一个复杂的市场体系：本地市场、全国市场和全球市场；无线电视市场、有线电视市场、卫星电视市场和网络电视市场；内容市场、分销市场和广告市场等各种不同类型的细分市场。与之相应，这一时期的传媒政策也开始日益走向细分化和部门化。

在媒体作为市场获得极大发展的同时，传媒作为一种产业的地位也获得了强调，并且日渐被纳入一般的服务产业框架。尤其是，自20世纪90年代以来，随着欧美经济重心的转移以及信息科技的创新和发展，传媒产业不断地发生延伸或迁移现象，并渐趋成为"文化产业""创意产业""内容产业""信息产业""版权产业"与"娱乐产业"等诸多产业混合的一个地带。例如，随着经济、技术的发展以及交互媒体的广泛使用，媒体与软件、手工艺术等一起被归入"创意产业"的范畴。与此同时，随着信息科技的创新和发展，以及新经济的重心从信息的搜集和传送转向内容的产出和传播，不仅出现了信息产业和传媒产业汇流的趋势，而且传媒产业也日益被纳入另一个概念——"信息产业"的范畴。而随着内容的数字化发展，媒体又进一步与音像制品、电子游戏、联机数据库、数字化软件等一起，被归入一个被称为"内容产业"的范畴，即"制造、开发、包装和销售信息产品及其服务的产业"。

在这个产业延伸或迁移的过程中，"媒体"一词的含义变得前所未有地复杂，而其原先所负载的政治和社会文化意义亦日益被抽离。如果说文化产业这一概念还是具有强烈的公共政策的功能导向，"信息产业""版权产业""内容产业"以及"创意产业"等这些概念的核心则已被转换为以新科技再生产为基础的新经济。正如考维恩（2004：109—120）女士在分析文化政策演变历程时所指出的一样，当"文化产业"的概念被"创意产业""内容产业""信息产业"等新名词取代时，即意味着政府不再"把它当成一件'好事'或'坏事'，而是把它与经济、社会和文化的某些根本性变化联系起来看待"。这一判断对于政策领域中媒体概念的这种演变同样是适用的。例如，"内容产业"是一个"由产业产品的重点来界定"的概念，强调数字化技术所带来的跨平台生产特征；"创意产业"这一概念则"主要以'创意个人'这个劳动力输入的特性为特征"（转引自哈特利，2007），所追求的是更多创新、更多挑战和更多机会等技术和经济效益；而在"信息产业"概念下，"媒体"也被看作一种作为产品或商品的"信息"生产组织，与技术创新、产业竞争、使用技能等议题相联系。因此，当"媒体"被纳入"信息产业""版权产业""内容产业"以及"创意产业"等类似概念的框架之中时，"媒体"在更大范围的政治、社会和文化意义无疑受到较少关注，它们变成了一种以新传播科技为基础、以消费者需求为驱动力的信息和娱乐生产商，以争取最大多数的消费者和市场为目标，而不再是"一个寻求集体福利政策的合适场所"（an appropriate area for collective welfare policies）（Cuilenburg & McQuail，2003）或者一个以责任感为核心精神的社会机构；同时，它们被视为欧美各国解决就业、税收、经济增长等社会政治问题的重要依靠力量以及参与全球技术和经济竞争的重要角力场。

"媒体"概念这些迁移和变革，展示了欧美传媒政策融合转型过程中的种种变化。在这一时期，欧美的传媒政策很多时候都是在文化产业政策、社会经济政策以及信息社会等概念和范畴下进行言说的，而在政策的实践中也多见将传媒与其他产业混合的做法。例如，澳大利亚成立了传播、信息技术和艺术部（Ministry of Communications，Information Technology and the Arts，DCITA），英国成立了文化、媒介和体育部（DCMS）。而在政策目标上，公共利益标准在很大程度上被修改为价值、竞争、发展、就业、消费、创新等经济和消费主义指向的词语，取代责任、品质、认同等强调政治和社会文化价值的词语，成为政策的核心话语。过去明显以政治和社会文化目标为指向的一些政策原则和议题，也随着"媒体"含义和功能的转换，日益向经济议题靠拢。例如，尽管普遍服务原则在政策讨论中越来越频繁地被提到，"数字鸿沟""信息鸿沟"的议题也日益受到重视，但很多时候这一政策的原则所指向的已不再是让传播服务覆盖最大多数人的社会公平精神，而是一种商业的考虑和控制——让更多的消费者拥有更多的机会来消费和使用媒体。弱势保护这一传统强调媒体社会和政治价值的政策目标，也被转化成了媒体所有权的多元化的议题。其中的一个鲜明例证便是，美国最高法院在 1990 年便曾表示，媒体的意见多元化可以通过鼓励少数群体拥有媒体产权的做法来实现（Schejter & Han，2011）。即使是在传媒的政治性根深蒂固的欧洲，经济目标也正在成为传媒政策的核心。原来被归属为文化范畴的传媒政策，现在已经成为产业政策和贸易政策的一部分。例如，英国著名的 1997 年的融会发展绿皮书即是由贸易和工业部（Department of Trade and Industry）来发布的，而不是一贯以来的媒体、文化和体育事务部（Department of Media，Culture and Sport）。除此之外，随着互联网技术的出现和全球化浪潮的兴起，技术的发展和安全以及国家竞争力的增强，在经济利益之外，也成为欧美社会最重要的社会政治目标。而在这个技术的话语体系下，知识产权、恐怖主义、隐私权、信息安全等基于新技术特征而形成的社会问题成为政策的焦点议题。因此，新时期的欧美传媒政策"尽管还保留有一些规范性的因素，但已主要是由经济和技术逻辑驱动的"（Cuilenburg & McQuail，2003），其最主要的目标是形成一个更大、更有活力的市场。而在那些保留下的规范性因素中，所指向的也更多是确保媒体产业的法律和技术规范以及自由市场的运行秩序，或者更多是媒体的"'社交的（communicative）'，而不是'政治的'和'文化的'"（Cuilenburg & McQuail，2003）功能。

四　小结

回答"什么是媒体"是传播研究和媒介领域的一个永恒命题，也是传媒政策研究的一个核心问题。回顾欧美传媒政策的演进历程，"媒体"这个词显然充满各种矛盾、对立。总体来看，"媒体"一词在欧美传媒政策领域的应用主要有以下四个维度：

一是政治的维度。在这一维度下，"媒体"的终极目标是为民主服务。在这一目标下，媒体的基本功能主要有二：一是教育的功能，即作为不可或缺的资讯传播媒介，在培养"知情公民（informed citizen）"和公民参与政治能力方面发挥作用；二是监督的功能，即作为"第四权"，在权力监督和制约方面发挥作用。而为保证这些目标和功能的实现，以多元、普遍服务、本地主义等原则为核心价值取向的"公共利益"标准成为传媒政策的基本价值。

二是技术的维度。在这一维度下，"媒体"被视为一种与不断更新发展的传播技术紧密关联的事物。它是传播赖以实现的技术形式，表现为报刊、无线电广播电视、有线电视、卫星电视、互联网、移动互联网等形形色色传播载体的演变更迭和并存。与此同时，它还是信息社会的基础结构，是种种经济、法律问题据以产生的根基。

三是经济的维度。在这一维度下，"媒体"包含着三层基本含义：一是作为一种产业，以市场、利润、竞争等为关键词；二是作为一种社会经济调控以及国家竞争的机器，与就业、GDP以及国家竞争力等议题相关联；三是作为一种可以提供独特体验和服务的消费产品，正如FCC前主席弗芬厄（Fowler）所说的"电视只不过是有画面的烤面包机"的名言一样。

四是社会文化的维度。在这一维度下，"媒体"被视为一种能够传达某种"生活形态"的载体，具有达成共识、整合社会等功能。媒体不仅能够反映和传承文化，而且能够创造文化。也正是基于对媒体这一功能的认知，传媒多元化、本地主义等原则才会在欧美传媒政策中占据如此重要的地位。

通过检视欧美媒体发展的历史可知，不同类型媒体以及不同历史阶段的媒体，对于这四个维度有着不同的表现。例如，报刊媒体在早期阶段，扮演着"争取政治自由与宗教信仰自由的重要武器"（彭伯，2005：552）角色，其基本角色主要是政治的，这也是欧美报刊媒体"不管模式"得以奠定的一个基础；而在"二战"以后强调公共服务的政策范式下，报刊媒体在政治维度之外也被纳入了社会文化和经济的维度。因而在这一时期，报刊媒体也在一定程度上被纳入了传媒政策的范畴。广播电视媒体则一开始主要被当作一种技术玩意儿以及类似于铁路和轮船的、具有战略意义的一门生意，直到20世纪30年代以后才逐渐被纳入政治和社会文化的范畴。20世纪70年代以来，随着欧美经济的发展和转向，广播电视媒体最重要的角色渐渐落入经济和娱乐的框架。20世纪80年代以来媒介融合的发展，在进一步加剧这一趋势的同时，又重新将广播电视媒体拉回技术问题的轨道。

前面讲到了欧美传媒政策领域的种种矛盾，如在政策正当性和合法性辩论中自由与规制的矛盾、在政策路径选择方面社会价值模式和市场模式以及经济自由主义与国家干预主义的矛盾，等等。这些矛盾持续地以各种形式存在于传媒政策的各个发展阶段以及各个领域，并且彼此之间纠缠交错。事实上，这些矛盾的存在根源于媒体作为一种传播技术本身所固有的一种"双构性"："媒体"到底是像"烤面包机"一样的"物体（object）"，还是人类社会不可或缺的沟通"媒介"（medium）。如果把媒体理解为一种"物体"，那么政策所关注的往往只是技术本身，包括技术的应用和发展、技术所带来的效益和好处等，即"媒体"在技术和经济维度上的意义；而如果把媒体理解为一种"媒介"，那么政策关注的焦点则会放到那些"被中介的"对象上，包括公众的利益、文化的反映和传承、社会的公平和政治的正义等，即"媒体"在政治和文化维度上的意义。

第三节　本章小结

　　综上所述，在融合政策的构建过程中，欧美国家对于"传媒政策是什么"以及"何谓媒体"这两个根本性问题的认知也都发生了深刻的变化。毫无疑问，传播技术的发展是导致这种认识论嬗变的一个直接而明显的原因。正如麻省理工学院致力于科技社会化影响研究的雪莉·特克尔（Sherry Turkle）教授所指出的，技术本身即是"一种认知方式的载体"（Turkle，2004）。因此，无论是从"传媒政策"转向"传播政策"或者"传媒治理"的概念，还是"媒体"这一概念在技术、经济、政治以及社会文化等不同维度下的游移，都跟传播技术的发展紧密相关。因此，每一种媒体都可以被看作一种"认识论的基础（epistemic infrastructure)"（Hedrom & King，2005）。每一项新传播技术的发明都隐含着传媒政策调整或重构的可能。我们要因应媒介融合而变革传媒规制与政策，首先便需要弄清楚媒介融合的种种技术特征及其所负载的特有的认知方式。同时，通过梳理"媒体"概念的表征演变过程，传播技术的挑战往往首先被视为一种技术和经济问题，而其政治和社会文化维度上的意义则往往在技术趋于成熟和普及的情况下才逐渐得以被纳入政策范畴。例如，无线电广播电视一开始便被视为一种具有战略意义的技术，其相关政策议题也主要局限于技术的标准、技术的使用、技术的效益等技术和经济框架之中；互联网在诞生初期也主要被视为一种技术和经济问题，因而标准、创新、发展等是主要的政策议题，有利于技术和经济发展的"不管模式"则成为主要的规制模式。因此，在欧美传媒政策的转型过程中，媒介融合对于政策的影响和重构作用，也首先是从技术和经济角度开始的。例如，在欧美的融合政策中，媒介融合往往意味着大量新的硬件和软件的产生，意味着许多新市场的出现和兴起，意味着就业、营收等经济利益；同时，伴随着全球化的深入以及国与国之间竞争的日益激烈，媒介融合还意味着一种新型国家竞争力的较量。但可以预见，随着媒介融合的日益深化，其政治和社会文化意义终将得到逐渐展现。因此，未来欧美融合政策的构建是否还将继续以市场机制为主要工具，以及是否还将继续以目前这种规制放松路径为主要基调，这些问题虽然还存在太多的不确定因素，但显然已足以提醒我们在思考和构建融合政策时，应该具有一种更长远、更前瞻以及更全面的视角。

除却这种技术作为认知方式载体的影响，"传媒政策""传播政策""传媒治理"以及"媒体"等概念的更替和变化，其实反映了近百年来欧美在政治、经济、社会文化等诸多价值方面的艰难协商。正如欧洲和外交政策基金会（Hellenic Foundation for European and Foreign Policy）两位专家所指出的，"传媒政策的制定并不是一种'无私（disinterested）'的过程。所有规则和规范的形成都不是政府或者技术自主决定的。相反，最终所采取的政策路径，是在种种利益的竞争与较量中形成的，而这些利益在这政策的形成过程中会想尽办法（在政策中）嵌入自己的价值和目标"（Psychogiopoulou & Anagnostou，2012）。因此，欧美传媒政策在认知范式上的嬗变，其实也反映了欧美社会不同利益集团在角逐秩序结构安排和参与权利方面的一种力量更替。所以，对于欧美融合政策的有关措施、路径、方法以及工具的评价和判断，显然不能脱离一定的价值语境来简单地做对错判断。

第七章　结语

"正如那些描绘风景的人一样，为了考察山岳的性质和高地的高度，就置身到平原，而为了考察平原便必须高踞顶峰"，意大利文艺复兴时期的政治学家马基雅维利在撰写著名的《君主论》一书时如是说。同样，本书对于媒介融合背景下欧美传媒政策范式转型的研究，也是希望能够借助这种"置身异地"的审视距离，为长期浸润练达于中国语境的我们，在思求媒介融合发展之道以及构建有中国特色的传媒政策框架和路径时，提供些许有所裨益的参考。但迄今为止，媒介融合的未来还充满无数的不确定性，而一个新的欧美传媒政策的范式也尚未完全定型。在一个动态发展的过程中，一个如此庞杂问题的复杂性实在难以在有限的时间里以 20 余万字的篇幅一一穷尽。因此，本书对于融合政策构建问题的研究以及对于欧美传媒政策的勾画，都还只是一个开端。期待后续研究的批评、指正以及进一步的细化和深化。

第一节　结论和余论

一　研究的主要发现

毫无疑问，"范式"是一个相当难以琢磨的概念。正如库伦伯格和麦奎尔两位教授在《传媒政策范式的转型：朝向一个新的传播政策范式》一文中所指出的，"要在一个单一的框架中勾画出这个'新型传播政策范式'并不是一件容易的事"，因为不仅媒介融合和传媒生态的发展还有着许多不确定的因素，"政策的制定本身也要面对诸多不断涌现的矛盾以及未解的困境",而且在目前这种情形下"那些一以贯之的国家传播政策能否存留下来也还是个未知数"（Cuilenburg & McQuail，2003）。因此，本书虽然从价值观、认识论和方法论三个维度出发建构起一个略显庞大的研究框架，但依然难以清晰地勾勒出欧美传媒政策范式转型的轨迹和方向。简而言之，本书在研究中的发现主要有以下几点。

一是在媒介融合背景下，过往基于技术特征的欧美传媒政策面临规制失焦、规制落差、规制错位、规制回避以及载体规制与内容规制不均等诸多问题，传媒政策在目标和价值、路径和主体框架以及对于"什么是传媒政策""什么是媒体"等关键问题的认识上都出现了明显的转向，而这些转向所共同指向的则是一种正在兴起和浮现的传媒政策新范式，即欧美传媒政策中那些相对静止的内容——理念、路径以及认识都已开始出现一种颠覆过去式的转向。

二是在政策的价值范式上，即在政策目标这一问题上，一个强调传媒功能而非科技特性的公共利益概念，正在日益成为欧美传媒政策的构建出发点、正当性基础以及施行的标准。在"何谓公共利益"这一问题上，欧美传媒政策的解释一直保持着极大的弹性和流动性，但归根结底都是围绕"公共是谁"以及"利益是什么"这两个问题，即"公民 vs. 消费者""need vs. want"这两对矛盾在处理的。同时，在欧美传媒政策的表征中，公共利益也存在两种不同的表征模式：以民主理论为基础的社会价值模式和以经济理论为基础的市场模式。其中，在前者模式下，公共利益属于一种保护性的概念，是一种"广义的市场失灵（broad market failures）"，即那些运转良好的市场也很难满足的目标；而在后者模式下，公共利益则是一种私利的集合，在本质上是受私利驱动的，即一种通过调和私利、满足需求便能解决的"狭义的市场失灵"或者市场的暂时失范。面对数字媒体以及媒介融合的挑战，欧美传媒政策在价值取向上有一个在"公民 vs. 消费者""need vs. want"以及社会价值模式和市场模式等诸多矛盾上求取适切平衡的取向，但面对信息技术、媒介融合等所带来的新"经济—技术范式"的挑战以及技术发展、市场发展、经济增长、产业效益、消费者福利、国家竞争力等技术资本主义的压力与诱惑，欧美国家的传媒政策又不可避免地更倾向于从"消费者"角度，将公共利益理解为一种在本质上和"市场"相连的私利的集合。

三是在政策的规制范式上，即在采取何种路径以及如何建构主体框架这些问题上，新的传媒政策范式走的是一条放松规制与再规制齐头并进以及多手段、多主体、多层次机制协同治理的政策路径，并且突破了过去"中心—边缘"结构的主体框架，朝向建立一个以多元互动、对话合作、弹性治理为特征的"政府—媒体—市场—社会"的四维主体框架。欧美传媒政策的这种范式实际上是要在经济自由主义与国家干预主义之间寻得"第三条道路"。但在这种"第三条道路"上，公民作为一个全新主体的角色如何勘界和实现、不同政策主体之间的利益如何协同，以及不同政策手段如何指向共同的政策目标等问题依旧没有得到有效的解决。因此，所谓的"第三条道路"到底是一条全新的道路，还是最终将重新陷入长久以来的经济自由主义与国家干预主义的两难境地，这是新的传媒政策范式至今还没有办法回答的问题。

四是在政策的认知范式上，即在欧美传媒政策的制定者依据何种思维方式和知识经验来建构新的传媒政策这一问题上，本书围绕"什么是传媒政策""什么是媒体"两个问题展开研究，发现：在"什么是传媒政策"这一问题上，随着媒介融合的日益推进，过往的"传媒政策"概念正在日益转向"传播政策"概念。而在"传播政策"的概念下，不仅政策对象的范围获得了扩展，议题进一步丰富，而且政策的手段、主体以及逻辑也发生了转换，从而使得"传媒治理"的概念取代了"传媒政策"的概念。同样，在"什么是媒体"这一问题上，欧美传媒政策也长期以来游移于"媒体作为一种物体（object）"以及"媒体作为一种中介（medium）"两种技术哲学以及技术、经济、政治和社会文化四个认知维度之间。但溯源历史可以发现，每一种媒体在新发明或初始兴起之际，往往都是首先被视为一种"物体"或者是技术和经济问题，这是我们理解现阶段欧美媒介融合政策的一个关键。但研究同样发现，当媒体技术趋于成熟和普及之时，"媒体作为一种'媒介'（medium）"的意义，即政治和社会文化的维度将在政策的构建过程中获得更大的空间。

二 五点注意事项

值得注意的是，以上不同维度下的分析在内部精神和逻辑上是相通的、一贯的。这种不同视角切入所反映出来的相通性和一贯性，在一定程度上证明了一种相对稳定、自成体系的新传媒政策范式存在或者正在形成。但对于这个还带有太多不确定性的传媒政策范式，我们在理解时还需要注意以下几点。

第一，这是一个尚未完全显露或者成型的范式。即本书所提到的"媒介融合"以及所谓的"融合政策转型"其实指的是一种过程，而不是一种结果。如前所述，不仅媒介融合以及欧美社会经济和政治的发展作为诱致性因素本身具有相当的不确定性，而且政策本身也面临着很多的矛盾和困境。同时，过去传媒政策的范式，尤其是公共服务的传媒政策范式的一些特征在这一阶段也得到了延续。因此，新传媒政策范式的这个"新"字还是一个饱含风险和不确定性的字眼。在转向这一新范式的过程中，既存在转向另一未知范式的"突变"可能，也存在回归旧范式的可能。

第二，要处理好范式的总体性和个案的特殊性之间的关系。一是不能简单地套用范式转型过程中所反映的理念嬗变、路径变化、工具创新等内容，来理解"欧美"范畴下任何一个具体国家或地区的传媒政策，即在总体特征下也要注意不同国家和地区传媒政策基于国情特征的丰富性和特殊性；二是不能机械性地把范式转型所反映的特征与欧美传媒政策因应媒介融合而发生转型的每一点变化和创新关联甚至等同起来，即要注意政策转型过程中总体趋势与具体行为或现象之间的联系和区别。

第三，虽然本书将欧美传媒政策范式转型的种种放置到媒介融合这一语境下来分析，但这并不意味着媒介融合是欧美传媒政策范式转型的唯一因由，而媒介融合对于政策范式转型也起不到一种"扳机"的作用，即不要陷入一种"因为媒介融合，所以传媒政策范式发生转型"的简单因果推理陷阱。欧美传媒政策范式的转型是欧美国家社会、经济、政治、文化以及技术、历史等诸多因素共同作用和形塑形成的，媒介融合只是其中的一个显著因素，不宜过度解读。同时，媒介融合也绝不仅仅是一个技术问题或者经济问题，这一概念的多义性和丰富性正是本研究得以成立的一个条件。

第四，媒介融合背景下的政策转型不能简单地被理解为一种政策融合或者一种融合性政策的形成。媒介间边界的日渐模糊以及从传媒政策转向传播政策、水平层级架构的提出等政策框架的调整，并不意味着媒体、电信、互联网等不同领域之间的界限完全消失，也不意味着这些不同领域的政策将凝结成一块共同的"铁板"。这种政策转型更多的是政策边界的重设，而不是要将不同服务全部放进一个"篮子"里面。例如，在美国 1996 年《电信法》架构中，电信服务（共同载具）、广播电视服务、有线电视服务依然被归入不同章节，而各章节的概念亦是分别独立，即某一服务类别被认定为归属于某一章节的规范范畴之后，便不再受其他章节的规范。英国 2003 年《传播法》虽然建立了一种水平的规制架构，但其对广播电视媒体的规制大体上依然沿袭旧制，即保持着一种垂直规制的架构。同时，依据澳大利亚通信和媒体管理局（Australian Communications and Media Authority，ACMA）的一份研究报告，即使是在美国、欧盟、英国等这些融合政策转型的先进国家和地区，内容和载体在规制上的区分也依然非常鲜明。它们往往是在载体规制方面采取不区分行业的规制路径（industry-agnostic approach），而在内容方面则维持特定行业（sector-specific）的规制模式（ACMA，2011）。同时，自由、多元化、普遍服务等原则和目标具有普适性，但并不意味着会在所有类型的内容和市场领域（如新闻、广告、宣传等）得到平等或者相同的运用。即使是相同的政策目标，在不同领域也可能采取不同的政策路径和手段。

第五，欧美传媒政策范式的转型在某种意义上可以概括为要在经济自由主义与国家干预主义之间寻得一条"中间路线"。在这条"中间路线"的探寻过程中，各种新兴的"主义话语"虽然都在一定程度上修正甚至超越了旧的传媒政策范式，但它们在本质上仍然深深扎根于经济自由主义与国家干预主义的政治哲学之中，同时，或是由于无法完全容纳新政策过程的开放性和复杂性，或是陷入了可欲性和可行性的困境，这些"主义话语"终究都未能积聚起足够的理论资源与实践资本来实现政策范式的重建。考虑到当前政策环境的挑战性以及传媒与民主政治的紧密关系，简单地回到经济自由主义或是国家干预主义的传统已不合时宜；同时，面对快速发展的技术、经济和社会的变化和挑战，过多地偏向国家干预主义也可能带来政治和社会风险。因此，在一定程度上可以说，欧美国家传媒政策转型的实质是要"将自由主义丰富的思想传统从意识形态的枷锁里解放出来，在创造性的发展中为其注入公民政治的活力"（刘擎，2006）。

三 欧美经验的本土启示和意义

本书一开始便曾指出，研究欧美的一大主旨是"希望从欧美等发达国家汲取思想精华与实践经验"。因此，在梳理完欧美的种种之后，回到中国的语境，从启示、借鉴的角度再一次审视欧美的实践和经验当属必要。

（一）解决好传媒规制的"为什么"命题

尽管公共利益标准具有模糊性和流动性，但一直以来欧美国家在传媒规制过程中都有一个相对稳定、明确且得到较为普遍共识的标准和原则。在因应媒介融合挑战而构建新型传媒政策范式之际，对"为何规制"以及"公共利益到底为何"这两个问题，各国政府进行了大量的政策评估与征询工作，同时各界有关人士也对此展开了激烈的讨论。因此，"为什么"的问题其实是欧美传媒政策中的一个重要的、根本性的问题。在新型传媒政策范式的形塑过程中，或者是在因应媒介融合而变革传媒规制的过程中，都首先需要解决好"为什么"的问题；而在回答"为什么"之前，则要解决好媒体角色和功能的认知问题。

在我国，尽管"传媒具有上层建筑和信息产业双重属性"（李良荣、沈莉，1995）的认识在20世纪末开始得到普遍认同，同时从产值来看传媒业也已成为中国国民经济的一个支柱性产业，但一直以来，意识形态属性和党性都是各类媒体最具显著性和制约性的属性。20世纪90年代后期确立了传媒管理的"双轨制",即一方面实行"事业单位,企业化管理",另一方面简单将所有媒体分为两大阵营:一是以党报党刊为代表的传统主流媒体,它们最主要的功能即是做好党和政府的"喉舌";二是以都市报等为代表的市场化媒体,它们则要完全面向市场,走产业化、企业化的发展道路。但这种"双轨制"归根结底还"是一种以宣传管理为中心、行政管理为主要手段的管理模式"(夏倩芳,2004b),所有的媒体,包括市场化的媒体在本质上都还是被视为"党和政府的喉舌",即党和政府的"宣传机构"(李良荣,2003),它们"都是党领导下的新闻媒体,都必须接受党的领导,都必须在政治上和中央保持一致;它们都有共同责任:对党对人民高度负责"(李良荣,2003)。在这种"喉舌"以及党和政府宣传机构的定位下,坚持舆论导向成为传媒规制和政策的最为重要的价值和标准之一。在2014年中央全面深化改革领导小组审议通过的《关于推动传统媒体和新兴媒体融合发展的指导意见》中,推动媒介融合发展也正是"党中央着眼巩固宣传思想文化阵地、壮大主流思想舆论作出的重大战略部署"(刘奇葆,2014),即以坚持舆论导向为媒介融合发展的方向和标准。

坚持党管媒体以及正确的舆论导向,是我国媒体发展和改革必须坚持的基本原则。但在坚守党和人民利益以及正确舆论导向的前提下,我们需要更多地考虑传媒产业和媒体的多元性。同时,不能因过分追求传媒产业的发展而牺牲舆论导向以及意识形态的安全,亦不能只管意识形态问题而忽略了传媒产业的发展和壮大。如今,伴随着媒介对社会、政治、经济以及人们生活的日渐渗透,媒介融合已成为我国社会经济发展的一个重要制约因素;同时,伴随着全球化的日益深入,促进媒介融合的发展亦成为提升国家竞争力的重要课题。在这种背景下,技术目标、经济目标和社会价值目标理应成为我国新时期传媒政策的重要目标,即在保证舆论导向和意识形态安全的前提下,要适当转变过去过于强调"喉舌"功能的"媒体观",赋予媒体更多的在技术、经济和社会发展方面的战略意义。

（二）面对变幻莫测的媒介融合，建立一套与前述价值命题一脉相承的基本原则是非常重要的

面对快速发展的传媒技术以及变化莫测的传媒市场，一套过于琐碎、复杂且过多地依赖于行政方式的传媒政策规制体系显然是难以适应的。媒介融合的发展会不断地带来新的业务、新的市场以及新的问题。面对这些新的规制"对象"，如果只是在做"加法"，即不断地增设新的法规、制度，那么将不仅会带来权力和行政机构"不负重荷"的问题，而且也将损害产业和市场发展的活力和秩序。因此，面对变幻莫测的媒介融合，建立一套与前述价值命题一脉相承的基本原则是非常重要的。即不要零碎地去回应媒介融合发展所带来的种种问题，而要着手构建一套指向长效机制建设的政策构建原则，要"多讲原则，少定规则"。具体而言，这一套原则应该强调以下几点。

一是弹性原则，即一方面解除不必要的传媒规制，更多地发挥市场机制的调节作用；另一方面加快新闻立法的进程，以确保相关的传媒行为或现象有法可依；同时，充分完善并利用媒体、"第三部门"以及社会公众等力量的作用，形成一股更具灵活性的自律和共同规制的体系。

二是公平原则，即不应囿于既存的利益格局，偏袒特定的技术及其背后所代表的市场和利益，而要尽早建立一个"相同内容、相同服务适用相同规制"的技术中立的政策框架，"确保不同技术可以在公平的管制基础上竞争"，同时"对于技术的选择与采纳，应尊重市场及消费者的决定，政府不应越俎代庖"（转引自李治安，2006）。

三是竞争原则，即当前阶段要给予技术创新和市场发展更多的空间，鼓励创新，并且降低市场的准入门槛，扫除影响市场发展的障碍，以形成一个具有活力且秩序良好的市场；同时，清除过往不同媒体、不同产业间不必要的产业区隔，鼓励跨媒体的发展和兼并，以做大、做强市场。

四是效益原则，即对传媒的规制要考虑好经济效益和社会效益的兼顾和平衡。一是强调规制要面向竞争、面向市场，减少甚至取消不必要的经济性规制，推动创新、降低成本、激发市场活力、增加消费者福利以及提升国家竞争力等。二是强调规制要有益于社会、有益于公众，妥

233

善地实施必要的社会性规制，确保媒介融合过程中媒体市场的持续和健康发展等。

（三）建立一个以"统一、法治、层级、分类"为特点的政策框架

面对媒介融合的挑战，欧美各国的融合政策形成了维持现行架构、现行与新型架构竞合以及新创架构等不同的重置模式，以及建立融合性监管机构、设置单一法律、层级监管等多种形式的政策架构。但总体而言，一个更加简化且弹性的政策架构是共同目标，网络中立、规制最小化、互通互联等是框架构建的普遍原则，而"市场—国家—社会—媒体"合作治理的多中心结构则是政策理想。借鉴欧美国家融合政策变革的经验，我国在推进政策框架创新时应该注意如下几点：

一是要建立一个"统一"的政策架构，即要突破传统媒体与新媒体的二元对立，推进网络中立、网络互联以及竞争非歧视化等政策，实现相同内容和相同服务适用相同法律和制度的目标。

二是建立一个以"法治"为特征的政策架构，即要从运动式治理转向建立一个有法可依、有法必依的政策框架，推进新闻法的建设。

三是建立一个"层级"模式的架构，即从垂直的规制体系转向建立一个适应传播水平发展的政策框架，"探索将内容与网络分离规制的模式，在网络环节建立融合的规制框架，对内容的规制则重在维护意识形态的安全"（肖赞军，2009a）。

四是改革目前这种"事业单位、企业运作"的双轨制，探索建立和完善媒体分类制度，进一步加大以党报党刊等为代表的媒体和市场化媒体分而治之的力度。对于市场化媒体，在确保大方向正确的前提下，要进一步淡化其意识形态色彩、减轻宣传任务，以更好地发展市场。

（四）朝向一套简化且有节制的规制体系

从对欧美传媒政策的梳理来看，规制并不是与自由对立的一个概念。即使是面对数字媒体以及媒介融合的诸种挑战，欧美国家也没有放弃对于传媒的规制。20世纪80年代盛行于欧美国家的规制放松运动，也并不是认为传媒自此可以不要规制，而是通过规制主体、规制框架、规制路径、规制工具等方面的革新，建立一个更有效力、更具弹性的"再规制"

体系。因此，在探讨传媒规制与政策的时候，最重要的其实不是"要不要管"的问题，也不是要在"规制"与"自由"之间两者选其一的抉择，而是"管多少""如何管"以及"规制"与"自由"这两者矛盾如何平衡、如何统一的问题。

对于我国因应媒介融合而变革传媒政策来说，构建一套更加简化且有节制的规制体系应该成为未来努力的方向。具体而言，这样一套简化且有节制的规制体系应该注意以下几点。

一是面对媒介融合的发展和深化，单纯由政府来进行规制已不切实际，因此政府机关要适度让渡权力并及时转变角色和思维，从过去的垂直管控者，转变为竞争促进者和秩序维持者。

二是考虑到传媒技术的发展日新月异以及规制的滞后性、成本诉求等特点，"很多问题实际上可以通过技术的发展或者市场竞争来解决"（李洪雷，2004），因此要进一步完善传媒领域的市场机制，让市场这只"看不见的手"发挥更大的作用。

三是要着力提高政策的透明性和参与性，进一步完善信息公开、媒介批评、消费者申诉与保护等机制和制度，引导各种社会力量参与传媒治理。

四是进一步健全和完善媒体自律制度，一方面，赋予相关的媒体自律组织更多的独立性和自主权；另一方面，制定相应的媒体自律的引导法则和监督制度，确保媒体自律的效力和方向。

第二节 研究的困难和不足

自提笔以来，一种无法排遣的"无力感"便紧紧地萦绕在笔者的心中。一个似是而非的"欧美"概念，一个难以预见未来的"媒介融合"概念，一个宏大且难以琢磨的"范式"概念，一个在过去与未来之间难以把握的"转型"概念，以及一个背后蕴含着"多种相抵触的隐喻、比喻、类比、策略性的巧妙论述以及修辞策略"（转引自刘兆鑫，2011）的"政策"概念，这些诸多概念组合而成的这个选题本身便对笔者的知识积累、学术素养、逻辑思维、阅读能力、价值判断能力乃至时间和精力等都构成了莫大的挑战，甚至在很多时候完全超出了笔者的把握范围。同时，跨学科知识的交纵错杂，各种理论流派以及各种主义思想的源远流长和是非难断，经常让笔者陷入迷茫、混乱的状态；而欧美学术界的纷争与歧见则进一步增添了笔者"选择其中具有解释性的理论和观点的困难"（哈林·曼奇尼，2012：译者序，4）；大量新鲜且内涵丰富的概念在带给人增长知识的愉悦的同时，也增加了文献阅读的困难，并且很多关键性的概念本身即蕴含着一整套的价值和理论，对其梳理和理解不仅需要花费大量的时间，而且本身即已是另一项难度不小的课题。除此之外，我国学术界对于欧美传媒政策基础性学术研究（如传媒政策的价值选择和冲突、传媒政策工具、传媒政策过程等的研究）的不充分，使得笔者也无法通过中文阅读来享受"站在巨人肩膀上"的便利；而大量英文文献的搜集、阅读、翻译以及笔者不甚理想的英文水平，又进一步加大了研究的难度。因此，本书的研究工作进展一直都是缓慢的、困难的。

尽管整个写作历时四年多，并且笔者也一直坚持细读、慢写以及尽可能地溯回问题、理论和概念发生的"原点"，但所有的努力以及前述洋洋洒洒二十万余字的论述，也无法避免本书研究的种种缺陷与不足。在时间和精力严重不够，同时笔者自身知识和学术积淀非常有限的情况下，来"操作"如此庞大与复杂的一个选题，本身便不是明智的选择。于是乎，在写作过程中，笔者便时时有"写多错多"的惶恐与焦虑。细究下来，本研究的缺陷或者不足至少包括以下几个方面。

一 普遍幼稚主义

毫无疑问，在题目中圈定"欧美"和"范式"这两个概念以及选择一种总体分析的研究路径，便很难避免研究中的"普遍幼稚主义"问题。"欧美"作为一个总体性的概念便隐含着将欧美各国之间的丰富性、异质性简约化的倾向。因此，在"欧美"概念下，作为研究对象的欧美国家被视为一个整体，研究所强调的是它们的"同构性"或者共同特征，但在研究过程中，要从形形色色的政策活动和现象中抽取出这些"同构性"

实非易事。同样，"范式"的概念要求研究能够超越经验并指向一种普遍性，但如何超越经验以及这种普遍性在多大程度上以及在多大范围是有效的，这本身便是一个难解的问题。同时，在"范式"的概念下，本研究追求一种学理性的阐释，但这种阐释是否能够很好地和经验联结，抑或只是一种主观的宏大叙事，也还有待历史的检验以及其他学人的批判和深入探讨。

二 语境感的不足

政策研究本来就是一个具有浓厚语境色彩的命题。同样，欧美传媒政策的转型也无法脱离欧美社会政治以及历史文化的形塑。因此，一个理想的研究应该是既能打通欧美政治社会以及思想文化演进的历史脉络，又能通晓欧美各国的各种"同"和"异"。但事实上，由于相关知识储备的不足，笔者远远未能达到这一要求。同时，由于未能亲处或者是亲临有关的欧美国家，对于欧美媒介融合的发展、民主政治的演进、社会思想思潮的影响以及传媒规制与政策的实际运作，笔者的了解和认识也是极其有限的，甚至可能是不当的。因此，笔者虽然在写作过程中尽可能地阅读欧美国家的有关研究文献，以缩短与"欧美"的距离，同时在论述过程中有注意将所分析的问题还原到特定的语境中去分析，但对于"欧美"语境的把握显然还是非常不理想的。

三 媒介中心主义的研究范式

以"媒介融合"为前提框架来界定本研究的选题，这意味着本研究主要是在"媒介融合—传媒政策"的二维互动关系中来审视欧美传媒政策的转型这一问题的。但事实上，欧美传媒政策转型的很多问题并不仅仅是由媒介融合所决定的，而是有着更为复杂的政治、经济方面的考虑。正如克伦伯格和麦奎尔所指出的，"传播基础设施和服务的融合经常被认为是（传媒政策）范式转型的主要因由，但（事实上）转型的最主要的影响因素也许是传媒企业和政府同样希望从传播技术中获取经济利益的野心"（Cuilenburg & McQuail，2003）。在媒介融合之外，欧美社会思潮以及意识形态的转向、全球化以及传媒市场跨国竞争的日益激烈，甚至是各种利益集团的博弈和较量，都将对传媒政策的形塑产生重要甚至可能是决定性的影响作用。因此，本研究虽然突破了仅将"媒介融合"视为技术问题的认知，却没有超出"媒介"的范畴来看政策转型的问题，从而不可避免地走入了媒介中心主义的研究套路。

四　方法的缺陷

研究中出现的问题，很大一部分是方法的问题。对于这一点，笔者也无法幸免。

首先，虽然笔者通过各种途径，搜集和掌握了大量的相关文献，但资料掌握不完备的问题依然存在。同时，基本依赖于文献研究这一"非介入性"的研究方法，也意味着研究中大量的事实来源于二手资料。虽然笔者在研究过程中也尽力地查阅欧美各国的政策文件，但由于时间和精力的限制，并没有办法系统地梳理完所有政策文件并对这些文件进行量化的内容分析和质化的话语分析；同时，政策研究明显具有价值判断的成分，因为很多政策本身即包含许多相互冲突的价值。但面对这些价值判断的要求，笔者"有限的理性""有限的知识"以及"有限的逻辑思维能力"显然相距甚远。因此，在理解和分析这些文件的时候，终究也还是以欧美学者的相关研究为参考，从而无法避免他人视角和立场的"框定"以及"人云亦云"的风险。

其次，一个理想的总体分析研究应该建立在充分的经验和案例研究的基础上。虽然笔者在写本书之前，也有对美国、英国、澳大利亚等欧美国家融合政策转型的过程和经验进行梳理和总结，但由于时间有限，本研究对于前期经验和个案的研究还是很不充分的。在论述过程中，往往采用例证的论述方法，而这种方法在"个案—普遍"的关联推导中是存在逻辑风险的。同时，由于笔者只掌握了英语这一语言工具，因而在论述过程中基本上也只集中于美国、英国、澳大利亚、加拿大以及欧盟等英语系的国家和地区，对于法国、德国等非英语国家，则主要是通过英语或中文的相关研究文章来窥见一斑。这种做法也不可避免地带来案例较为有限的问题。因此，正如哈林和曼奇尼（2012：译者序，2）批评《传媒的四种理论》一书时所说的，"范畴如此之广，以至不可避免地流于表面"，并且"遮蔽了太多我们需要观看的细节"。本书对于欧美传媒政策范式分析也只是勾勒出了一个粗糙的"骨架"，而在作为"血肉"的事实性细节的梳理方面有待进一步丰富和系统化。

最后，正如龙应台（2014）所说的，"认识过去才能以测未来"，我们对于一个现象和问题的价值判断，需要知道其起点在哪里以及其"辗转曲折、千丝万缕的来历"。同样，欧美传媒政策的转型以及融合政策的未来方向，也无法免除历史的塑造；更何况，按照制度经济学的观点，政策的演进和转型本身便有一个路径依赖的问题。因此，在政策转型的研究中，一个基于历史的动态视角也是非常重要的。笔者在研究过程中深刻体会到了这种历史把握的重要性，对有关问题的分析也遵循了溯回"原点"的做法，如在对传媒多元化原则在媒介融合背景下的演进这一问题进行分析之前，对传媒多元化这一概念的内涵、理论维度和历史演进情况做了一个较为全面的梳理。但在有限的时间里，溯清研究中的全部概念和问题的历史脉络甚至让它们回到"原点"，这显然是笔者无力胜任的。因此，在论述过程中，难免出现一些概念和问题过于突兀或者过于孤立的情况。

第三节 进一步研究的展望和建议

作为一个跨学科、跨领域且正处于进行时态的研究课题，这一选题具有相当大的难度和风险。限于时间、精力以及知识和理论储备等诸多方面不充分，本书撒开一张大网，却仅能捞得些许虾米。本书中的很多问题都未及或未能充分地展开，从而使论述中的很多地方难免有或突兀，或肤浅，或偏颇，或错误，或行文草率等诸多的问题。但笔者希望，本书的种种草率和不足，不要折损该课题本身所应有的价值并进而损害后续研究者进一步研究的兴趣和热情。因为其中涉及的很多概念、理论以及问题，如果铺展开来，都足以成就另一部新的论著。因此，后续进一步的研究是非常有必要的。结合本书的不足，笔者以为后续研究可在以下方向和领域进一步耕耘和深入。

第一，研究视阈可由较为宏观的"政策范式"研究进一步拓展到中观的"政策框架"和"政策路径"研究以及微观的"政策工具"研究等多个领域，以期能够搭建一个比较系统的融合政策的研究框架。

第二，"知彼"终究是为了"知己"。因此，中国问题的研究理应被纳入后续研究的范围。而在从欧美研究转向中国研究的语境转换过程中，欧美融合政策变革的实践和经验，哪些能为我们所借用，哪些是我们所要避免的，即如何发现和构建中国经验的特殊性，如何提炼出反映中国问题的理论范式，应该得到足够的关注。

第三，在研究方法上，纵使对欧美传媒政策制定者等相关方的直接访谈与观察在未来相当长一段时间恐怕也难以实现，但对欧美传媒法规、政策文件进行内容分析和话语分析应该有操作的可能性。因此，未来可围绕欧美传媒政策的一些核心问题或概念，进行更为客观、可靠的量化的内容分析或质化的批判话语分析研究。同时，这几年一直囿于非介入性的文献资料研究方法，在研究的可靠性方面一直有着一种不自信。因此，未来在中国问题的研究上将会更多地尝试个别访谈、实地观察以及调查统计等更为实证取向的方法。

参考文献

一 中（译）文文献

［英］H. K. 科尔巴奇：《政策》，张毅、韩志明译，吉林人民出版社 2005 年版。

［美］T. S. 库恩：《科学革命的结构》，李宝恒、纪树立译，上海科学技术出版社 1980 年版。

［美］丹尼尔·C. 哈林、［意］保罗·曼奇尼：《比较媒介体制：媒介与政治的三种模式》，陈娟、展江等译，中国人民大学出版社 2012 年版。

［澳］约翰·哈特利编著：《创意产业读本》，曹书乐等译，清华大学出版社 2007 年版。

［加拿大］马歇尔·麦克卢汉：《理解媒介——论人的延伸》，何道宽译，商务印书馆 2000 年版。

［英］约翰·内维尔·凯恩斯：《政治经济学的范围与方法》，刘惠、党国英译，华夏出版社 2001 年版。

［美］戴维斯、诺斯：《制度变迁的理论：概念与原因》，载于［美］科斯·阿尔钦·诺斯等《财产权利与制度变迁——产权学派与新制度学派译文集》，生活·读书·新知三联书店 1991 年版，原载于戴维斯与诺斯《制度变迁与美国经济增长》第 2 章。

［美］托马斯·鲍德温：《大汇流——整合媒介信息与传播》，龙耘、官希明译，华夏出版社 2000 年版。

［美］尼葛洛庞帝：《数字化生存》，胡泳、范海燕译，海南出版社 1997 年版。

［美］Napoli, P. M.：《传播政策基本原理：电子媒体管制的原则与过程》，边明道、陈心懿译，台湾：扬智文化事业股份有限公司 2005 年版。

［美］桑斯坦：《网络共和国：网络社会中的民主问题》，黄维明译，上海人民出版社 2003 年版。

［美］查尔斯·埃德温·贝克：《媒体、市场与民主》，冯建三译，陈卫星校，上海世纪出版集团 2008 年版。

［英］戴维·莫利、凯文·罗宾斯：《认同的空间——全球媒介、电子世界景观与文化边界》，司艳译，南京大学出版社 2001 年版。

［美］埃德温·埃默里、麦克尔·埃默里：《美国新闻史：报业与政治、经济和社会潮流的关系》，苏金玻、张黎等译，新华出版社 1982 年版。

［美］大卫·哈维：《新自由主义简史》，王钦译，上海译文出版社 2010 年版。

［芬］汉娜尔·考维恩：《从默认的知识到文化产业》，林拓、李惠斌、薛晓源编著：《世界文化产业发展前沿报告》，社会科学文献出版社 2004 年版。

洪宇：《欧美"媒体融合"的现状与启示：一种传播政治经济学视角》，《中国传媒报告》2009 年第 4 期。

刘军茹：《论我国媒介规制的现实困境及制度原因》，《国际新闻界》2008 年第 2 期。

陈映芳：《在范式与经验之间——我们如何接近问题》，《公共行政评论》2011 年第 4 期。

丁鼎：《"礼"与中国传统文化范式》，《齐鲁学刊》2007 年第 7 期。

邓建国：《呼唤新的范式出现》，《社会科学报》2012 年 11 月 1 日。

宋昭勋：《新闻传播学中 Convergence 一词溯源及内涵》，《现代传播》2006 年第 1 期。

刘婧一：《媒介融合的动力分析》，《东南传播》2007 年第 8 期。

黄金：《媒介融合的动因模式》，中国书籍出版社 2011 年版。

刘颖悟、汪丽：《媒介融合的概念界定与内涵解析》，《传媒》2012 年第 1 期。

陈映（2014a）：《媒介融合概念的解析与层次》，《北京邮电大学学报》
（社会科学版）2014 年第 1 期。

蔡雯：《新闻传播的变化融合了什么——从美国新闻传播的变化谈起》，
《中国记者》2005 年第 9 期。

蔡雯：《媒介融合前景下的新闻传播变革——试论"融合新闻"及其挑
战》，《国际新闻界》2006 年第 5 期。

蔡雯（a）：《媒介融合趋势下如何实现内容重整与报道创新——再论"融
合新闻"及其实施策略》，《新闻战线》2007 年第 8 期。

蔡雯（b）：《媒介融合带来新闻编辑部角色变化——从新闻采编到知识管
理》，《新闻与写作》2007 年第 4 期。

蔡雯：《媒介融合前景下的新闻传播变革与新闻教育改革》，《今传媒》
2009 年第 1 期。

蔡雯、黄金：《规制变革：媒介融合发展的必要前提——对世界多国媒介
管理现状的比较与思考》，《国际新闻界》2007 年第 3 期。

彭兰：《从新一代电子报刊看媒介融合走向》，《国际新闻界》2006 年第 7 期。

彭兰：《媒介融合时代的合与分》，《中国记者》2007 年第 2 期。

王菲：《媒介融合中广告形态的变化》，《国际新闻界》2007 年第 9 期。

石长顺、肖叶飞：《媒介融合语境下新闻生产模式的创新》，《当代传播》
2011 年第 1 期。

袁志坚：《媒介融合趋势下的报业编辑部重构》，《中国编辑》2008 年第
60 期。

陈卓：《试论媒介融合进程中媒体组织重构的路径》，《国际新闻界》2010
年第 4 期。

卢铮：《媒介融合背景下的报业组织变革——以两家证券报为例》，博士
学位论文，复旦大学，2012 年。

何慧媛：《重构与融合：〈上海证券报〉的全媒体转型之变》，《中国记者》
2012 年第 1 期。

陈薇、吕尚彬：《媒介融合背景下中国报业组织结构的创新路径》，《当代传播》2014 年第 4 期。

谷虹：《产业视角下中国媒介融合研究的演进路径和核心议题——2005—2009 年中国媒介产业融合研究综述》，《国际新闻界》2010 年第 3 期。

高钢：《媒介融合趋势下新闻教育四大基础元素的构建》，《国际新闻界》2007 年第 7 期。

付晓燕：《媒介融合下的美国新闻业和新闻教育变革——访美国密苏里新闻学院媒介融合项目创始人迈克·麦金教授》，《新闻与写作》2009 年第 8 期。

邓建国：《管窥美国新闻传播院校媒介融合课程改革中的经验与教训——以南加州大学新闻系的试错为例》，《新闻大学》2009 年第 3 期。

王婷婷、孙志伟：《对媒介融合下新闻实务类课程整合的研究》，《新闻界》2011 年第 11 期。

孟建、赵元珂：《媒介融合：粘聚并造就新型的媒介化社会》，《国际新闻界》2006 年第 7 期。

孟建、赵元珂（a）：《媒介融合：作为一种媒介社会发展理论的阐释》，《新闻传播》2007 年第 2 期。

孟建、赵元珂（b）：《重新界定和认识电视——媒介融合浪潮下的电视发展与媒介化社会建构》，《新闻传播》2007 年第 11 期。

赵元珂：《媒介融合：传媒领域的革命性变革——以 IPTV 为例对媒介化社会的理论思考》，硕士学位论文，复旦大学，2008 年。

纪莉：《在两极权力中冲撞与协商——论媒介融合中的融合文化》，《现代传播——中国传媒大学学报》2009 年第 2 期。

方有明：《"三网融合"需要新规制》，《电子商务世界》2001 年第 11 期。

肖燕雄：《论应对媒介融合的法制管理原则》，《新闻界》2006 年第 6 期。

董年初、熊艳红、范洁：《视听新媒体与广电管理体制改革》，《中国广播电视学刊》2007 年第 12 期。

胡凡：《我国 IPTV 产业规制的研究》，硕士学位论文，北京邮电大学，2008 年。

孙薇：《中国网络电视规制问题研究》，博士学位论文，辽宁大学，2010 年。

肖赞军（2009a）：《媒介融合时代传媒规制的国际趋势及其启示》，《新闻与传播研究》2009 年第 5 期。

肖赞军（2009b）：《欧美国家传媒规制政策的变迁及启示》，《当代传播》2009 年第 11 期。

肖赞军：《欧美传媒业的融合、竞争及规制》，中国书籍出版社 2011 年版。

肖赞军、李玉婷、陈子燕：《媒介融合、规制融合的国际经验与中国策略》，《重庆社会科学》2012 年第 6 期。

肖赞军：《规制融合的欧盟模式及其启示》，《湖南师范大学社会科学学报》2013 年第 7 期。

肖赞军：《媒介融合中的规制框架：两难抉择及应对思路》，《新闻与传播研究》2013 年第 10 期。

肖赞军：《规制融合的美国模式及其启示》，《湖南师范大学社会科学学报》2014 年第 5 期。

肖赞军：《媒介融合中规制政策的基本取向分析》，《新闻大学》2014 年第 1 期。

肖赞军：《媒介融合引致的四类规制问题》，《当代传播》2014 年第 1 期。

戴元初：《1996 电信法与电子传媒管制的制度演进》，《国际新闻界》2007 年第 5 期。

戴元初：《大融合时代的传媒规制变革：行动逻辑、欧美经验与中国进路》，人民日报出版社 2014 年版。

郭小平：《欧洲视听媒体规制变革对我国"三网融合"的启示》，《现代传播》2010 年第 5 期。

肖叶飞：《媒介融合语境下欧美国家广播电视规制的变革》，《国际新闻界》2011 年第 2 期。

肖叶飞：《欧美国家三网融合的产业政策与规制措施》，《中国有线电视》2012 年第 3 期。

赵靳秋：《媒介融合背景下新加坡传媒监管的制度创新与实践》，《现代传播》2011 年第 6 期。

245

赵靳秋、郝晓鸣：《新加坡大众传媒研究：媒介融合背景下传媒监管的制
　　度创新》，中国传媒大学出版社 2012 年版。

尹良润：《解析媒介融合时代英国传媒业规制机构改革》，《中国广播电视
　　学刊》2012 年第 4 期。

付玉辉：《我国三网融合传播政策体系的结构性缺失——以 2010 年我国
　　三网融合传播政策为例》，《三网融合的国际经验与中国路径——第
　　八届亚洲传媒论坛论文集》2010 年 11 月。

邹军：《媒介融合与中国传媒产业规制变革》，《阅江学刊》2010 年第 6 期。

吴婕：《媒介融合时代的传媒规制研究》，硕士学位论文，湖南师范大学，
　　2011 年。

李红祥：《我国未来传媒规制政策的价值取向——媒介融合下美英传媒法
　　制变革的启示》，《新闻界》2010 年第 1 期。

严奇春、和金生：《我国三网融合管制政策演进路径探析》，《中国科技论
　　坛》2012 年第 5 期。

戴元初：《中国传媒产业规制的解构与重构》，《青年记者》2006 年第 1 期。

黄玉波：《传媒规制权的横向整合与纵向配置——文化体制改革"管办分
　　离"之后的思考》，《2006 中国传播学论坛论文集（Ⅰ）》2006 年 8 月。

钟大年：《联邦德国广播电视体制简介》，《现代传播》1988 年第 1 期。

姜红（1998a）：《英国公共广播电视体制：困境与变革》（上），《电视研
　　究》1998 年第 5 期。

姜红（1998a）：《英国公共广播电视体制：困境与变革》（下），《电视研
　　究》1998 年第 6 期。

姜红（1998c）：《德国广播电视体制：双轨并存》，《电视研究》1998 年第
　　9 期。

姜红（1998d）：《意大利广播电视：欧洲最缺少法规制约的广播体制》，
　　《电视研究》1998 年第 10 期。

郭镇之：《加拿大广播政策史评》，《现代传播》1996 年第 6 期。

罗治平：《法国广播电视的历史分期与体制变革》，《法国研究》2000 年第
　　1 期。

金冠军、郑涵：《当代欧美公共广播电视体制的基本类型》，《国际新闻界》2002 年第 2 期。

郑亚楠：《欧美公共广播电视体制探究》，《新闻传播》2004 年第 4 期。

林琳：《冲突、协调与发展：当代欧美国家广播电视体制与管理》，复旦大学出版社 2000 年版。

夏倩芳（2004a）：《公共利益与广播电视规制——以美国和英国为例》，博士学位论文，武汉大学，2004 年。

夏倩芳（2004b）：《党管媒体与改善新闻管理体制——一种政策和官方话语分析》，《新闻与传播评论》2004 年。

夏倩芳（2005a）：《公共利益界定与广播电视规制——以美国为例》，《新闻与传播研究》2005 年第 1 期。

夏倩芳（2005b）：《广播电视放松规制与重新界定公共利益》，《现代传播》2005 年第 4 期。

宋华琳：《美国广播管制中的公共利益标准》，《行政法学研究》2005 年第 1 期。

魏海深、杨会永：《美国广播管制中公平原则的产生及其演变》，《郑州大学学报》（哲学社会科学版）2007 年第 5 期。

李丹林：《论美国广播法的公平原则》，《国际新闻界》2010 年第 10 期。

李丹林（2012a）：《广播电视法中的公共利益研究》，中国传媒大学出版社 2012 年版。

李丹林（2012b）：《论媒介融合时代广播电视法律制度的几个基本问题》，《南京社会科学》2012 年第 1 期。

李丹林（2012c）：《媒介融合时代传媒管制问题的思考——基于"公共利益"原则的分析》，《现代传播》2012 年第 5 期。

杨状振：《中国电视节目低俗化现象的社会成因及对策探析》，《求异与趋同——中国影视文化主体性追求与现代性建构：中国高等院校影视学会第十二届年会暨第五届中国影视高层论坛文集》2008 年 11 月。

喻国明、苏林森：《中国媒介规制的发展、问题与未来方向》，《现代传播》2010 年第 1 期。

朱春阳、张亮宇、杨海：《当前我国传统媒体融合发展的问题、目标与路径》，《新闻爱好者》2014年第10期。

时统宇、吕强：《收视率导向批判——社会的醒思》，《现代传播》2008年第3期。

黄春平、杨世军：《简论美国广播电视内容监管政策的演变》，《三峡大学学报》（人文社会科学版）2009年第3期。

戴姝英：《电视节目分级——美国特色的低俗内容监管》，《新闻界》2008年第6期。

戴姝英：《美国监管低俗电视节目措施的借鉴意义》，《学术交流》2009年第9期。

戴姝英：《美国电视分级制探析》，《史学集刊》2010年第3期。

李世成、黄伟、张许敏：《美国低俗电视节目的监管与启示》，《中国广播电视学刊》2011年第1期。

吴信训、郑从金：《从英国公共广播看公共传媒体制形成与发展的要因》，《国际新闻界》2007年第6期。

郑从金：《社会民主主义思潮与英国公共广播体制的形成》，《国际新闻界》2011年第2期。

赵瑜：《国际媒介政策的范式与转型——以数字电视政策为例的研究》，《现代传播》2008年第8期。

张咏华等：《西欧主要国家的传媒政策及转型》，上海人民出版社2010年版。

石力月：《媒介融合背景下英国广电业"公共服务"理念之嬗变》，《新闻大学》2010年第3期。

崔国平：《国外传媒产业的政府规制分析》，《黑龙江对外经贸》2008年第9期。

王程豁、曾国屏：《政策范式的社会形塑——以〈美国竞争法〉为例》，《科学学研究》2008年第1期。

陈富良：《放松规制与强化规制》，上海三联书店2001年版。

曹卫、郝亚林：《产业融合对我国产业结构调整的启示》，《经济体制改革》2003年第3期。

欧美传媒政策的范式转型：以媒介融合为语境

丁亚韬主编：《中国媒体融合发展报告（2010）》，《新闻与写作》（特刊）2010 年。

章于炎、乔治·肯尼迪、弗里兹·克罗普：《媒介融合：从优质新闻业务、规模经济到竞争优势的发展轨迹》，《中国传媒报告》2006 年第 3 期。

吴世文：《融合文化中的受众：参与和互动实现自我赋权》，第五届全国新闻学子优秀论文评选参评论文（2009 - 11 - 17）［2012 - 06 - 05］. http：//media. people. com. cn/GB/22114/44110/142321/10396321. html。

俞可平：《治理和善治引论》，《马克思主义与现实》1999 年第 5 期。

俞可平：《治理和善治：一种新的政治分析框架》，《南京社会科学》2001年第 9 期。

俞可平：《全球治理引论》，《马克思主义与现实》（双月刊）2002 年第 1 期。

罗必良主编：《新制度经济》，山西经济出版社 2005 年版。

张旭昆：《制度演化分析导论》，浙江大学出版社 2007 年版。

林毅夫：《关于制度变迁的经济学理论》，《财产权利与制度变迁——产权学派与新制度学派译文集》，生活·读书·新知三联书店 1991 年版，原载于美国《卡托·杂志》1989 年第 9 卷第 1 期春/夏季号。

袁庆明：《新制度经济学教程》，中国发展出版社 2011 年版。

陈富良：《成本约束与规制工具选择》，江西财经大学规制与竞争研究中心工作论文，http：// cygz. jxufe. cn/cygz/edit/UploadFile/20081817114120. doc 2007 - 5 - 22。

柯泽：《论自由主义新闻业生存的市场逻辑》，《浙江大学学报》（人文社会科学版）2008 年第 5 期。

李林：《媒介化生活的社交圈子与人际关系重构》，《中国社会科学报》2013 年第 423 期。

赵月枝：《公众利益、民主与欧美广播电视的市场化》，《新闻与传播研究》1998 年第 2 期。

顾尔德：《消失的媒体公共性》（2010 - 12 - 21）［2013 - 02 - 04］. 共识网：http：//www. 21ccom. net/articles/zgyj/thyj/article _ 20101221

26728. html。

陈映（2013a）：《传媒多元化意涵：政治、经验与规范三个维度的分析》，《南京社会科学》2013 年第 4 期。

陈映（2013b）：《美国传媒政策中的公共利益标准：概念的表征及演进》，《国际新闻界》2013 年第 10 期。

陈映（2014b）：《美国非营利新闻模式的探索与创新》，《中国记者》2014 年第 9 期。

吴晓迪：《美国广播电视业的所有权集中化——一个传播政治经济学的分析》，《政治经济学评论》2013 年第 2 期。

黄甜：《互联网对〈反垄断法〉的冲击——相关市场界定问题》，《金融经济》2014 年第 12 期。

蔡峻峰：《反垄断法中相关市场的界定标准》，《南京人口管理干部学院学报》2005 年第 2 期。

黄少华：《论网络空间的社会特性》，《兰州大学学报》（社会科学版）第 31 卷第 3 期。

张宸译：《美国新闻业最新趋势与状况——皮尤年度报告》，《新闻媒体状况 2014 版》摘要（2014 - 07 - 15）［2014 - 08 - 20］. http：//mp. weixin. qq. com/s？＿＿biz＝MzA5MDEyMDIzMA＝＝&mid＝200419031 & idx＝2 & sn＝ca9586b32afe120d2d9701b06fe69531 & sc ene＝3♯rd。

晓镜：《美国将表决新版网络中立法规 CP 付费使用网络或成为可能》（2014 - 04 - 30）［2014 - 07 - 21］. http：//www. cnii. com. cn/inter-nation/2014 - 04/30/content＿1353329. htm。

蒋均牧：《FCC 警告频谱危机来袭：新频谱拍卖将创收 1200 亿美元》（2010 - 10 - 25）［2014 - 07 - 21］. http：//www. c114. net/news/116/a553041. html。

李艳红：《传媒产制的"第三部门"：北美和澳大利亚社区媒体的实践、制度及民主价值》，《开放时代》2009 年第 8 期。

赵经纬：《ITU：后 4G 研究提上日程 频谱危机成重大挑战》，《通信世界》

2011 年第 26 期。

文慧编译：《英国将遭遇频谱危机 面临 650MHz 频谱缺口》（2013 - 12 -
02）〔2014 - 07 - 19〕. http：//www. cctime. com/html/2013 - 12 -
2/2013122623446038. htm。

李继东（2013a）：《复合规制：媒介融合时代的规制模式探微》，《国际新
闻界》2013 年第 7 期。

李继东（2013b）：《从统治到治理：国家在传媒政策全球化的地位与作
用》，《现代传播》2013 年第 8 期。

龙应台：《我们为什么要学文史哲》，《新华文摘》2014 年第 11 期。

王怡红：《越过迷误：追寻新闻自律的价值意义——兼论美国新闻自律领
域》，《新闻与传播研究》1994 年第 4 期。

王建生：《欧美国家与社会关系理论流变》，《河南大学学报》（社会科学
版）2010 年第 11 期。

邹焕聪：《社会合作管制：模式界定、兴起缘由与正当性基础》，《江苏大
学学报》（社会科学版）2013 年第 2 期。

陈俊：《库恩"范式"的本质及认识论意蕴》，《自然辩证法研究》2007 年
第 11 期。

格里·斯托克：《作为理论的治理：五个论点》，《国际社会科学》（中文
版）1999 年第 2 期。

鲍勃·杰索普：《治理的兴起及其失败的风险：以经济发展为例的论述》，
漆芜译，《国际社会科学杂志》（中文版）1999 年第 2 期。

李洪雷：《论互联网的规制体制——在政府规制与自我规制之间》，《环球
法律评论》2014 年第 1 期。

刘擎：《反思共和主义的复兴：一个批判性的考察》，《学术界》（双月刊）
2006 年第 4 期。

李良荣、沈莉：《试论当前我国新闻事业的双重性》，《新闻大学》1995 年
第 2 期。

李良荣：《论中国新闻媒体的双轨制——再论中国新闻媒体的双重性》，
《现代传播》2003 年第 8 期。

参考文献

251

刘奇葆：《加快推动传统媒体和新兴媒体融合发展》（2014 - 04 - 23）
　　［2014 - 06 - 09］. http：//politics. people. com. cn/n/2014/0423/c1001-
　　24930310. html。

刘幼俐：《数位汇流时代的通讯传播法规：层级模式或水平管制架构的过
　　渡与实践》（研究成果报告精简版），（2011 - 01 - 28）［2012 - 07 -
　　08］. http：//nccur. lib. nccu. edu. tw/retrieve/81517/982410H0041
　　14. pdf。

Cottle S 主编：《媒介组织与产制》，陈筠臻译，台湾：韦伯文化国际出版
　　有限公司 2009 年版。

孙德至：《论通讯传播委员会之建置与设计——期盼促进公共讨论的
　　NCC》，台湾大学出版社 2006 年版。

张玉山、李淳：《数字汇流趋势下电子通讯产业之管制变革与应有取向之
　　研究》，台湾科学委员会专题研究计划成果报告，2004 年。

魏玓：《监理之外：初探 NCC 在媒体产业辅导与媒体文化发展的角色》，
　　《广播与电视》（台湾）2006 年第 1 卷第 26 期。

戴智权：《有线电视系统业水平整合之竞争政策研究》，台湾：中华传播
　　学会 2011 年年会收录论文。

郑瑞城：《解构广电媒体：建立广电新秩序》，台湾：澄社出版社 1993 年版。

林孟芃：《无线广播电视执照核发制度之研究——兼论商业执照竞标之问
　　题》，硕士学位论文，中国台湾政治大学，2005 年。

萧肇君：《从科斯看本地传播管制的正当性：一个类型化的思考尝试》，
　　台湾：中华传播学会 2008 年年会论文。

黄宗乐：《数位汇流趋势下之竞争法与竞争政策》，载范建得主编《电信
　　法制新纪元》，台湾：元照出版公司 2003 年版。

杨双睿：《从〈通讯传播管理法〉草案检视我国电子通讯内容监理机制》，
　　硕士学位论文，中国台湾世新大学，2012 年。

李秀玉：《科技转变与政策改革——浅析监管部门该如何回应媒体汇流》，
　　《行政》（台湾）2009 年第 2 期。

刘静怡：《媒体所有权、观点多元化与言论自由保障：美国法制的观察》，

《台大法学论丛》（台湾）2011 年第 40 卷第 3 期。

林宇玲：《网络与公共领域：从审议模式转向多元公众模式》，《新闻学研究》（台湾）2014 年第 1 卷第 118 期。

李蔡彦、郑宇君：《信息科技与新媒体研究之发展》，《传播研究与实践》（台湾）2001 年第 1 卷第 1 期。

罗世宏：《广电媒体产权再管制论》，《台湾社会研究季刊》（台湾）2003 年第 50 期。

罗世宏：《开放近用、有效竞争与公共利益：宽频视讯服务市场的管制架构》，《新闻学研究》（台湾）2004 年第 1 卷第 78 期。

罗世宏等译：《问题媒体》，《巨流》2005 年。

郑嘉逸：《数位汇流下电信普遍服务之检讨》，台湾：清华大学出版社2007 年版。

吴品彦：《资讯社会中宽频普遍服务政策之探讨》，台湾：政治大学出版社 2011 年版。

管中祥、陈伊祯：《一个地方频道的兴衰：全球资本与地方文化的消长》，《传播与管理研究》（第 2 卷第 2 期）2003 年第 1 期。

洪贞玲：《国家管制与言论自由——从卫星电视换照争议谈起》，《广播与电视》（台湾）2006 年第 26 期。

蔡颖：《通讯传播汇流下的频谱管理框架：频谱本质与管制模式之探讨》，硕士学位论文，中国台湾政治大学，2014 年。

郭镇之：《数字时代的公共广播电视》，熊澄宇等：《文化产业研究：战略与对策》，清华大学出版社 2006 年版。

陈雅萱：《向数位转！从公共服务广电（PSB）到公共服务媒体（PSM）：英国广播协会（BBC）与中国台湾公共电视（PTS）之比较研究》，硕士学位论文，台湾：中正大学，2011 年。

张锦华：《无独有偶？比较美国 2003 年反松绑运动和台湾 2012 年反垄断运动的异同》，《传播研究与实践》（台湾）2013 年第 7 期。

彭心仪：《论频谱"稀有资源"的管制原则》，《台北大学法学论丛》2010 年。

陈志宇：《美国 FCC 公布网络中立规则，确保因特网自由与开放》，https：//stli. iii. org. tw/ContentPage. aspx? i＝5358，出版时间不详。

陈志宇：《浅论频谱交易制度与影响》，"2008 年第五届台湾资讯社会学会年会暨学术研讨会"入选壁报论文，2008 年。

王牧寰：《美国 FCC 发布新广电事业所有权限制规则的法规制定建议通知》（2012－01）[2014－06－29]. https：//stli. iii. org. tw/Content-Page. aspx? i＝5736。

刘昌德：《台湾商营电视节目内容管制的演变：结构去管制下的"内容再管制"》，《广播与电视》（台湾）2006 年第 26 期。

刘昌德：《民主参与式的共管自律——新闻自律机制之回顾与再思考》，《台湾民主季刊》（台湾）2007 年第 3 期。

冯建三：《科斯的传媒论述：与激进的反政府论对话》，《台湾社会研究季刊》（台湾）2007 年第 68 期。

胡元辉、罗世宏：《新闻业的危机与重建：全球经验与台湾省思》，《先驱媒体》2010 年。

胡至沛：《管制治理模式之研究：欧美运作经验与对我国的启示》，博士学位论文，台湾：政治大学，2006 年。

王敏利：《从执照取得及频谱管理探讨数字化时代电信与有线电视产业管制政策》，硕士学位论文，政治大学，2002 年。

须文蔚：《媒介管制的第三条道路》，"须文蔚教学 E 平台"，上网日期：2006 年 4 月 15 日，取自 http：//dcc. ndhu. edu. tw/trans/poem/po-etry/phd/Mainland. pdf。

王婷玉：《以媒体政策观点——社会价值与经济效益——背后隐含的阅听人模式，评析有线电视系统独占系特许经营之争议》，《广播与电视》（台湾）1999 年第 17 期。

简旭征：《公民社会伙伴关系运用——NCC 传播内容监理策略个案研究》，硕士学位论文，中国台湾大学，2000 年。

简旭征：《传播内容共同管理机制之探讨》，《广播与电视》（台湾）2012 年第 35 期。

洪贞玲、刘昌德：《传播权观点的商营广电管制》，《中华传播学刊》（台湾）2007 年第 10 期。

廖义铭：《从"产业自律管制"看国家新治理模式之实践条件与要素》，《公共行政学报》2006 年第 18 期。

陈亦信：《欧美"第三条道路"的新理论》，《二十一世纪评论》（香港）1999 年总第 54 期。

郑春发、郑国泰：《治理典范变迁之研究：以国家角色转换为例》，《新竹教育大学人文社会学报》（台湾）2009 年第 1 卷第 1 期。

郑国泰：《管制型国家之治理：以英国国铁民营化为个案分析》，《师大学报：人文与社会类》（台湾）2007 年第 52 期。

刘柏立、魏裕昌：《通讯传播汇流机制之研究——开放电信网络提供广电播送之研析》，（中国台湾）《现代化、全球化与跨文化传播国际学术研讨会论文集》2005 年 7 月。

高凯声、刘柏立：《欧盟 2003 年通讯法之研析》，《经社法制论丛》2005 年第 35 期。

程致刚：《层级模型之介绍与比较》，中国台湾元智大学"通讯汇流政策与管制"硕士课程作业，http：//www. infosoc. yzu. edu. tw/student/paper/通讯汇流政策与管制法期末作业—层级 . pdf，出版时间不详。

彭芸：《NCC 与媒介政策：公共利益、规管哲学与实务》（电子书），风云论坛有限公司 2012 年版。http：//nccur. lib. nccu. edu. tw/bitstream/140. 119/53330/2/NCC％E8％88％87％E5％AA％92％E4％BB％8B％E6％94％BF％E7％AD％96％E5％85％A7％E6％96％87％EF％88％E5％BD％AD％E8％8A％B8％E8％80％81％E5％B8％AB％EF％BC％89. pdf。

张康之：《走向合作治理的历史进程》，《湖南社会科学》2006 年第 4 期。

陈宪奎：《自由与控制——美国媒体研究》（2002 - 12 - 01）［2015 - 01 - 04］. http：//ias. cass. cn/show/show _ project _ ls. asp? id＝214。

刘兆鑫：《论公共政策的公共性——基于认识论的政策规范论》，国家社会科学基金项目"促进社会公正的公共政策分析"（批准号 10BGL082）的阶段性研究成果，（2011 - 01 - 09）［2014 - 11 - 22］. http：//wenku.

baidu. com/link? url = ZpL9anf-soTEdxB ＿ ITcUtYDSwUCsvIVF
4mYcoHn-4poDT1EiSm6kUdqUJUslKZhu933PZrn dihVVni2Lw9T
QwmXfPIk0mpp9cHCKG5YNoHe。

诸葛蔚东：《英国报刊监管体制的历史与走势》，《现代出版》2013 年第 1 期。

〔美〕弗雷德里克·S. 西伯特、西奥多·彼得森、威尔伯·施拉姆：《传
　　媒的四种理论》，戴鑫译，展江校，中国人民大学出版社 2008 年版。

〔美〕罗伯特·L. 希利亚德、迈克尔·C. 基思：《美国广播电视史》（第
　　5 版），秦珊、邱一江译，清华大学出版社 2012 年版。

王纬主编：《镜头里的"第四势力"——美国电视新闻节目》，北京广播
　　学院出版社 2000 年版。

李治安：《关于数位汇流的基本管制问题》，《科技法学评论》（台湾）
　　2006 年第 3 卷。

赖祥蔚：《媒体发展与国家政策：从言论自由与新闻自由思考传媒产业与
　　权利》，台湾：五南图书出版股份有限公司 2003 年版。

二　英文文献①

ACMA （2010. 06）. Optimal Conditions for Effective Self-and co-regulatory
　　Arrangements （occasional paper）. http：//www. acma. gov. au/webwr/ ＿
　　assets/main/lib311886/self- ＿ and ＿ co-regulatory ＿ arrangements. pdf.

ACMA （2011）. Converged Legislative Frameworks—International Ap-
　　proaches Occasional Paper. July 2011. http：//engage. acma. gov.
　　au/wp-content/uploads/2011/07/converged ＿ legislative ＿ frame-
　　works ＿ paper. pdf.

Adler，R. （2013）. Rethinking Communications Regulation：Report of
　　the 27th Annual Aspen Institute Conference on Communications Poli-
　　cy. report of Communications and Society Program of the Aspen

---

① 按照作者名字字母的顺序进行排列，同时作者名字后面标出版时间；同一作者同一年份
有多份文献的，则以小写英文字母加以区分。

Institute.

Ali，C. (2013) . Where is Here? An Analysis of Localism in Media Policy in Three Western Democracies. Ph. D. Dissertation, University of Pennsylvania.

Ang，I. (1991) . Desperately Seeking the Audience, London: Routledge.

Ansolabehere, S. & Behr, R. & S. Lyengar (1993) . *The Media Game: American Politics in the Television Age.* New York: Macmillan.

Appelgren E. (2004) . *Convergence and Divergence in Media: Different Perspectives.* (2004 - 06 - 18) [2013 - 11 - 05] . http: //elpub. scix. net/data/works/att/237elpub2004. content. pdf.

Australian Law Reform Commission (ALRC) (2011) . National Classification Scheme Review (DP 77) . (2011 - 09 - 30) [2012 - 07 - 06] . http://www. alrc. gov. au/sites/default/files/pdfs/publications/dp _ 77 _ whole _ pdf _ . pdf.

Balkin, J. M. (2004) . Digital Speech and Democratic Culture: A Theory of Freedom of Expression for the Information Society, 79 N. Y. U. L. Rev. 1 (2004) .

Baker, C. E. (2007) . Media Concentration and Democracy: Why Ownership Matters. New York: Cambridge University Press.

Bartle, I & P. Vass (2005) . Self-Regulation and the Regulatory State; A Survey of Policy and Practice, Centre for the Study of Regulated Industries (CRI); Research Report 17, University of Bath.

Bautista, M. F. (2012) . Mapping "diversity of participation" in networked media environments. (2012 - 11 - 01) [2013 - 05 - 02] . http: //www. umass. edu/digitalcenter/research/working _ papers/12 _ 001 _ Fuentes _ MappingDiversityOfParticipation. pdf.

Benjamin, L. M. (1992) . Defining the Public Interest and Protecting the Public Welfare in the 1920s: Parallels between Radio and Movie Regulations. Historical Journal of Film, Radio and Television, 12 (1).

Bens, E. De & Hamelink, C. J. (2007). "Media Between Culture and Commerce: An introduction". (V4). Intellect Books, 2007.

Benz, A. (2004). Einleitung: Governance—Modebegriff oder nutzliches sozialwissenschaftliches Konzept? In A. Benz (Ed.), Governance—Regieren in komplexen Regelsystemen. Eine Einfuhrung. Wiesbaden, Germany: VS Verlag.

Berelson, B. & Janowitz, M. (1966). *Reader in Public Opinion and Communication*. New York: The Free Press.

Blackman, C. R. (1998). Convergence between Telecommunications and Other Media: How Should Regulation Adapt? *Telecommunications Policy*, Vol. 22, No. 3163 – 170.

Bloom, M. (2006). Pervasive New Media: Indecency Regulation and the End of the Distinction between Broadcast Technology and Subscription-Based Media. Yale Journal of Law and Technology, 9: 109.

Bollier, D. (2002). In Search of the Public Interest in the New Media Environment: A Report of the Aspen Institute Forum on Communications and Society. (2002) [2013 – 08 – 06]. http: //www. aspeninstitute. org/sites/default/files/content/docs/cands/PUBLICINTEREST. PDF.

Braman, S. (2004). Where Has Media Policy Gone? Defining the Field in the Twenty-first Century. Communication Law and Policy. Volume 9, Spring, Number 2.

Braman, S. (2006). Change of State: Information, Policy, and Power. Cambridge, MA: MIT Press, 2006 (reprinted 2007).

Bron, C. M. (2010). Financing and Supervision of Public Service Broadcasting. IRIS Plus, 2010 – 4, 7 – 25.

Canada. (2009). Issues and Challenges Related to Local Television. Standing Committee on Canadian Heritage. Available at: http://

欧美传媒政策的范式转型：以媒介融合为语境

publications. gc. ca/.

Carter, B. (2006) . WB Censors Its Own Drama for Fear of FCC Fines, N. Y. TIMES, Mar. 23, 2006. at E1.

Carter, D. (1959) . The Fouth Branch of Government. Boston: Houghton Mifflin.

Carter, S. (2003a) . Speech: The Communications Act: Myths and Realities. (2003 – 10 – 09) [2014 – 02 – 25] . http: //media. ofcom. org. uk/speeches/ 2003/the-communications-act-myths-and-realities-thursday-9-october-2003/.

CCMR (Co-ordinating Committee for Media Reform) (2011) . The Media And The Public Interest. preliminary briefing paper, 4 November 2011. http: //www. mediareform. org. uk/wp-content/uploads/2013/ 04/The-media-and-the-public-interest. pdf.

Clements, B. (1998) . The Impact of Convergence on Regulatory Policy in Europe, *Telecommunications Policy*, Vol. 22, No. 3.

Clement. C. etc. (2009) . Changing Media: Public Interest Policies for The Digital Age. A Collection of Papers, published online by Free Press.

Colon A. (2000) . The Multimedia Newsroom: Three Organizations Aim for Convergence in Newly Designed Tampa Headquarters. *Columbia Journalism Review*, 39 (1) .

Collins, R. & Murroni, C. (1996) . New Media, New Policies: Media and Communications Strategy for the Future. Cambridge: Polity.

Cornwall, A. (2008) . Unpacking Participation: Models, Meaning and Practices. Community Development Journal, 43 (3), 269 – 283.

Council of Europe. "Recommendation No. R (99) 1 of the Committee of Ministers to Member States on measures to promote media pluralism" . Strasbourg, 1999.

Croteau, D. & Hoynes, W. *The Business of Media: Corporate Media and the Public Interest (2nd Ed)* . Thousand Oaks, London, New

Delhi. Pine Forge Press/Sage，2006.

Currie，D. Speech to the English National Forum Seminar，（2003 – 07 – 07）［2014 – 01 – 18］．http：//media. ofcom. org. uk/speeches/2003/english-national-forum-seminar/.

Cutler Co.（1997）．The National Telecommunications Council Convergence Project，Vol. 1 – 5. Kuala Lumpur：Cutler & Co.

Dailey L. & Demo L. & Spillman M. The Convergence Continuum：a Model for Studying Collaboration between Media Newsrooms. *Atlantic Journal of Communication*，2005，13（3）：150 – 168.

Debrett，M.（2009）．Riding the Wave：Public Service Television in the Multi-platform era. *Media，Culture & Society*，31（5），807 – 827.

Department for Culture，Media and Sport（DCMS）.（2011）．A New Framework for Local TV in the UK. Available at：http：//www. culture. gov. uk/consultations/8298. aspx.

DNH（Department of National Heritage）（1995）．Media Ownership：The Government's Proposals，Cm 2872，London：HMSO，May. 转引自基里安·多伊尔《英国〈1996 年广播电视法〉分析》，李恒译，见金冠军、郑涵、孙绍谊主编《国际传媒政策新视野》，上海三联书店 2005 年版。

Dupagne M & Garrison B.（2006）．The Meaning and Influence of Convergence? A Qualitative Case Study of Newsroom Work at the Tampa News Center. Journalism Studies，7（2）：237 – 255.

Entman，R. M. & Wildman，S. S.（1992）．Reconciling Economic and Non-Economic Perspectives on Media Policy：Transcending the "Marketplace of Ideas". Journal of Communication，Volume 42，Issue 1.

European Commission（1997）．Green Paper on the Convergence of the Telecommunications，Media and Information Technology Sectors，and the Implications for Regulation-Towards an Information Society

Approach (COM/97/0623 Final). (1997 – 12 – 03) [2012 – 10 – 25].
http：//ec. europa. eu/avpolicy/docs/library/legal/com/greenp _ 97 _
623 _ en. pdf.

European Commission (2002a). Directive 2002/20/ECof the European
Parliament and of the Council of 7 March 2002 on the Authorisation
of Electronic Communications Networks and Services (Authorisation
Directive). Available at：http：//eurlex. europa. eu/pri/en/oj/dat/
2002/l _ 108/l _ 10820020424en00210032. pdf.

European Commission (2002b). Report Regarding the Outcome of the
Review of the Scope of Universal Service in Accordance with Article
15 (2) of Directive 2002/22/EC, supranote 43, at, http：//aei.
pitt. edu/45498/1/com2006 _ 0163. pdf.

European Commission (2003). Second Evaluation Report from the Com-
mission to the Council and the European Parliament on the Applica-
tion of Council Recommendation of 24 September 1998 Concerning
the Protection of Minors and Human Dignity, COM (2003) 776 fi-
nal, Brussels, 12 December 2003.

FCC (1981). Second Report and Order, In the Matter of Commission
Policy Concerning the Noncommercial Nature of Educational Broad-
cast Stations, 86 FCC 2d 141.

Finckenstein, K. von. (13 June 2011). Speech to the Banff World Media
Festival. http：//cn. lexology. com/library/detail. aspx? g＝75157cec-
6c2e-4ee7-88d7-32e08dfc2d3a.

Flower, M. S. , & Brenner, D. L. (1982). A Marketplace Approach to
Broadcasting Regulation. *Texas Law Review*, 602.

Flynn B. (2000). Digital T V, Internet & Mobile Convergence Develop-
ments and Projections for Europe. London：Phillips Global Media.

Folami, A. N. (2009). *Deliberative Democracy on the Air：Reinvigor-
ate Localism-Resuscitate Radio's Subversive Past.* Paper presented at

参
考
文
献

new scholar workshop at the South Eastern Association of Law Schoolsconference Held in West Palm Beach, FL August 2009.

Freedman, D. (2008). *The Politics of Media Policy*. Cambridge: Polity Press.

Free Press (2009). Changing Media: Public Interest Policies for the Digital Age. http://www. freepress. net/sites/default/files/fp-legacy/changing_media. pdf.

Garcia-Murillo M. & MacInnes I. (2003). The Impact of Technological Convergence on the Regulation of ICT Industries. The International Journal on Media Management, 5 (1): 57 - 67.

Goodman, E. P. (2004). Media Policy out of The Box: Content Abundance, Attention Scarcity, and The Failures of Digital Markets. 19 BERKELEY TECH. L. J. 1389.

Goodman, E. P. (2009). Spectrum Policy and the Public Interest. In D. Gerbarg (Ed.), Television Goes Digital, 173 - 186. New York: Springer.

Gordon R. (2003). The Meanings and Implications of Convergence. Kawamoto K. Digital Journalism: Emerging Media and the Changing Horizons of Journalism. [S. L.]: Rowman & Littlefield.

Graham, A. (1998). Broadcasting Policy and The Digital Revolution. In Jean Seaton (Ed.), *Politics and the Media: Harlots and Prerogatives at the Turn of the Millennium*. London: The Political Quarterly, Blackwell Publishers, 1998: 33 - 34.

Graham, A. & Davies, G. (1997). Broadcasting, Society and Policy in the Multimedia Age. Luton: Unirersity of Luton Press.

Grotta, G. L. (1971). Consolidation of Newspaper: What Happens to the Consumer? Journalism Quarterly, 48, 245 - 250.

Guillory J. (2010). Genesis of the Media Concept. *Critical Inquiry*, 36: 321 - 362.

Hale, F. D. (1988) . Editorial Diversity and Concentration. In R. G. Picard & M. E. McCombs & J. P. Winter & S. Lacy (Eds.), Press Concentration and Monopoly: New Perspectives on Newspaper Ownership and Operation. Norwood, NJ: Ablex Publishing Corporation.

Hans-Bredow-Institut (2006) . *Final Report: Study on Co-Regulation Measures in the Media Sector.* Study for the European Commission, Directorate Information Society and Media Unit A1 Audiovisual and Media Policies.

Harcour, A. & Verhulst, S. (1998) . Support for Regulation and Transparency of Media Ownership and Concentration-Russia, Study of European Approaches to Media Ownership, University of Oxford.

HBI (Hans-Bredow-Institute for Media Research) (2006. 06) . Study on Co-Regulation Measures in the Media Sector. Study for the European Commission, Irectorate Information Society and Media.

Hedstrom, M. & King, J. L. (2005) . Epistemic Infrastructure in the Rise of the Knowledge Economy. http: //jlking. people. si. umich. edu/EpistemicInfrast-MITPress. pdf.

Hitchen, L. (2011) . Media Regulatory Framworks in The Age of Broadband: Securing Diversity. Journal of Information Policy. 1: 217 – 240. Unit A1 Audiovisual and Media Policies. http: //www. pedz. uni-mannheim. de/daten/edz-du/gda/06/media _ sector _ final _ rep _ annex4 _ en. pdf.

HMSO (His Majesty's Stationery Office) (1949) . Cmd. 7700, Royal Commission on the Press, 1947 – 49: Report.

Hohendahl, P. , Uwe. & Silberman, M. (1979) . Critical Theory, Public Sphere and Culture: Jürgen Habermas and his Critics. New German Critique, No. 16 (Winter, 1979) .

Holmes, D. (2014) . The deregulation agenda for Australian media: what of the public interest? . (2014 – 03 – 18) [2014 – 06 – 21] . http: //the-

参考文献

conversation. com/the-deregulation-agenda-for-australian-media-what-of-the-public-interest-24501.

Hopkins, W. W. (1996) . The Supreme Court Defines the Marketplace of Ideas, 73 Journalism & Mass Comm. Q. , Spring.

House of Lords. Media convergence, 2nd Report of Session 2012 - 13.

Hunt, J. (2010, June 8) . Media Keynote Speech. Speech to The Hospital Club, London. Available at: http: //www. culture. gov. uk/news/ministers _ speeches/7132. aspx.

Iggers, J. (1999) . Good News, Bad News: Journalism Ethics and the Public Interest. Boulder: Westview Press.

Information Commissioner's Office. The public interest test: Freedom of Information Act. 20130305 Version 2.

Iosifidis, P. (2002) . Digital Convergence: Challenge for European Regulation. Javnost-The Public: Journal of the European Institute for Communication and Culture, Volume 9, Issue 3, 2002.

Jakubowicz, K. (2010) . From PSB to PSM: A New Promise for Public Service Provision in the Information Society. in Klimkiewicz, B. (Ed.) . Media Freedom and Pluralism: Media Policy Challenges in the Enlarged Europe.

Jenkins H. (2006) . Convergence Culture: Where Old and New Media Collide, New York: New York University Press.

Jenkins, H. (2004) . The Cultural Logic of Media Convergence. International Journal of Cultural Studies, 7 (1) .

Jenkins H. (2001) . Convergence? I Diverge. Technology Review, 104 (5): 93.

Jenkins H & Deuze M. (2008) . Convergence Culture. Convergence, 14 (1) .

Kafle. T. R. N. D. Public Service Broadcasting: A Paradigm Shift to Public Service Media (unpublished paper) . http: //www. academia. edu/518713/Public _ Service _ Broadcasting _ A _ Paradigm _ Shift _ to _

欧美传媒政策的范式转型：以媒介融合为语境

Public _ Service _ Media.

Kalathil, S. (2011) . Developing Independent Media as an Institution of Accountable Governance: A How-To Guide (World Bank Working Papers) . http: //siteresources. worldbank. org/EXTGOVACC/Resources/Mediatoolkit. pdf.

Karppinen, K. (2009) . Making a Difference to Media Pluralism: A Critique of the Pluralistic Consensus in European Media Policy. In Cammaerts, Bart and Carpentier, Nico (Ed.), *Reclaiming the Media—Communication Rights and Democratic Media Roles*. Bristol: Intellect.

Karppinen, K. (2010) . *Rethinking Media Pluralism: A Critique of Theories and Policy Discourses*. Dissertation: University of Helsinki. Department of Social Research.

Karppinen, K. & Moe, H. (2010) . A Critique of "Media Governance" . http: //blogs. helsinki. fi/kekarppi/files/2010/06/Karppinen-and-Moe 2013. pdf.

Kleinsteuber, H. J. (2004) . The Internet between Regulation and Governance. in Möller, C. & Amouroux, A. (ed.) . The Media Freedom Internet Cookbook. Vienna: OSCE, Representative on Freedom of the Media.

Kopecka-Piech K. Media convergence concepts. (2011 – 06 – 03) [2013 – 11 – 05] . http: //sm. id. uw. edu. pl/Numery/2011 _ 3 _ 46/kopecka. pdf.

Krasnow, E. G. & Goodman, J. N. (1998) The "Public Interest" Standard: Te Search for the Holy Grail. Federal Communications Law Journal, Vol. 50, 3: 605 – 635.

Lawson-Borders, G. (2003) . Integrating New Media and Old Media: Seven Observations of Convergence as a Strategy for Best Practices in Media Organizations. The International Journal on Media Management, 5 (Ⅱ): 91 – 99.

Lawson-Borders G. (2006) . Media Organizations and Convergence:

Cases Studies of Media Convergence Pioneers. [S. L.]: Lawrence Erlbaum Associates Inc.

Lefevre-Gonzalez, C. (2013) . Restoring Historical Understandings of the "Public Interest" Standard of American Broadcasting: An Exploration of the Fairness Doctrine. International Journal of Communication, V17.

Lennett, B. , Glaisyer, T. & Meinrath, S. D. (2012) . Public Media, Spectrum Policy, and Rethinking Public Interest Obligations for the 21st Century. Paper for New America Foundation.

Lievens, E. & Dumortier, J. & Ryan, P. S. (2005) . The Co-Protection of Minors in New Media: A European Approach to Co-Regulation. UCDavis Journal ofJuvenile Law & Policy, Vol. 10: 1.

Livingstone, S. & Lunt, P. & Miller, L. (2007a) . Citizens, Consumers and the Citizen Consumer: Articulating the Citizen Interest in Media and Communications Regulation, 1 DISCOURSE & COMM. 63, 64 (2007) .

Livingstone, S. & Lunt, P. & Miller, L. (2007b) . Citizens and Consumers: Discursive Debates During and after the Communications Act 2003, 29 MEDIA, CULTURE & SOC'Y613, 614 – 15.

Losifidis P. (2002) . Digital Convergence: Challenges for European Regulation. The Public, 9 (3): 27 – 47.

Luberda, R. (2008) . The Fourth Branch of the Government: Evaluating the Media's Role in Overseeing the Independent Judiciary. 22 Notre Dame J. L. Ethics & Pub. Pol'y 507.

McCann, K. (2008) . Public Interest, Media Diversity, and the Meaning of Media Democracy: Integrated Paradigm of Media Diversity. Paper Presented at the Annual Meeting of the International Communication Association. TBA, Montrea, Quebec, Canada.

McCann, K. P. (2013) . The Diversity Policy Model and Assessment of the Policy: Debates and Challenges of (Media) Diversity. SAGE

Open. April-June 2013: 1 - 12. http: //sgo. sagepub. com/content/
spsgo/3/2/2158244013492780. full. pdf.

McLaren, C. A Brief History of the Public Interest Standard. (2002)
[2014 - 04 - 22]. http: //www. stayfreemagazine. org/ml/readings/
public _ interest. pdf.

McCombs, M. E. (1988). Concentration, Monopoly, and Content. In
R. G. Picard & M. E. McCombs & J. P. Winter & S. Lacy (Eds.),
Press Concentration and Monopoly: New Perspectives on Newspaper
Ownership and Operation. Norwood, NJ: Ablex Publishing Corporation.

McQuail, D. (1992). Media Performance: Mass Communication and
the Public Interest. SAGE Publications Ltd.

Meikle G. & Young S. (2012) Media Convergence: Networked Digital
Media in Everyday Life. New York: Palgrave Macmillan.

Minow, N. N., & LaMay, C. L. (1995). Abandoned in the Wasteland, Chil-
dren, Television and the First Amendment. New York: Hill and Wang.

Missouri Group (2010). News Reporting and Writing, America: Bed-
ford/St. Martin's.

Murdock, G. & Golding, P. (1977). Capitalism, Communication and
Class Relations, in Curran, J. et al. Mass Communication and Socie-
ty. London: Edward Arnold/Open University Press.

Napoli, P. M. (1998). The Internet and The Force of "Massification".
Electronic Journal of Communication, 8 (2). http: //www. cios.
org/EJCPUBLIC/008/2/00828. HTML.

Nenova, M. B. (2006). The New Concept of Universal Service in a Dig-
ital Networked Communications Environment, Sep. , 2006.

OECD (2007). Convergence and Next Generation Networks: Ministerial
Background Report [DSTI/ICCP/CISP (2007) 2/Final]. (2008 -
06 - 17) [2012 - 10 - 25]. http: //www. oecd. org/sti/40761101.
pdf.

参考文献

267

Ofcom （2009）．Local and Regional Media in the UK. Available at: http://stakeholders. ofcom. org. uk/market-data-research/tv-research/lrmuk/.

Ofcom （October, 2012）．Ofcom Response to the House of Lords Inquiry on media convergence.

Ofcom （About）．How Ofcom is run/Content Board/Functions and Role. http://www. ofcom. org. uk/about/how-ofcom-is-run/? a＝0.

Pavlik J. （1996）．New media technology: cultural and commercial perpectives, Boston: Allyn and Bacon.

Pereira, M. M. （2002, April）．EU Competition Law, Convergence, and the Media Industry. http://ec. europa. eu/competition/speeches/text/sp 2002 _ 016 _ en. pdf.

Perez, C. （2004）．The New Techno-Economic Paradigm and the Importance of ICT Policy for the Competitiveness of the Whole Economy. PPT Presented in High Level Conference "Looking into the Future of ICT" Amsterdam, September 2004. http://www. ebusinessforum. gr/old/content/downloads/Carlota _ Perez. pdf.

Pool I. D. S. *Technologies of Feedom*. Cambridge MA: Harvard University Press, 1983.

Picard R. G. （2012）．Media Convergence, Competition Law, and Industrial, and media policies. （2012 - 05 - 01）［2012 - 10 - 25］. http://www. slideserve. com/coye/media-convergence-competition-law-and-industrial-and-media-policies.

Psychogiopoulou, E. & Anagnostou, D. （2012）．Recasting the Contours of Media Policy in a Political Context: An Introduction. in Evangelia Psychogiopoulou (Ed.), Understanding Media Policies A European Perspective. London: Palgrave Macmillan.

Puppis, M. （2010）．Media Governance: A New Concept for the Analysis of Media Policy and Regulation. Communication, Culture & Critique, Volume 3, Issue 2. 134 - 149.

欧美传媒政策的范式转型：以媒介融合为语境

Quandt, T. & Singer, J. (2009) . Convergence and Cross-platform Content Production. In K. Wahl-Jorgensen & t. Hanitzsch (Eds.), The handbook of journalism studies. New York, Ny & London, UK: Routledge.

Quinn S. & Filak V. F. (2005) . Convergent Journalism an Introduction: Writing and Producing across Media, Oxford: Focal Press.

Raboy, M. (2002) . Media Policy and the Public Interest. In Mansell, R. et al. (eds.), Networking Knowledge for Information Societies: Institutions & Intervention. Delft, Netherlands: Delft University Press.

Richards, E. Speech to Westminster Media Forum on the Ofcom Review of Public Service Broadcasting. (2004 – 05 – 25) [2014 – 03 – 14] . http: // media. ofcom. org. uk/speeches/2004/speech-to-westminster-media-forum-ofcom-review-of-public-service-broadcasting/.

Sampson, T. & Lugo, J. (2002) . Technological or Ideological Convergence? How the Concepts of Market and Technological Convergence are Displacing Public Service Commitment in the New Communications and Broadcast Public Policy of the UK.

Samue, G. (2005) . Media Convergence and the Changing Face of Media Regulation. Henry Mayer Lecture, 19 May 2005.

Sarantakos, S. (1998) . Social Research (2nd ed.) . London: Macmillan.

Sawhney, H. , & Suri, V. R. , & Lee, H. (2010) . New Technologies and the Law: Precedents via Metaphors. Conference on Law & Technology, October 28 – 29, 2008, Florence, Italy.

Scarinci, D. The Supreme Court and "Filthy Words": Federal Communications Commission V. Pacifica Foundation. http: //scarinciattorney. com/the-supreme-court-and-filthy-words-federal-communications-commission-v-pacifica-foundation/. (2012 – 06 – 28) [2013 – 10 – 02] .

Schejter, A. M. & Han, S. (2011) . Regulating the Media: Four Perspectives. in Levi-Faur, D. [Ed.], Handbook on the Politics of Regulation.

参考文献

Cheltenham: Edward Elgar.

Schulz, W. & Held, T. (2004). Regulated Self-regulation as A Form of Modern Government: An Analysis of Case Studies from Media and Telecommunication Law. Indiana University Press.

Skidmore, P. & Chapman, J., & Miller, P. (2003). The Long Game: How Regulators and Companies Can Both Win. London: Demos.

Sprout, H. H. & Sprout, M. T. (1965). The Ecological Perspective on Human Affairs with Special Reference to International Politics. Princeton: Princeton University Press, 1965.

Starr, P. (2004). The Creation of The Media: Political Origins of Modern Communications. New York: Basic Books.

Terzis, G. (2008). *European Media Governance: National and Regional Dimensions* (Editor's Preface). Published in February 2008 by Intellect Books, Bristol UK.

Theodore, J. L. (1966). Distribution, Regulation and Redistribution: The Functions of Government. in Randall B. Ripley ed., Public Policy and Their Politics. New York: W. W. Norton & Company Inc.

Thierer, A. Why Regulate Broadcasting? Toward a Consistent First Amendment Standard for The Information Age. *Commlaw Conspectus*, 2007, Vol. 15: 431 – 479.

Turkle, S. (2004). How Computers Change the Way We Think. The Chronicle of Higher Education, Volume 50, Issue 21.

US Congress, Office of Technlogy Assessment. *Science Technology and the First Amendment*, 1988: 10 – 11.

Van Cuilenburg, J. & Slaa, P. (1993). From Media Policy Towards a National Communications Policy: Broadening the Scope. European Journal of Communication, 8 (2): 149 – 76.

Van Cuilenburg, J. & McQuail, D. (2003). Media Policy Paradigm Shifts: Towards a New Communications Policy Paradigm. European

欧美传媒政策的范式转型：以媒介融合为语境

Journal of Communication, 18 (2): 181 - 207.

Van Cuilenburg, J. (2009). On Competition, Access and Diversity in Media, Old and New: Some Remarks for Communications Policy in the Information Age. New Media & Society. London: Sage Publications, Vol. 1 (2): 183 - 207.

Waldman, S. (2011). The Information Needs of Communities: The Changing Media Landscape in a Broadband Age, http://www.fcc.gov/osp/inc-report/The _ Information _ Needs _ of _ Communities.pdf.

Wheeler, M. (1999). Regulating Communications: British Public Policy Responses to Convergence within the Digital Age. Paper to be presented at Workshop 24. Regulating Communications in the "Multimedia Age", European Consortium of Political Research, 27th Joint Sessions of Workshops, University of Mannheim, Germany, 26th - 31st March 1999.

Windsor, T. (2009). Killing Innovation with Kindness: The Newspaper Revitalization Act. http://www.niemanlab.org/2009/03/killing-innovation-with-kindness-the-newspaper-revitalization-act/.

Yandle, B. (2011). Botleggers and Baptists in The Theory of Regulation. in D. Levi-faur, D. (Ed.), Handbook on the Politics of Regulation, Cheltenham: Edwardelgar.

Yuyan E. Z. (2008). Examining Media Convergence: Does it Converge Good Journalism, Economic Synergies, and Competitive Advantages? (2008 - 05) [2012 - 10 - 25]. https://mospace.umsystem.edu/xmlui/bitstream/handle/10355/5603/research.pdf? sequence=3.

Zollmann, C. (1927). Recent Federal Legislation: R adio Act of 1927. Marquette Law Review, Volume 11, Issue 3.

参考文献

271

后 记

本书是我主持的国家社科基金项目"多媒体融合下传媒政策的选择研究"等科研项目的一个阶段性成果，也是我七年博士生涯的一个最终总结。

从真正执笔撰写算起，整个写作历时将近五载。除却家庭、工作中的种种琐事对于写作的羁绊之外，该问题的复杂性及其研究的难度显然也远远超出我的预期和想象：政策研究所涉及的学科领域错综复杂，应该从何入手才能做到知识为我所用而不是掉入无边的知识大洋之中？同时，在谷歌无法使用而文献购买费用又极其有限的情况下，如何获取所需的文献？大量的英文文献，夹杂着各种陌生且新鲜的概念，如何才能快速地阅读并抓到要点？刚一着手准备，诸多的问题从理论、知识、方法和技能等多个方向将我紧紧围困。以至，在阅读将近两年时间的文献之后，我才初步搭建出整个研究计划的一个基本框架。

最初，对于欧美融合政策的研究是作为"他山之石"被列入研究计划的，本想着在梳理和归纳法规条文变动、管制机构调整等内容后便可很快完结。但是，在大量的阅读之后却发现，该问题后面竟然蕴藏着一片非常广阔的学术空间：一方面，欧美融合政策变革这一问题本身便具有相当的丰富性和复杂性，我们往往只看到诸如增设或废除法规条文、撤并和调整行政机关等纷繁复杂的政策选择行为或活动，却甚少深入追究这些行为背后的驱动思想、利益机制以及各种政策选择行为之间的关联；另一方面，传媒政策作为一个理解"传媒与产业""传媒与社会"等重要问题的"建构性"影响因素，在欧美学术界已日渐成为一个备受关注和争议的研究领域，但在我国学术界却依然是一个相对"门庭冷落"之地。我们常常谈起"传媒体制""传媒制度""传媒管理""传媒经济""传媒文化"等概念，却很少使用"传媒政策"这一概念，更谈不上对传媒政策基本问题以及基本原理的梳理和探讨。有鉴于此，以及本着"先弄懂欧美再来研究中国本土问题的"研究思路，我调整了研究计划，将欧美传媒政策问题的研究设立为现阶段研究的重点，并搭建起一个"政策范式—政策框架—政策路径—政策工具"的研究路线图，意图"层层剥笋"式地进入欧美传媒政策这个研究领域。

本书所聚焦的"政策范式转型"问题是我研究计划的"第一站"，却也恐怕是难度最大、理论导向最强的"一站"。总体而言，在这"一站"踽行与爬梳的五年，让我对欧美传媒政策基本概念、基本框架以及传媒政策研究脉络和方法的认识日渐清晰，这对我后续的研究有很大的助益。但在有限的时间和精力下，同时以我现有的理论和知识水平，去"操刀"这样一个宏观、庞大且复杂的研究问题，显然是冒险且不明智的。因此，本书的写作一直是在各种纠结与痛苦中进行的，而呈现在诸君面前的最终研究成果，显然也有着诸多的不如意以及不足之处。唯有期待诸君不吝批评与指正！

几度迎春送冬，跨过而立关槛，增得丝缕白发，方得一纸拙言。搁笔之后，最大的感触不是如释重负，却是满心的感恩。因为以我如此愚拙之人，能够一路前行至此，断然离不开诸亲们的种种点拨、支持和关爱。

感谢恩师董天策教授。从 2002 年初入董门至今，他在这十余年的时间里对我影响至深、关爱至多。遥想当年，在我初涉新闻传播学科之际，他每周召集门下学生召开的读书报告会让我尽快地切换到研究生学习"频道"，并且让我逐渐懂得什么叫"问题意识"和"批判意识"；在"非典"肆虐羊城的时候，他不畏危险带领我们挤公交车前往羊城晚报社、南方都市报社以及省文化厅等多个部门进行调研和采访，不仅极大地开阔了我们的视野，而且其间勇于实践、敢于追问的精神也一直感染着我们；2008 年，在我刚转入高校、成果几乎处于"一清二白"境地之际，他又不弃粗鄙再次将我收入门下，其间的恩典一直令我感激；读博期间，在我怀孕生子、彷徨无措、难顾学业且焦头烂额之际，他不仅毫无错怪之意，而且安慰我要"先放下，照顾好孩子，以时间换取空间"，其中的宽容与智慧一直为我铭记；在博士论文选题时，他的"要站到学科前沿"的要求，我虽然无力达成，但却一直未敢忘怀，并且一直以此来观照和要求自己的学术研究而获益良多；在"拉锯式"的写作过程中，他一直给予我充分的信任和自由发挥的空间，不催促、不批评，却总是在关键时刻和关键问题上，给予我醍醐灌顶式的指引和点拨，从而让我得以在有限的空间和时间里能够尽情地扑棱和折腾、总结经验、汲取教训并最终聚焦到一个相对合适的视角和框架，其间收放有致的学术训练无疑是我未来前行的宝贵财富。同时，在我为眼前困难或者利益而顿挫或者迷惑之际，他的"大格局"意识也让我不时地直面和反思自己的浅陋和狭窄，并且教会我从长计议自己的人生和事业……十余年教导的点点滴滴，我虽然拙于言辞、不善表达，却一直谨记心中。值此论文完成之际，让万千恩谢凝成一句："谢谢您，董老师！"

感谢求学期间的众多师长。林如鹏教授一如既往地敏锐而亲和，在工作和生活上都给我许多启发；范以锦教授身上的"大家"之气，一直为我震撼，而在我有事冒昧相扰之时又犹邻家长辈般和蔼；蔡铭泽教授风雅笃厚，自我读硕以来便不吝教诲，在得知我还未毕业的时候，也是一再叮嘱要好好写，争取早日毕业；曾建雄教授温和精诚，这十余年来对我关爱和提携甚多，是我一辈子学习的楷模；蒋建国教授年轻有为、勤奋好学，其治学的严谨、为人的敦厚一直为我钦佩。除此之外，张晋升教授、林爱珺教授、刘涛教授、谭天教授等诸位师长也均对本书的研究提出了许多宝贵的意见，在此一并感谢！

感谢我的先生侯春雨。这些年来，你一如既往地对我的工作和学业给予最大的包容和支持。考虑到家中没有人照看孩子，你辞去企业工作转入教职；平时，你总是力所能及地帮我分担家务；在该书的研究进入最后关头的时刻，你甚至以一人之力独自照看两个孩子，以让我能多点时间安心写作。这些年的酸甜苦辣，你我相知。愿携手相扶共老！

感谢我的父母。在众亲友都劝你们让我考个中专的时候，是你们毅然坚持让我考高中、大学并支持我一路读书至今。如果没有你们的支持，我或许就不会有机会走上博士这条路。你们总是担心我太累，却不顾自己日渐年迈的事实而继续日夜操劳；你们总是在还没放假的时候，便叮嘱我一放假就回家以便你们能帮我照看一下孩子。光阴流逝，在你们的鬓角留下了不可磨灭的痕迹，我希望未来能有更多的时间陪伴你们。

感谢我的公公和婆婆。在我最艰难的时候，你们不顾自己的年迈和体弱，千里南下广州来帮忙照看孩子，帮我分担不少。

感谢我两个可爱的儿子侯宸卓和侯宸越。你们见证了该书研究从构思到写作的全过程，你们是我坚持的动力源，而看着你们从两个弱小多病的早产儿成长为如今健康、活泼且聪明的"小帅男"也当是我最幸福的事情。

感谢众多的朋友和同学。在我无奈之下准备携儿上班之际，是雪澜同学出手相助。此外，还有邱一江、映纯、瑞华、汉娜和许鑫等诸位同学，这些年来你们对我的关切和帮助亦难以胜数。在工作几年之后，还能有机会再次切身感受同窗友谊的纯粹和珍贵，其间的感恩之情实难以用文字表达。还有太多无法一一列举的友人，有了你们，我的生命才会如此充盈！除此之外，还要特别感谢广东金融学院财经传媒系主任杨林教授。这几年间，您总是将我的工作负担减至最轻，并且一直给予我最大的信任。您的"一尘才起，大地全收"的人生境界足以烛照我未来前行的道路。

感谢社会科学出版社的郭晓鸿编辑。正是有了您超高的工作效率以及细致的工作作风，本书才得以在最短的时间内顺利出版。

最后，感谢上天的眷顾！感谢诸君陪我啰唆至此！期待，与你们继续携手向前！

陈　映

后
记

275